Steiermark

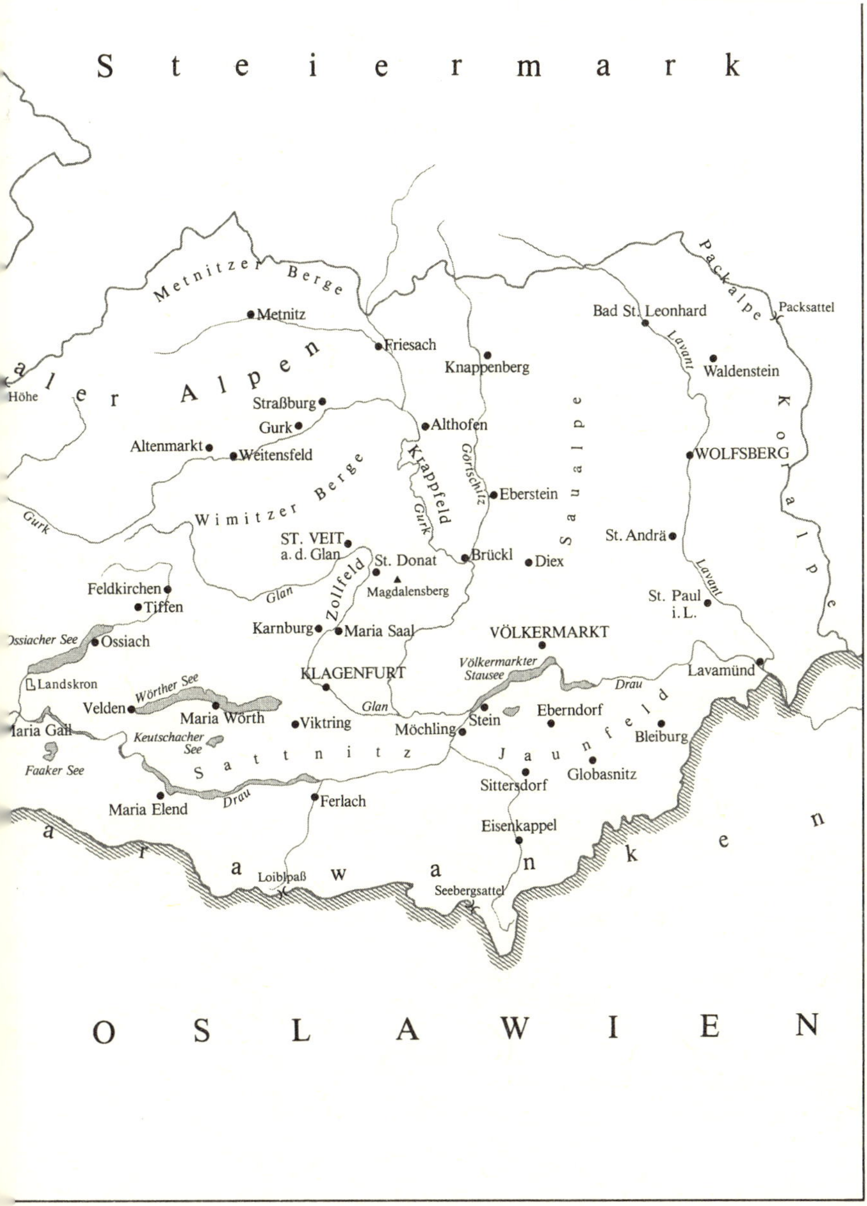

Metnitzer Berge

Packalpe Packsattel

Metnitz

Friesach

Bad St. Leonhard

Höhe

aler er Alpen

Knappenberg

Waldenstein

Straßburg

Gurk

Altenmarkt Weitensfeld

Althofen

Gortschitz

WOLFSBERG

Wimitzer Berge

Krappfeld

Gurk

Eberstein

Saualpe

Koralpe

Lavant

ST. VEIT
a. d. Glan

St. Donat

Brückl Diex

St. Andrä

Feldkirchen
Tiffen

Glan

Zollfeld

Magdalensberg

St. Paul
i. L.

Lavant

Ossiacher See Ossiach

Karnburg Maria Saal

VÖLKERMARKT

Landskron

Wörther See

KLAGENFURT

Völkermarkter
Stausee

Drau

Lavamünd

Velden

Maria Wörth

Viktring

Glan

Möchling

Stein

Eberndorf

Jaunfeld

Bleiburg

Maria Gail

Keutschacher
See

Sattnitz

Drau

Sittersdorf

Globasnitz

Faaker See

Maria Elend

Ferlach

Eisenkappel

Karawanken

Loiblpaß

Seebergsattel

JUGOSLAWIEN

Humbert Fink
Begegnung mit Kärnten

Für Ulrike und Gregor

Humbert Fink

Begegnung mit Kärnten

Pinguin-Verlag, Innsbruck

Farbfotos von Kurt Roth, Erik Pflanzer
und aus dem Pinguin-Bildarchiv.
© 1987 by Pinguin-Verlag
A-6021 Innsbruck
Alle Rechte vorbehalten
Schutzumschlag: Jochen Pabst, München
Farbreproduktionen: Ifolith, Innsbruck
Satz: Fotosatz Rizner, Salzburg
Druck- und Bindearbeiten: Carl Ueberreuter
Druckerei Ges. m. b. H., 2100 Korneuburg
Printed in Austria
ISBN 3-7016-2271-X

Inhaltsverzeichnis

Zollfeld – Schauplatz der Geschichte

Das Zollfeld, so kann man es in den verschiedenen Reisehandbüchern nachlesen, sei jene Landschaft, in welcher Kärntens Geschichte von der Antike bis zum Mittelalter wie in einem schön illustrierten Buch wiederzufinden sei. Von Virunum ist da die Rede, jener Provinzhauptstadt der Region Norikum, die um das Jahr 45 römisch wurde; wobei Virunum die Nachfolge der älteren, namenlosen keltisch-römischen Bergstadt oben auf dem Magdalensberg antrat, was man etwa auf das Jahr 50 datieren kann. Annähernd fünfzigtausend Einwohner soll diese Stadt unten in der Ebene gehabt haben, von einem prunkvoll ausgestatteten Theater mit einem Fassungsraum für rund zweitausend Menschen wird erzählt, von eleganten Bädern und Kultbauten und daß Rom hier, wie Siegfried Hartwagner einmal schrieb, mit seinem Reichtum prunkte. „Weißleuchtender Marmor, meist aus dem heimischen Gummern stammend, muß Virunum einen Adel, aber auch eine gewisse Kühle, ein Pathos der Distanz verliehen haben. Vornehm und kalt prangte er an der Schauseite der Paläste, an den Wandelhallen des Forums. Alle Statuen, alle Brunnen waren aus diesem kostbaren Material gebildet, und der bodenständige Kelte verspürte vielleicht mit Bewunderung in dieser Stadt einen Widerschein des fernen, großen Rom inmitten seiner bäuerlichen Welt."

Davon hat sich bis auf verstreute Bruchstücke allerdings nichts erhalten. Was blieb, sind Erinnerungen, Vermutungen, Legenden, Geschichten. Und mancher antike Stein im Gemäuer der Bauernhäuser, Gasthöfe und Kirchen rund um das Zollfeld. Und jene merkwürdige Kapelle mitten in den Feldern, die sich zwischen den rollenden Hügeln dehnen, die mit ebenso viel Anmut wie würdevollem Ernst das Zollfeld umkreisen, sich aufschaukelnd zum unverwechselbaren Ulrichsberg, zum dichtbewaldeten Maria Saaler Berg und zum berühmten Magdalensberg, der Sonnenterrasse Kärntens, wo einst das erste, älteste Zentrum Norikums lag, jenes Bundes der acht keltischen Stämme, welche sozusagen die Urzelle der heutigen Republik Österreich bildeten. Es hat daher nichts mit übertriebenem Patriotismus zu tun, wenn man sagt, daß die Geschichte Österreichs in Kärnten begann.

Geblieben von Virunum oder ein eigenwilliger Beweis für seine verschollene Existenz ist also auch jene Kapelle hinter einem Gasthof, der den Namen „Zollfeld" trägt und an der alten Bundesstraße liegt, die nordwärts nach St. Veit, Friesach und hinauf zur Landesgrenze führt, eine Kapelle oder eher ein Bildstock, ein „Kreuz", wie man in Kärnten sagt, dessen Außenmauern mit römischen Inschrifttafeln, Reliefs, antiken Köpfen geschmückt sind, alles Fundstücke aus dem Boden des Zollfeldes, die an das untergegangene, scheinbar spurlos verschwundene Virunum erinnern. Denn es ist eine Eigenart der Geschichte dieses Landes, daß die ältere, namenlose Stadt oben auf dem Berg – von der manche Historiker glauben, daß sie gleichfalls Virunum geheißen haben könnte, während andere in ihr das sagenhafte Noreia vermuten –, daß also die Vorläuferin der Provinzhauptstadt Virunum seit Jahrzehnten schon durch Ausgrabungen der Nachwelt als eine Art Bilderbuch der Vergangenheit gezeigt werden kann, während die jüngere, bedeutendere, größere und auch wesentlich länger existierende Stadt unten in der Ebene auf eine so gründliche Weise aus dem Bild der Landschaft getilgt wurde, daß selbst Ausgrabungen, die übrigens immer wieder wegen Geldmangel eingestellt werden mußten, nur ein ungefähres, beiläufiges Porträt dieser Stadt lieferten. Man weiß nur, daß hier das älteste Bühnentheater Österreichs gestanden hat, und zwar am Hang des sogenannten Töschlinger Berges, wo man 1927 eine Bühnenfront, die eine zweigeschossige Palastfassade vortäuschte – also ein charakteristisches Beispiel römischer Scheinarchitektur –, aus dem leicht ansteigenden Berghang ausgegraben hat, bevor Geldnot die Archäologen dazu verurteilte, ihre Arbeit wieder einzustellen. Auch von einem prachtvollen Bäderbezirk hat man – 1911 – Kenntnis genommen, bevor, natürlich aus materiellen Gründen, die Fundstätte zugeschüttet werden mußte. Und gegen Ende des 19. Jahrhunderts war schon ein prachtvoller Mosaikboden, der sich jetzt im Landesmuseum in Klagenfurt befindet, aus dem Boden des Zollfeldes geholt worden; ebenso übrigens wie das älteste Zeugnis christlicher Plastik innerhalb Österreichs, eine aus dem frühen 4. Jahrhundert stammende Sarkophagplatte mit einer Darstellung des „guten Hirten".

Man weiß also ganz genau, wo man zu graben beginnen müßte, um die versunkene Stadt, welche einst die erste Hauptstadt auf österreichi-

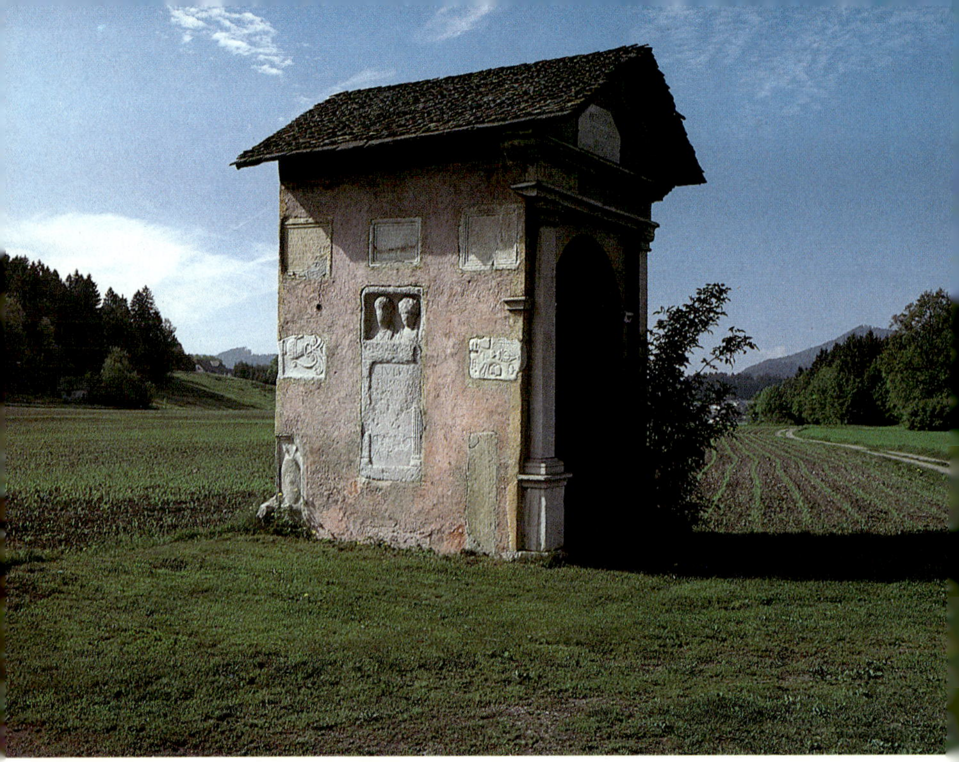

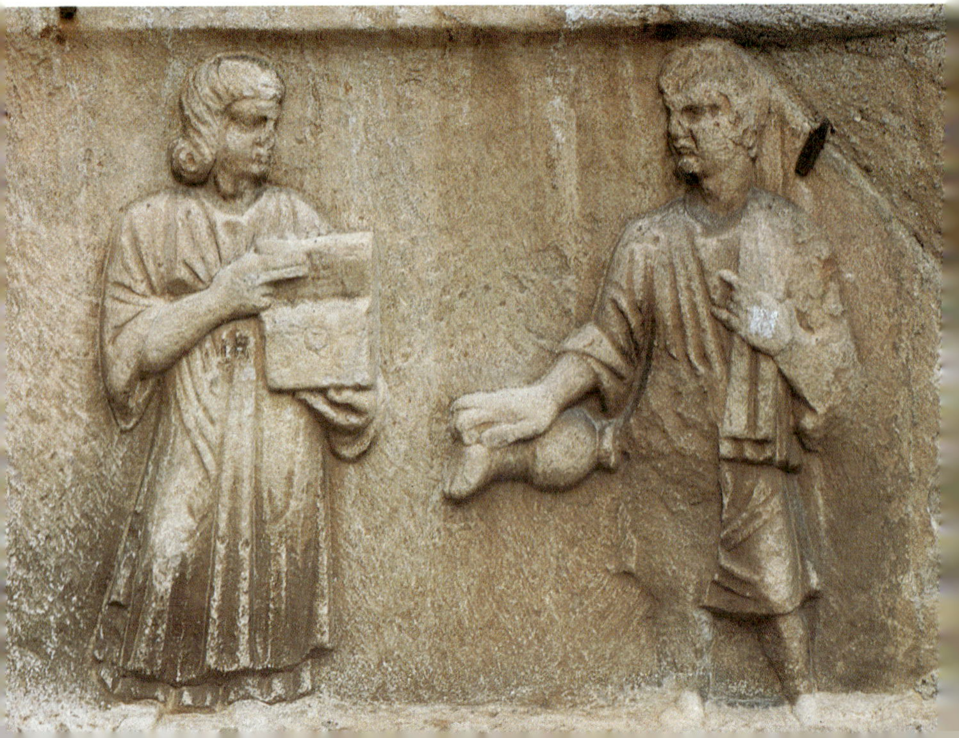

schem Boden gewesen ist, aus der Tiefe des Zollfeldes zurückzuholen.

Sie müsse fabelhaft ausgesehen haben, meinte Trude Polley, diese südliche Stadt zwischen den norischen Wäldern und Sümpfen, und nicht zufällig habe die Erinnerung ihren Untergang um viele Jahrhunderte überlebt.

Dieser Erinnerung gehorchte auch ein gewisser Johannes Dominikus Prunner, ein landesständischer Sekretär aus Klagenfurt, dessen ganze Leidenschaft der Archäologie gehörte und der, indem er sich auf dem richtigen Schauplatz auf eine falsche Fährte locken ließ, Ende des 17. Jahrhunderts im Zollfeld zu graben begann, um eine untergegangene, angeblich von Attila zerstörte Stadt namens Sala zu finden. Er war es auch, der in den Jahren zwischen 1691 und 1693 jene Kapelle hinter dem Gasthof „Zollfeld" erbaute, die unter dem Namen „Prunner-Kreuz" an ihn erinnert, einst dem heiligen Antonius von Padua gewidmet, dem Schutzpatron aller, die etwas verloren haben, sowie, wie das eine Inschrift bezeugt, der sagenhaften Stadt Sala, „jener gewaltigen Stadt, deren Schutt nun Halme bedecken", wie das Virgilius Gleissenberger in einem romantischen Vers einmal darstellte.

Prunner, der von Virunum nichts gewußt haben dürfte, obgleich er an der richtigen Stelle den Spaten ansetzte, oder der Sala mit Virunum verwechselte, weil er den Erzählungen des Volkes Glauben schenkte, in denen von Marmortempeln, Goldschätzen und den fluchwürdigen Taten des Hunnenkönigs Attila die Rede war, Prunner schrieb über seine archäologische Tätigkeit auch ein Buch, das er 1691 in Klagenfurt bei Kleinmayr herausgab: „Splendor antiquae Urbis Salae / Das ist eine ganz neu producirte / ausführliche Beschreibung / Von den Ursprung und Situation der von den Hunnenkönig Athila verwüsteten Statt Sala / Vorzeiten am Solfeld in Cärndten gelegen"; das war der pompöse und falsche Titel der durchaus zutreffenden Darstellung eines bemerkenswerten Sachverhaltes. Prunner wurde später von Kaiser Leopold I. seiner wissenschaftlichen Beschäftigung wegen – immerhin fand er nicht nur eine ganze Reihe steinerner Zeugnisse für die Existenz einer antiken Stadt unterm Erdreich des Zollfeldes, sondern neben kostbarem Schmuck auch mehr als zweitausend Münzen – in den Adelsstand erhoben. Er entschied sich dabei für das Prädikat „von Sonnenfeld", was mit dem damaligen Namen des Zollfeldes zu

„Prunnerkreuz" am Zollfeld

Röm. Reliefstein an der Wallfahrtskirche Maria Saal

tun hat, mit Solfeld also, was man ganz allgemein als Sonnenfeld miß-
verstand. Es war jedoch ein naheliegendes Mißverständnis, denn diese
Landschaft im Zentrum Kärntens ist tatsächlich eine sonnige, an eine
Schale mit leicht gewölbten Rändern erinnernde, darin die Sonne mit
südlicher Heftigkeit wirkt.

Was diesen Namen selbst betrifft, so ist er erstmals urkundlich um
das Jahr 1000 genannt worden, ohne daß es gelungen wäre, seine tatsächliche Bedeutung zu erklären. Manche Autoren gehen in diesem
Zusammenhang vom altdeutschen Begriff für Baumstrunk aus, nämlich „zol", während andere wieder auf die verhältnismäßig spät entstandenen Zollstationen in Klagenfurt und St. Veit verweisen, die dieser Ebene den Namen gegeben haben könnten. Auch ein Hinweis auf
die Sonne wurde im Namen „Solfeld" entdeckt. Ebenso wurden Bezü-
ge zu uralten kultischen Vorstellungen hergestellt, was wiederum mit
dem altdeutschen Wort „zol" – also Baumstrunk – zusammenhängt.
Vollends geklärt konnte das alles allerdings bis auf den heutigen Tag
nicht werden, im Gegensatz zu den Geheimnissen rund um die untergegangene Stadt auf dem Zollfeld, die allein schon deshalb nicht gänzlich
in Vergessenheit geraten konnte, weil manche ihrer Ruinen wie urzeit-
liches Gestein aus der Ebene aufragten und den Bauern dieser Landschaft über viele Jahrhunderte hinweg als eine Art Steinbruch dienten,
in welchem man sich ohne große Anstrengung bedienen konnte.

Dieses selbstverständliche und von Generation zu Generation über-
lieferte Wissen um das Vorhandensein einer antiken Stadt – immer
wieder stieß eine Pflugschar auf Marmor, brachen Bauern bei ihrer
Feldarbeit in Hohlräume ein, legten Erdrutsche knochenbleiche Trümmer frei, wurden Münzen gefunden – hat aber nicht nur den landes-
ständischen Sekretär Prunner dazu animiert, als Ausgräber tätig –
und fündig – zu werden, sondern nahezu ein Jahrhundert später auch
jene habsburgische Erzherzogin Marianna, die, eine Tochter Maria
Theresias, in Klagenfurt im heutigen bischöflichen Palais residierte,
eine ungemein intelligente oder wissensdurstige Frau war und unter
anderem auch sehr energisch den Gerüchten nachging, die man sich
über die versunkene Stadt auf dem Zollfeld erzählte. 1784 ordnete sie
die Entsendung von fast anderthalbtausend Soldaten in die Gegend
unterhalb Maria Saals an, die drei Sommer lang auf eine freilich recht

barbarische Weise als Ausgräber wirkten. Man stieß zwar auf überaus wertvolle Funde – unter anderem entdeckte man erstmals Beispiele römischer Wandmalerei –, aber die Art und Weise, wie man vorging, war so dilettantisch, daß mehr Schaden als Nutzen angerichtet wurde.

Die Soldaten oder die sie beaufsichtigenden Offiziere, denen dieses ganze Unternehmen rätselhaft gewesen sein mag, brachen nach Gutdünken sogenannte Kabinettstücke aus den freigelegten Ruinen heraus – „Man brach das Gemäuer stückweise heraus", schrieb ein Augenzeuge –, um das, was unbrauchbar oder minder wertvoll schien, sogleich wieder zuzuschaufeln. Die Funde, die reichlich gewesen sein müssen, dienten der Erzherzogin als unterhaltsame und originelle Geschenke. Vieles davon verschwand spurlos, manches gelangte viel später ins Wiener Kunsthistorische Museum. Nach drei Jahren erlahmte das Interesse Mariannas an diesem Unternehmen überhaupt. Und Virunum versank, ohne wirklich entdeckt worden zu sein, wieder in seinem Dornröschenschlaf.

Einen nützlichen Hinweis auf die Bedeutung Virunums, das flächenmäßig groß gewesen sein muß – zweifellos größer als der rein städtische Bereich der heutigen Landeshauptstadt – und dessen Anblick fraglos ein prachtvoller war, anders als die kleinere, eng an die Abhänge des Magdalensbergs geschmiegte namenlose Vorgängerin, die sich nicht auszubreiten vermochte, dafür allerdings einem großen Adlerhorst geglichen haben mag, von dessen Höhe aus man einen überwältigenden Blick auf das Land hatte, einen Hinweis also auf die Bedeutung der untergegangenen Stadt unten in der Ebene und auf die Möglichkeiten, die sich einer sorgfältigen – und freilich auch kostspieligen – archäologischen Untersuchung bieten würden, gibt Siegfried Hartwagner, wenn er schreibt: „Der Boden von Virunum hat bisher über 400 Inschriftsteine freigegeben, darunter sehr kostbare und seltene Stücke, aber ein kleiner, eigentlich unscheinbarer Fund ist wie durch eine besondere Laune des Schicksals in die Hände des Ausgräbers gefallen: es ist der erste Meilenstein nördlich von Virunum. Durch seinen Standort am Nordrand der Stadt zeigt er weltgeschichtliche Richtung: an ihm vorbei marschierten die Legionen bis an die Donau. Sie benutzten die uralte Marschroute, an deren äußerstem Ende das Militärlager Vindobona, das heutige Wien, gegründet wurde."

Diese Gründung fand allerdings erst statt, als Virunum längst schon bestand, längst eine blühende Stadt war, zudem Hauptstadt der ganzen Region Norikum und ein Zentrum jener Zweisprachigkeit – denn man sprach hier wie vorher oben auf dem Magdalensberg keltisch und römisch –, ohne welche die Biografie Kärntens gewiß unvollständig wäre.

Im übrigen ist Virunum selbstverständlich nicht von Attila und dessen hunnischer Reiterei überfallen und zerstört worden. Dieser hatte auf seinem Vorstoß nach Oberitalien, wo er zuerst Aquileja vernichtete, den Boden Kärntens gar nicht berührt. Hingegen kann mit einiger Sicherheit angenommen werden, daß jener Alarich, der auf einer Insel im Donaudelta zur Welt gekommen war, ein thrakischer Stammeshäuptling, der sein Volk westwärts auf Landsuche führte, was ihn bis nach Kalabrien im heutigen Süditalien brachte, daß er also in den ersten Jahren des 5. Jahrhunderts auch das Zollfeld erreichte und Virunum besetzte. Möglicherweise plante er von hier aus seinen Vorstoß in das damals längst schwankende Weströmische Reich, das dann unter den Schlägen Attilas und unter dem Einbruch der Ostgoten endgültig zusammenbrach. Vielleicht war Alarich auch wirklich so staatsmännisch begabt, wie das manche Historiker vermuten, daß er von Virunum aus dem damals regierenden Kaiser Honorius seine Dienste als Beschützer der Ostgrenze anbot, sich sozusagen als ein Vasall andiente, der stark genug war, das, dem er zu dienen beabsichtigte, als Beute einzustreifen. Der Kärntner Historiker Rudolf Egger jedenfalls schrieb, daß Alarich dem weströmischen Kaiser „den Vorschlag machte, die gefährdete Ostgrenze des Reiches zu organisieren und zu schützen. Es sollte eine Art Pufferstaat gebildet werden, aus den beiden Norikum, Friaul, dem Ostteil von Venetien und Istrien, samt der Verlängerung durch das Stadtgebiet von Emona (dem heutigen Laibach) bis an die kroatische Grenze."

Wir wissen, daß Honorius dieses Angebot ablehnte. Und daß Alarich dann mit seinem Volk südwärts zog, Rom erstürmte und drei Tage lang ausplündern ließ; und daß eine Generation später die Hunnen bis nach Rom vordrangen, nachdem sie Aquileja und das volkreiche Altinum am Rand der großen Lagune, in welcher dann Venedig entstehen sollte, gänzlich vernichtet hatten. Es ist eine erregende Vorstellung, annehmen zu dürfen, daß ein ganz bestimmter und für den Untergang Roms bedeutsamer Abschnitt der Geschichte anders verlaufen wäre, wenn einem thrakischen Stammeshäuptling, der vorübergehend auf dem Kärntner Zollfeld in einer römischen Provinzhauptstadt lagerte, von einem weströmischen Kaiser vernünftigere Bedingungen angeboten worden wären.

Natürlich gibt es nahezu keine stichhaltigen Beweise für die Annahme, daß der „blondlockige Alarich" tatsächlich „in Virunum im Quartier lag, bereit, in Italien einzumarschieren". Aber es ist ein reizvolles Spiel der Phantasie, sich vorzustellen, daß es so gewesen sein könnte. Außerdem war Virunum in jenem Zeitalter, also während der Wende vom 4. zum 5. Jahrhundert, immer noch eine bedeutende Stadt, wenngleich sie – bedingt durch die dramatischen Ereignisse der Völkerwanderungszeit, als die in der weiten Ebene so gut wie schutzlose Stadt den Ansturm verschiedener Stämme aus dem Osten hinnehmen mußte – die Funktion der Hauptstadt an das besser gesicherte, weil abseits der vielbenützten Heer- und Handelsstraßen gelegene Teurnia in Oberkärnten abgeben mußte. Wo sonst als hier auf dem Zollfeld hätte Alarich seine Vorbereitungen treffen können für das große Abenteuer, das ihm Rom einbringen und ihn freilich auch im süditalienischen Fluß Busento sein bis heute unentdecktes Grab finden lassen sollte? Diese schöne Landschaft im Herzen Kärntens war seit den Anfängen beweisbarer, beschreibbarer Geschichte stets der Ausgangspunkt für große Ereignisse gewesen, so daß man das Zollfeld mit einigem Recht als Kärntens Schicksalslandschaft bezeichnen darf, was allerdings dem Bewußtsein der Kärntner selbst nicht immer geläufig zu sein scheint.

Zwei wichtige Ereignisse, die Biografie Virunums betreffend, wären noch zu nennen. Einmal jene unter Kaiser Diokletian vorgenommene Teilung der Region Norikum in einen südlichen und in einen nördlichen Bereich, was um das Jahr 300 stattgefunden hat, und Virunums Bedeutung, die bis dahin unangefochten war, etwas schmälerte. Und dann jenes politisch wie kulturell bedeutende Ereignis im Jahre 341, als durch kaiserliches Dekret die alten heidnischen Religionen verboten wurden und an ihre Stelle nun mit gebieterischer, fast diktatorischer Geste das Christentum trat. Dabei wird es gewiß auch in Virunum zu jenem schrecklichen Bildersturm gekommen sein, der die Tempel überall im Reich verwüstete und die Statuen antiker Gottheiten aus dem Blickfeld der Menschen verbannte. Die Stadt war damals natürlich Bischofssitz, wobei man ergänzend hinzufügen muß, daß von dieser ersten frühchristlichen Bischofskirche auf dem Zollfeld bis auf den heutigen Tag kein einziges archäologisches Fundstück entdeckt werden konnte, was wohl auch damit zusammenhängt, daß ungeachtet der immer wieder aufgenommenen Ausgrabungen – in den Jahren 1881 bis 1883 wurden die ersten Untersuchungen durchgeführt, denen man wissenschaftliche Sorgfalt nicht absprechen konnte, zu Beginn des 20. Jahrhunderts fanden weitere Grabungen statt, die dann in den zwanziger Jahren und noch einmal nach dem Zweiten Weltkrieg vorübergehend wieder aufgenommen wurden, wobei es stets Geldmangel war, der die Einstellung aller archäologischen Grabungen erzwang –, daß also ungeachtet aller Bemühungen, Virunum sozusagen ans Tageslicht zu bringen, ein Erfolg immer nur in Ansätzen zu erzielen gewesen ist.

Die endgültige Zerstörung der antiken Stadt, die zu jener Zeit ohnedies nur mehr ein Schatten ihrer selbst gewesen sein mag, eine herabgewirtschaftete, auch verwahrloste und einstiger Pracht vollkommen entkleidete Gemeinde, deren Einwohnerzahl man nur schwer schätzen kann, die aber weit entfernt von jenen fünfzigtausend Menschen gewesen ist, die einst Virunum bevölkerten, die endgültige Zerstörung also fand dann um das Jahr 600 statt, als sich nach langwierigen, verlustreichen Kämpfen zwischen Awaren, Slawen, Baiern und Langobarden die sogenannten Alpenslawen in Kärnten festsetzten. Zu diesem Zeitpunkt hatten die beiden wichtigsten Städte Kärntens, nämlich Teurnia und Virunum, ihre Funktionen entweder längst eingebüßt oder an gut geschützte, höhergelegene Fluchtpunkte abgegeben, wohin sich die christliche Bevölkerung auf der Flucht vor dem unaufhaltsamen Vordringen fremder Völker – die im Sinne der christlichen Ideologie Heiden waren – allmählich zurückzog. Hier im Bereich des Zollfeldes waren das die beiden Stützpunkte Karnburg und Maria Saal. Vor allem Karnburg übernahm dabei, wenngleich unter geänderten Voraussetzungen und in einer gleichsam völlig andersgearteten Qualität, die schwierige Rolle der Nachfolge Virunums. „Dorf und Kirche von Karnburg liegen auf einem Felsplateau, hinter dem der Ulrichsberg schützend aufsteigt. Vom Kirchhof, der noch Friedhof ist, hat man einen beherrschenden Blick übers Zollfeld... Diese Naturkanzel, deren Steilabfall leicht zu verteidigen war, war Fluchtburg und Fürstensitz, lange ehe sie eine Karolingerpfalz trug. Als die römischen Zentren zugrunde gingen, bildete sich hier der Mittelpunkt des Landes. Von der Landschaft um Karnburg und den Karnberg – wie der Ulrichsberg hieß – erhielt das auf den Trümmern Norikums aufwachsende Karantanien seinen Namen." So beschreibt Trude Polley die Situation in jenem Zeitalter des radikalen Umbruchs. Virunum aber verschwand von der Bildfläche. Es tauchte unter, lautlos und so, als hätte es nicht mehr als ein halbes Jahrtausend lang mit seinen Kultbauten, Bädern, Theatern, mit seiner weißen Marmorpracht und seiner Bedeutung weithin übers Zollfeld geprahlt.

15

Auf den Spuren der Kelten

In ihrem Buch über Klagenfurt schreibt Trude Polley – die ihre beispielhaft erzählte Biografie der Kärntner Landeshauptstadt auch in historischer Hinsicht sorgfältig recherchierte und absicherte – ausführlich von der „ältesten Stadt Österreichs". Wörtlich heißt es: „Dank den Ausgrabungen kennt man heute die Namen der keltischen Stämme, die das Königreich Norikum gebildet haben. Es waren ihrer acht: der führende Stamm der Norici in Mittel- und Unterkärnten, die Ambidravi im Oberkärntner Drautal, die Saevates im Pustertal, die Laianci im Lienzer Becken, die Ambisontes im Pinzgau, die Elveti, die man für einen versprengten Stamm Schweizer Kelten hält, angesiedelt etwa in der Gegend von Feldkirchen, schließlich die Ambilinei und Uperaci, über deren Wohnsitze man sich nicht ganz im klaren ist. Der Bund der acht Stämme bildete das erste Österreich. Der Umfang des Staates war kleiner als der der Republik, doch Kärnten und Steiermark, Nieder- und Oberösterreich bis zur Donau und Teile Salzburgs gehörten schon dazu. Die Austria prima war ein Alpenstaat wie die Schweiz, und auf dem Magdalensberg stand ihr Bundestagsgebäude. Das sollte man, so meinen die Kärntner gelegentlich, an der Donau bedenken und ein wenig davon auch in die Schulbücher einsickern lassen. Die Geschichte Österreichs begann in Kärnten."

Was hier Trude Polley in durchaus legitimer journalistischer Verknappung als den Beginn unserer Geschichte darstellt, hat mit etwas zu tun, über das sich der Kärntner selbst nur manchmal, nur zögernd Gedanken macht. Immerhin begann mit dem Erscheinen der Kelten auf Kärntner Boden, mit dem Import ihrer Kultur und ihrer Mythen, aus denen sich dann viele unserer Legenden bildeten, eine Lokalgeschichte von besonderer, übergeordneter Bedeutung. Es begann das erste nachprüfbare Kapitel der Kärntner Biografie.

An der südlichen Außenmauer der Pfarrkirche von St. Donat, einem eher unauffälligen Dorf an der alten Triester Bundesstraße, nur ein paar Kilometer nördlich von Maria Saal und schon im Einzugsbereich von St. Veit gelegen, thronte lange Zeit die sogenannte Riesin von St. Donat. Es handelt sich dabei um die Statue einer sitzenden Rö-

Die „Riesin", röm. Reliefstein an der südlichen Außenmauer der Pfarrkirche St. Donat

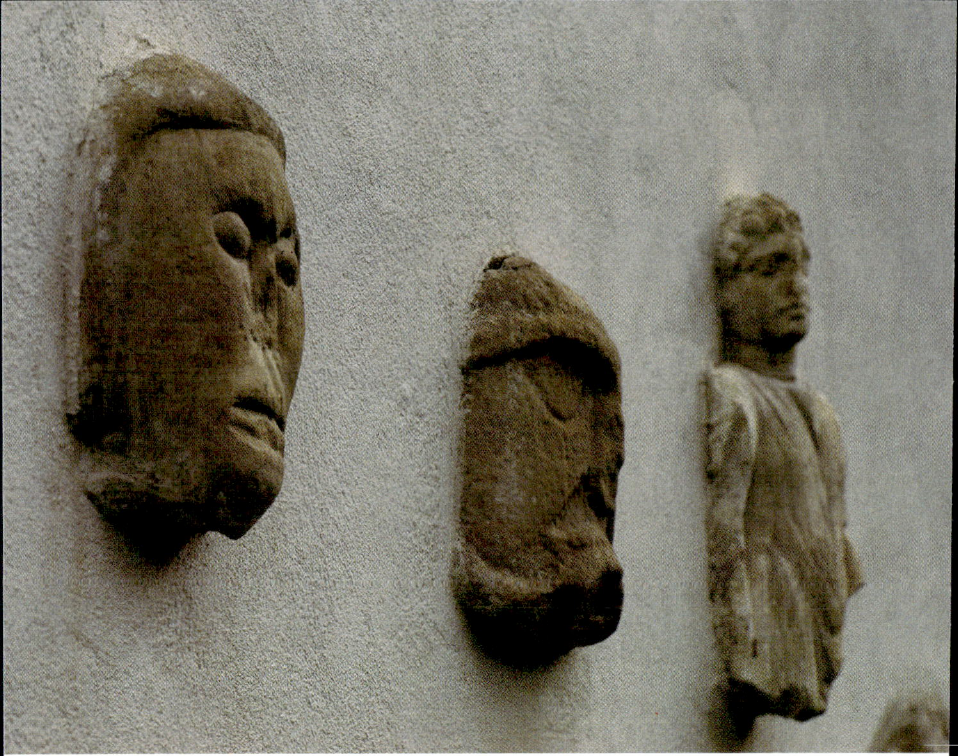

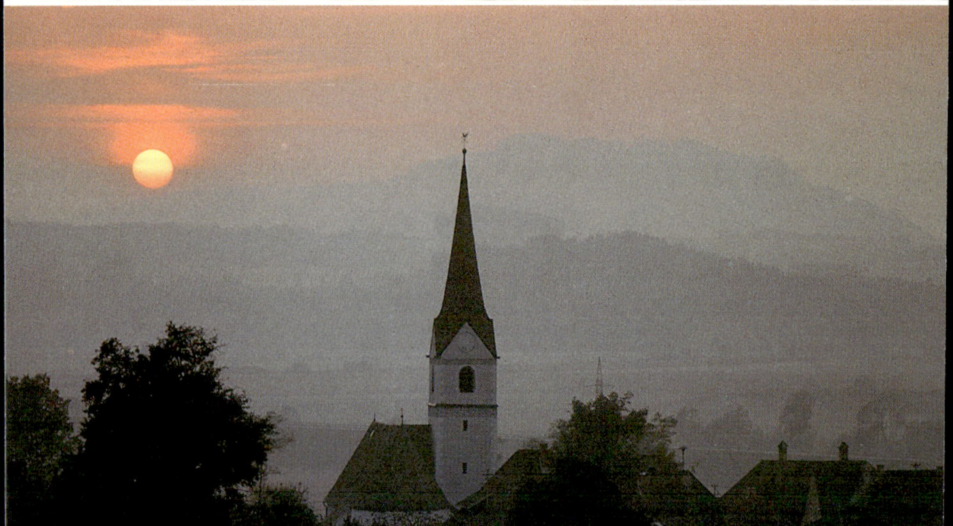

merin, die den Anschein vermittelt, als wachse sie aus dem Stein der Kirchenmauer heraus, fast wie auf dem Sprung in einen neuen Lebensabschnitt, nur durch eine grausame Fügung des Schicksals an ihren Platz gebannt. Das wirklich Merkwürdige, ja Bizarre aber war der Kopf, der dieser sitzenden Römerin von unbekannter Hand aufgesetzt worden war. Es war ein rätselhaftes, fremdartiges Antlitz von nahezu ärmlicher Einfachheit und dennoch erschreckender oder doch suggestiver Ausdruckskraft; ein Keltenkopf, das Bildnis einer Keltenfrau, das wie eine kultische Maske wirkte. Und dieser Kultkopf mit den strengen, klaren Linien erhöhte die römische Figur, die natürlich etliche Jahrhunderte jünger war als der ihr zugewachsene Steinkopf, ins Riesenhafte und zugleich dämonisch Absurde. Daneben aber, in Schulterhöhe wölbte sich eine Männermaske aus der Mauer – sie wurde übrigens erst im Herbst des Jahres 1954 bei Restaurierungsarbeiten an der Außenfront der Pfarrkirche freigelegt –; es war das ein Männerkopf in scheinbar primitiver Gestaltung, die jedoch ebenso wild wie hintergründig anmutete. Der Kärntner Schriftsteller Herbert Strutz stellte vor Jahren die Vermutung an, daß „der Kopf offenbar eine Opfergottheit nach Art der in altkeltischer Zeit kultisch verwendeten Menhire" darstellen sollte und daß er „die Spitze einer abgebrochenen übermannsgroßen Opfersäule gewesen" sei, die in der Nähe von St. Donat, wahrscheinlich an den westlichen Abhängen des Magdalensberges, als Bestandteil einer Weihestätte, etwa hinter einem Opfertisch, aufgestellt gewesen sei.

Diese beiden keltischen Steinköpfe, von denen zumindest der Männerkopf, der aufgrund wissenschaftlicher Untersuchungen an der Universität Wien als eines der ältesten Steindenkmäler Österreichs klassifiziert wurde, eindeutig kultischen Verwendungszwecken gedient hat, vielleicht als barbarischer Zeuge bei Tieropfern, als starre stumme Maske beim geheimnisvollen Auftritt eines keltischen Priesters, diese beiden Keltenköpfe also erwecken in jedem Betrachter, der über etwas Phantasie verfügt, sogleich ein unbestimmbares Gefühl für das Legendenhafte alter Geschichte, für das Unwägbare in allen historischen Zeugnissen, wohl auch für den Mythos, der allem innewohnt, was Menschenhand in ältester Zeit für die Nachwelt geformt hat. Die blicklosen Augen beider Steinköpfe üben zudem eine Wirkung aus, die man sich nur dadurch erklären kann, daß man unter diesem rätselhaften, gleichsam erblindeten Blick aus der Vorzeit die Geschichte der letzten zweitausend Jahre an sich vorbeirollen sieht; mit allen Stürmen, Verheerungen, Veränderungen, Entwicklungen, aber auch mit allem Rätselhaften, das bis heute durch die Wissenschaft nicht gelöst werden konnte.

Diese beiden Keltenköpfe haben inzwischen einen eigenen Platz an der Kirchenmauer von St. Donat erhalten, so daß auch die einstmals faszinierende Riesin von ihrer Doppelrolle befreit wurde; sie ist wieder in ihre ursprüngliche Form als römische Statue zurückverwandelt, kopflos zwar, gesichtslos, aber nicht mehr so erschreckend symbolträchtig wie früher, als man fürchtete, über dem römischen Frauenkörper einen keltischen Dämon zu erblicken.

Ich weiß nicht, wann und wo diese beiden Köpfe, die Bestandteil einer Legende sein könnten, gefunden, ausgegraben, von einem Bauern oder Jäger, auf einem Feld, im Wald entdeckt wurden; und welche Rolle sie früher spielten, als sie noch eine Funktion und damit Leben besaßen, kultisches Leben zwar, aber vielleicht gerade deshalb einen Hauch dieser Unsterblichkeit, der aus jedem Augenblick historischer Präsenz einen Akt der Schöpfungsgeschichte macht. Ich weiß auch nicht, mit welchen Empfindungen der oder die Entdecker dieser Köpfe auf den seltsamen Fund reagierten. Ich weiß mit Sicherheit nur, daß tatsächlich ein einziger Blick auf diese unheimlichen Zeugnisse keltischer Kultur genügt, um eine Vorstellung davon zu haben, auf welche historische Basis der Kärntner sich berufen darf; und daß die Beeindruckbarkeit durch das menschliche Antlitz in Kärnten ungebrochen bis auf den heutigen Tag andauert.

Die Kelten, die zu solchen Meisterwerken in der Kunst der Skulptur fähig waren, haben auch auf die ihnen nachfolgende, sie allmählich verdrängende, aber nie gänzlich vernichtende oder sie ins Anonyme verweisende römische Kultur in Kärnten eine ebenso große wie langanhaltende Wirkung ausgeübt. An manchem Bauernhof, an mancher Kirchenmauer des Zollfeldes mit seinem Hauptort Maria Saal kann man römische Steinplatten und Marmorstücke mit Abbildungen von Frauen in keltischer Kleidung sehen. Georg Graber, der mit seinem Buch „Volksleben in Kärnten" ein wegweisendes Werk geschaffen hat, das auch heute noch nicht überholt ist, schrieb in diesem Zusammenhang einmal: „Bezeichnend für die Volksmischung im damaligen Kärnten ist ein Grabstein aus dem Ende des 2. Jahrhunderts in Virunum: Ein Keltoromane setzt ihn mit seiner Frau für deren Mutter. Diese gehört dem germanischen Stamm der Bastarnen an... wahrscheinlich war auch die Tochter noch von germanischer Geburt."

Auch die namenlose Stadt auf dem Magdalensberg, die keltischen Ursprungs ist, wird in römischer Zeit noch lange – wie das archäologische Funde beweisen – in dieser keltischen Umklammerung verharren. Man kennt den Namen dieser Stadt nicht, die sich terrassenförmig an den südlichen Abhängen des Magdalensberges – der bis ins vorige Jahrhundert offiziell noch Helenenberg hieß – weiträumig entwickelte. Manche Historiker meinten früher, es habe sich dabei um das sagenhafte Noreia gehandelt, einst Zentrum der Vermarktung des berühmten norischen Eisens, das ja auf dem Gebiet des heutigen Kärnten gewonnen wurde und das fraglos eine der Attraktionen war, die die Römer auf den Plan riefen. Und bei Noreia wurde bekanntlich im Jahre 113 v. Chr. ein römisches Heer – das von den Kelten gegen die ständige Bedrohung durch landsuchende Germanenstämme geholt worden war – von den nach Süden drängenden germanischen Kimbern vernichtend geschlagen. Was dann wiederum nach einer kürzeren Atempause die Präsenz der Römer in einem Ausmaß notwendig machte, daß sie im Jahre 15 v. Chr. das keltische Norikum besetzten und in der Keltenstadt unterhalb des Gipfels des Magdalensberges, wo längst schon römische Händler angesiedelt waren, ihr erstes Verwaltungszentrum einrichteten. Rund sechs Jahrzehnte später gründeten die praktisch veranlagten Römer allerdings eine eigene, wesentlich bequemer erreichbare Provinzhauptstadt unten in der Ebene: Virunum, das nun auf dem Gelände des heutigen Zollfeldes entstand. Und Virunum dürfte wohl auch der Name jener älteren Stadt an den Abhängen des Magdalensberges gewesen sein, wie das neuerdings von Wissenschaftlern angenommen wird. Eine andere wichtige Siedlung der Römer war Teurnia unweit von Spittal in Oberkärnten. Kärnten, damals noch Norikum, wurde also römisch, wurde Teil der mediterranen Welt.

An dieser Stelle möchte ich nochmals auf Georg Graber verweisen, der in seinem Hauptwerk „Volksleben in Kärnten" folgende Aussage machte: „Etwa vom 4. vorchristlichen Jahrhundert an stießen keltische Stämme in wiederholten Wellen von Norden her allmählich über die ganzen Ostalpen erobernd vor. Sie haben, schon seit Beginn ihres Auftretens in der Geschichte stark mit germanischem Blut durchsetzt, kulturell und rassisch die ganze Bevölkerung überschichtet und nicht nur die früheren Einwohner sowie die lateinischen Zuwanderer der Römerzeit völlig aufgesogen, sondern noch die seit dem 2. Jahrhundert immer zahlreicher vorstoßenden Germanen überdauert. Wir werden den Spuren dieses Volkes in der Volkskunde bis in die Gegenwart hinein begegnen. Rassisch ist es den Germanen völlig gleich. Schon vom 2. Jahrhundert an wird germanischer Zufluß aus gelegentlichen Nachrichten deutlich... Dagegen kann der italische Einschlag für die Ausbildung des Kärntner Menschenschlages keine entscheidende Bedeutung erlangt haben, obgleich seit dem Zusammentreffen eines germanischen Stammes mit dem Heer des Konsuls Papirius Carbo, das sich bei Noreia 113 vor Christus auf Kärntner Boden abspielte, und der Zeit, da Kärnten wieder ein Durchzugsland germanischer Stämme wurde, römisches Wesen im Lande Fuß faßte. Nur in den Städten zugewanderte Italiker bildeten die führende Oberschicht; auf dem Lande behauptete sich durchaus das heimische Bauernvolk der Kelten."

Solche Feststellungen wie die hier von Georg Graber getroffenen sind von großer Bedeutung für die Darstellung nicht nur der historischen Zusammenhänge, sondern auch der gegenwärtigen Situation, die ja nicht bindungslos an die Vergangenheit ist. Manches Sonderbare, nur schwer Deutbare im Kärntner Brauchtum, auch wenn es inzwischen schon auf folkloristische Weise zugunsten des Fremdenverkehrs abgewandelt wurde, wird durch solche Spurensicherung wieder begreifbar.

Überhaupt sollte das Mythenbildende aus jenen Anfängen belegbarer Geschichte Folgen haben, die zum Teil noch bis in unsere Zeit hinein wirksam sind. Auf dem Gipfel des Magdalensberges, wo jener keltische Stammesfürst oder König, der als eigentlicher Begründer Norikums gelten kann, wahrscheinlich mit Unterstützung römischer Festungsbaumeister eine Art Fürstensitz errichten ließ, wovon heute noch die gut sichtbaren Grundmauern der Torbefestigung unterhalb der Gipfelkirche Zeugnis ablegen, dort also, wo 1948 auch eine kleine Tonplastik gefunden wurde, der sogenannte Kahnfahrer, eine Votivgabe an die bedeutendste keltische Gottheit, Latobius, was die Vermutung erhärtet, daß es hier bereits vor rund zweitausend Jahren ein wichtiges keltisches Heiligtum gegeben haben muß, an diesem markanten Punkt der Kärntner Geschichte also beginnt heute noch der sogenannte Vierbergelauf, von dem angenommen wird, daß auch er auf keltische Fruchtbarkeitsriten zurückgeht.

Und da es mehr als bloß eine literarische Theorie ist, daß überall dort, wo heute Wallfahrten stattfinden und christliche Kultstätten existieren, es in antiker Zeit schon Weihe- und Opferstätten gegeben hat, ist die Annahme in der Tat berechtigt, daß auch dieser Magdalensberg lange vor den Römern, also in keltischer Zeit, ein Ort der Götterverehrung war. Darauf verweist sowohl dieser Kahnfahrer als auch die lebensgroße Statue eines Jünglings, den ein pflügender Bauer im Jahre 1502 am Magdalensberg gefunden hat, ein schlechthin vollendetes Kunstwerk, das, obgleich es die Kopie eines älteren Vorbildes ist, die bedeutendste antike Plastik sein dürfte, die bisher im Alpenraum gefunden wurde. Auch sie mag als Weihegeschenk an die keltische Gottheit Latobius gedacht gewesen sein.

Die Stifter dieser bronzenen Jünglingsstatue, deren Kopie sich heute im Kunsthistorischen Museum in Wien befindet, weil das Original nach seiner Auffindung in den Besitz des Humanisten Matthäus Lang von Wellenburg und anschließend, als dieser zum Erzbischof von Salzburg berufen wurde, in die Salzachstadt gelangt war, von wo es nach Spanien kam – in Kärnten selbst gibt es lediglich zwei weitere Kopien des Kunstwerkes –, die Stifter also waren zwei oberitalienische Freigelassene, die sich, als Händler oder Vertreter römischer Unternehmer nach Norikum gekommen, der keltischen Gottheit wohl erkenntlich zeigen wollten. Und da diese Stiftung ungefähr sechseinhalb Jahrzehnte vor Christi Geburt stattgefunden hatte, also zu einem Zeitpunkt, da die römische Präsenz in Norikum und auf dem Magdalensberg lediglich aus Händlern, Geldwechslern und jeweils vorübergehend – im übrigen stets mit dem Einverständnis der Kelten – eingesetzten Legionären bestand, läßt das doch einige Rückschlüsse zu auf die damalige Situation, soweit sie das bilaterale Verhältnis zwischen

Kelten und Römern betraf. Es war das ein Zustand, der Kärntens heute noch vorhandene Bedeutung als Grenzland besonders unterstreicht. Was das Schicksal dieses Jünglings vom Magdalensberg angeht, so haben neueste wissenschaftliche Untersuchungen bestätigt, was manche Experten schon seit längerer Zeit vermuteten. Der strahlende Jüngling, wichtigstes Symbol für Kärntens antike Vergangenheit und ein wenig wohl auch dessen, was man die Kärntner Seele nennen möchte, stammt in Wahrheit aus dem 16. Jahrhundert. Ein erstes wichtiges Indiz dafür waren bronzene Spielkarten aus der Renaissance, die man im Inneren der Statue gefunden hatte. Aber auch die unterschiedliche Dicke des Gusses sowie gewisse formale Eigenarten machten die Wissenschaftler mißtrauisch. Der Jüngling ist damit nichts weiter als die Kopie eines antiken Originals – das seinerseits gleichfalls einem älteren Vorbild nachgeahmt worden ist, wie vorhin bereits gesagt wurde –, und dieses Original ist wie das ältere spurlos verschwunden. Wahrscheinlich in Spanien, ohne daß man darüber freilich genaue Angaben machen könnte. Den Kärntnern, die sich nun um ihren prachtvollen Jüngling möglicherweise betrogen fühlen, bleibt dennoch der Trost, daß diese neueste Entwicklung rund um die Statue nichts an der historischen Bedeutung des Magdalensberges ändert. Hier begann nämlich in der Tat einst die Geschichte Österreichs, was schon wieder ein anderes, eigenständiges Kapitel ist.

Den Anfang machten also die Handelsbeziehungen. In Norikum wurde das berühmte und damals hochbegehrte norische Eisen gewonnen, aber auch Blei und Zink, was den Metallwarenhandel förderte und naturgemäß eine erste Zuwanderungswelle römischer Kaufleute und Experten in die keltische Stadt am Magdalensberg mit sich brachte. Es gab demnach schon lange vor dem konzentrierten Auftreten der römischen Macht, also auch noch vor der unglücklichen Schlacht von Noreia, römische Händlerquartiere in der Bergstadt; ebenso konnte durch archäologische Nachforschungen bewiesen werden, daß diese Stadt nicht nur ein reines Handelszentrum war, sondern daß es hier auch eigene eisen- und buntmetallverarbeitende Produktionsstätten gegeben hatte. Zwei Jahreszahlen sind in diesem Zusammenhang erwähnenswert. Um das Jahr 170 v. Chr. wurde zwischen Rom und den Kelten in Norikum das sogenannte „hospitium publicum" geschaffen, ein Vertrag, der römischen Kaufleuten das Recht der ständigen Niederlassung in Norikum garantieren sollte. Und im Jahre 88 v. Chr. kam es aufgrund einer empfindlichen Störung des römischen Osthandels durch militärische Niederlagen in Asien überhaupt zu einer konzentrierten Verlagerung römischer Handelsinteressen in den norischen Raum; in Verbindung damit verstärkte sich auch der Zuzug römischer, das heißt, norditalienischer Kaufleute auf den Magdalensberg, so daß es fast zwangsläufig zu einer allmählichen Verschmelzung der keltischen mit der römischen Kultur in diesem Gebiet kam.

Das nun beginnende römische Zeitalter war für Kärnten in jeder Hinsicht außerordentlich fruchtbar. Die Römer, die zuerst als Händler und Beschützer gekommen waren und die auch in den Anfangszeiten der politischen Okkupation des keltischen Norikum nicht als militante Besatzer in Erscheinung traten, errichteten Straßen, sorgten für eine grundlegende Neuordnung des Rechtswesens, intensivierten den bereits von den Kelten ausgiebig betriebenen Bergbau und waren ab dem frühen 4. Jahrhundert auch die Überbringer und Vermittler der christlichen Glaubenslehre, die allerdings − abgesehen von den größeren Orten wie Teurnia und Virunum − in Kärnten vorerst nur schwer Fuß fassen konnte. Es war diese erste Christianisierung vom Patriarchat Aquileja ausgegangen, das auch die beiden Bischofssitze Teurnia und Virunum etablierte. Eine dauerhafte Einbindung Norikums, das unter Kaiser Diokletian geteilt worden war, wobei Kärnten als Binnennorikum figurierte und nach wie vor Virunum die Hauptstadt blieb, eine Einbindung der Keltoromanen in die christliche Glaubenslehre war freilich nicht möglich. Daran waren vor allem die nachfolgenden politischen Ereignisse nicht ganz schuldlos, denn nach dem Zusammenbruch des römischen Imperiums, nach dem Niedergang des Weströmischen Reiches wurde die Region im 5. Jahrhundert abwechselnd von West- und Ostgoten, Franken und auch von Konstantinopel aus beherrscht. Ein ostgotischer Heerbann belagerte beispielsweise schon im Jahre 472 Teurnia. In den darauffolgenden Jahren bemächtigten sich die Ostgoten unter Odoaker, später unter Theoderich und schließlich auch die Franken jeweils vorübergehend des Landes, ohne irgendwelche ökonomischen oder kulturellen Leistungen zu erbringen. Das änderte sich auch nicht, als im Jahre 565 von Aquileja aus der oströmische Einfluß stärker wirksam wurde. Das Land blieb sozusagen sich selbst überlassen. Die Städte verödeten, der Handel ging stark zurück, das fruchtbare Land wurde wieder zur Wildnis. Den Schlußpunkt unter diese Entwicklung setzten dann ab dem Jahre 591 slawische Stämme, die, vorläufig noch unter awarischer Herrschaft stehend, ins Land einbrachen, sich auf den Trümmern Virunums im Zollfeld und im Gebiet des heutigen Dorfes Karnburg unterhalb des Ulrichsberges ihren Hauptsitz einrichteten, ohne jedoch wirklich Herren, also politische und kulturelle Beherrscher der ganzen Region zu werden.

Aber die bloße Erwähnung von Zahlen und Fakten besagt noch nichts über die tatsächliche Entwicklung einer Geschichte; sie verschweigt oder verschleiert sogar manchmal die historische Wahrheit. Was wirklich zählt, ist letztlich nur das, was aus allen diesen Feldzügen, Handelsbeziehungen, Eroberungen, Kulten und Ideologien sich in mehr oder minder verschlüsselter Form über die Jahrhunderte hinweg im Mythos, im Brauchtum eines Volkes lebendig erhält. Und da sind es zweifellos die Kelten, die sich nicht nur gegen eine kulturelle Übermacht der Römer, gegen ostgotische Einfälle und slawische Landnahme in der legitimen Form behaupteten, daß sie ihre Legenden auch nach dem Untergang als Volksstamm den nachfolgenden Generationen weitervermittelten, sondern die auch alle Turbulenzen der Geschichte, die sich in und mit Kärnten noch ereignen sollten, einfach dadurch überdauerten, daß sie sich des Erinnerungsvermögens der nach ihnen kommenden Völker bemächtigten. Das beginnt schon mit dem keltischen Begriff für „Freund“, nämlich „carant“; jenes uralte Karnburg gegenüber von Maria Saal, das nicht bloß ein slawischer Herrensitz war, sondern das auch auf eine römische und wohl auch keltische Vergangenheit zurückblicken durfte, wurde im ausgehenden 6. Jahrhundert, als die Slawen einfielen in Kärnten, Carenta genannt. Daraus sollte sich im Verlauf der folgenden Jahrhunderte und Ereignisse zuerst der lateinische Begriff Carantum und dann das deutsche Kärnten entwickeln.

Keltisches Mythengut, entstanden aus religiösen Vorstellungen, verbirgt sich aber auch noch vielfach im heutigen Brauchtum, in den von Generation zu Generation überlieferten Legenden Kärntens. Natürlich haben Brauchtum und Legenden zahlreiche Verfremdungen erfahren,

24

lagerte sich hauptsächlich christliches Gedankengut im keltischen Original ab, geht manches Ursprüngliche vor allem jetzt verloren, da man zugunsten des Fremdenverkehrs mitunter verhängnisvolle Kompromisse schließt, die aus kultischen Übungen ein finanzträchtiges Spektakel machen. Aber immer noch existiert ein keltischer Bodensatz in Kärnten und im Kärntner; der legendäre Vierbergelauf ist ein Beispiel dafür; die Ringkämpfe im Nockgebiet, die sich zumindest auf älteste germanische Traditionen berufen können; die bäuerlichen Riten in Verbindung mit dem Wechsel der Jahreszeiten. Selbst die kultische Verehrung der sogenannten Patronin Kärntens, der heiligen Hemma von Gurk, wurzelt in einem wesentlich älteren keltischen Vorbild, nämlich der Muttergottheit Noreia. Auch an den großen Keltengott Latobius erinnern heute noch Wallfahrten im Kärntner Unterland, die nichts anderes sind als Bittprozessionen, wenngleich jetzt unter christlichem Vorzeichen, wie sie im keltischen Norikum unter ähnlichen Voraussetzungen und an den gleichen Stätten abgehalten wurden.

Das sind nur einige wenige markante Beispiele für die Wirksamkeit des Mythos über die Jahrtausende hinweg. Aus der Geschichte werden Legenden. Die Legenden verdichten sich zum Mythos. Einzelne Überreste aus der Geschichte, Riesenköpfe, Zauberköpfe, magische Zeichen, zertrümmerter Stein im wuchernden Gras, verwitterte Ruinen und nicht zuletzt das Erinnerungsvermögen der Menschen sind jedoch Spuren zurück zu den Anfängen. Man braucht nur lesen zu können; in den Gesichtern, in der Landschaft und im Brauchtum; man braucht sich nur auf die historische Wahrheit der Legenden zu verlassen. Alles andere, was das nacherzählbare Schicksal eines Volkes ausmacht, ergibt sich dann beinahe wie von selbst.

Geschichte und Geschichten – Diex

Die Namen, fürs erste einmal so hingesagt, wie man etwas aufzählt, das man nur oberflächlich kennt, sagen noch nichts aus. Das sind Umrisse, auf die man blickt, bläuliche Schatten am Waldrand, an spätwinterlichen Nachmittagen der Nebel, der langsam einfällt; und im Sommer vielleicht ein Wolkenturm, der sich über das Abgeflachte, Glattpolierte der Saualpe erhebt. Diex. Grafenbach. Oder Breitriegel und Zauberkogel. Oder Bradatz, Brunner, Grabusch und Johannserberg. Manchmal ein Wirtshaus zum Karawankenblick. Und die spätgotischen Wehrkirchenanlagen und befestigten Kirchhöfe in Diex, Grafenbach und dann auch noch im anderthalb Gehstunden von Diex entfernten Hochfeistritz. Und natürlich die Kopftuchweiber mit ihren umschatteten Gesichtern, auf denen Freundlichkeit liegt, wenn sie in ein fremdes Gesicht blicken und mit den Augen grüßen.

In Diex ein junger, rotbärtiger Mann, der mit bedächtiger Geste den Briefkasten vor dem stattlichen Gasthof Gotschmar entleert. Im letzten Sommer noch die uralte Linde mit dem geschwärzten Stamm, sieben- oder achthundertjährig, damals schon merkwürdig zerrissen und vernichtet aussehend, als ob das Gewicht der Zeit den Baum endgültig gebeugt hätte. Im Gemeinderat, oben im ersten Stock, werden die Männer mit ihren abgearbeiteten Händen und umschatteten Gesichtern, in denen die an Erschöpfung grenzende Müdigkeit nach eines langen Tages Arbeit deutliche Spuren eingegraben hat, wortkarg und so, als ob ihnen das Thema Unbehagen bereite, über die Entfernung des Baumes beraten haben. Jetzt, einen Herbst, einen Winter später, schwankt an Stelle der uralten Linde ein kleines, schmales Bäumchen im engen Holzgitter. Von der verrosteten Kirchturmuhr tropfen die Stunden, die niemand mehr zählt, auf das Dorf herab wie damals, als um die buschige Baumkrone noch die Bienen summten. Und drüben im Friedhof, den das wuchtige Gemäuer der alten Bauernfestung streng umschließt, verwesen die Leichen später als anderswo im Land, weil die hohe Wehrmauer die Sonnenstrahlen abhält und der Boden bis weit in den Sommer hinein eisig kalt ist. Eine Art Tiefkühltruhe sei das, sagen sie im Dorf und lächeln. Dabei ist das Klima in diesem annähernd zwölfhundert Meter hoch gelegenen Bauerndorf so mild, daß in der nationalsozialistischen Ära hier die Errichtung einer Lungenheilstätte geplant gewesen war. Aber anstatt des erhofften Geldsegens, den eine solche Investition ins bitterarme Dorf gebracht haben würde, kamen 1945 die Partisanen. Mit abgewandtem Gesicht und nur zögernd, immer wieder stockend, als lausche man überrascht, entsetzt den eigenen Worten nach, die das Ungeheuerliche beschreiben, erzählt man von den Schüssen, die einem Bauern inmitten seiner Kinder den Leib zerfetzten.

Diex also. Dort, wo das Dorf sich im Schatten der Wehrkirche zusammendrängt, liegt es in einer Höhe von 1152 Meter. Ein Bergbauerndorf. Ein Anlaß für Idyllen? Josef Friedrich Perkonig hätte die Diexer Bauern meinen können, als er einmal vom „Bauern auf dem Berg" schrieb, daß kein richtiger Bauer sei, wer im Bereich von Fabrikssirenen das Brot anbaue und das Vieh pflege. „Und ein richtiger Bauer ist auch nicht, wer die Lokomotive pfeifen oder gar einen Lautsprecher schwätzen hört." Als Perkonig diese Zeilen schrieb, war der letzte große Krieg zu Ende gegangen. Und in Diex lebten noch einige Dutzend mehr Menschen als heute, da das Dorf wie die ganze Gegend unter dem Problem der Abwanderung leidet. Der Bauer, schrieb Perkonig vor rund vier Jahrzehnten, habe wunderbar viel Zeit, denn seine Uhr sei der Himmel. „Und die ewigen Gestirne messen ihm die Stunden vor, sein Atem mündet in den ruhigen Strom der Jahreszeiten." Aber stimmen diese Bilder heute noch? Trifft das wirklich noch zu, was ein bedeutender Kärntner Dichter vor einem halben Menschenalter über die Bergbauern gesagt hat? „Eine erhabene Ruhe, eine den Empfänglichen und Nachdenklichen befangen machende Zeitlosigkeit, ein Stück der panischen Natur, ein Bruder der Erde..." Und kein Wort vom Elend, das sich hinter den vermeintlichen Idyllen verbirgt? Und nichts vom Milchgroschen, nichts vom Holzpreis, nichts von den Abgaben und auch nichts vom Geld, das einer ausbezahlt bekommt, wenn ihn das Alter mit Verbrauchtheit, Hilflosigkeit und Krankheit eingeholt hat. Zum Leben zu wenig und zum Sterben gerade noch zuviel, sagen sie und machen diese wegwerfende Handbewegung, die man überall im Land sehen kann, wenn vom Staat, von den Steuern, vom Gesetz die Rede ist.

Dann die Geschichten, aus denen sich auch in Diex eine Geschichte entwickelte. Im Jahre 1920, in dieser verrückten Zeit, als alles zu zerbrechen drohte und das Altbewährte keinen Bestand mehr zu haben schien, war das gerade noch ein Teil des geplanten, utopischen Südslawischen Königreichs. Etwa einen Kilometer oberhalb des Ortes verlief die damalige provisorische Grenze, an deren Gültigkeit doch niemand wirklich glaubte. Viele Slowenen hätte es schon gegeben, meint der Bürgermeister, aber die meisten von ihnen wären brave Kärntner gewesen, die nichts mit einem Südslawischen Staat im Sinn gehabt hätten.

Und auf dem Friedhof, wo in bauchigen Gurkengläsern das Immergrün den Schlaf der Toten bewacht, wie auch in der Kirche, deren Inneres fast ärmlich anmutet im Vergleich zu ihrem imposanten, doppeltürmigen und wehrhaften Äußeren, Votivbilder und ungemein bildhaft dargestellte Schautafeln über das Sterben Christi, alles mit slowenischem Text versehen, was ein wenig sonderbar anmutet, wenn man sich umhört im Ort, im Gemeindegebiet, wo nur noch selten das Slowenische geredet wird; auch das harte, korrekte Deutsch, diese Kennmelodie mancher Ortschaften im Unterland, fehlt hier fast völlig.

Abends dann in der Gemeindestube wird der Vertreter der slowenischsprechenden Minderheit freilich störrisch darum kämpfen, wahrgenommen zu werden. Es ist ein kräftiger, dunkelhaariger Mann, von dem ich, weil man in diesem Land nach einer gewissen Zeit einander fast zwangsläufig zu kennen beginnt, stets geglaubt habe, daß er in Klagenfurt ansässig sei, dort seinen Geschäften nachgehe, ein Städter durch und durch, der nichts anzufangen weiß mit bäuerlichem Tun, mit dem Schrei des Kuckucks in der Tiefe des Waldes und mit der Bedeutung eines Güterwegs für jene, die Waldbesitz haben. Aber jetzt meldet er sich regelmäßig zu Wort, stellt Anträge, deren Ablehnung ihn nicht zu irritieren scheint; und irgendwann im Verlauf des Abends gelingt es ihm, als Ersatzmitglied im sogenannten Jagdbeirat aufgestellt zu werden.

Aber was wirklich zählt in Diex, was bedeutend aussieht und Fremde anlocken kann, was Wurzeln vermuten läßt, die in vergangene Zeitalter reichen, ist die wuchtige Wehranlage, ist die Pfarrkirche zum heiligen Martin. Bemerkenswert gut erhalten sei die etwa fünf Meter hohe Ringmauer, die mit Steinplatten gedeckt ist, heißt es in den kunsthistorischen Handbüchern. Und vom viereckigen Torbau mit Schießscharten, die Tür mit Schießlöchern versehen, sowie von einer spätgotischen Kreuzigungsgruppe aus dem Ende des 15. Jahrhunderts ist die Rede. Und an der Innenseite der Wehrmauer sei noch ein hölzerner, gedeckter Wehrgang zu sehen.

Derlei klingt verlockend. Kulissen, in denen man sich Geschichten vorstellen kann, die im ausgehenden Mittelalter geschehen sein mögen, sind selten; noch dazu, wenn sie guterhalten sind. Türkennot, die Einfälle der räuberischen Magyaren, Aufsässigkeit der unterdrückten, ausgebeuteten Bauern gegen den Adel und manchmal auch gegen einen hochmütigen Klerus, dem der Griff nach dem Geldbeutel vielleicht wichtiger war als das maßvolle Glück der Christenmenschen... Aber die Zeit ist ohne Mitleid. Der Verfall scheint unaufhaltsam. Auch in Diex. Die kunsthistorischen Handbücher sagen nicht die ganze Wahrheit. Der Wehrgang zum größeren Teil herabgebrochen, der wuchtige Torbau mit Gerümpel angefüllt, die Wehrmauer selbst wie eine dicke, dunkelgraue, unter der Nässe herabfallenden Regens ins Schwärzliche spielende Schnur, die allmählich zurückzusinken scheint in die Erde. Untergang hat einen eigenartigen Geruch. Hier spürt man ihn, hier riecht es nach Vergänglichkeit und unaufhaltsamem Verfall.

Die Pfarrkirche, von der einige Kärntner Autoren meinen, daß sie erstmals 1379 urkundlich erwähnt worden sei, während der vielleicht verläßlichere, korrektere „Dehio" das Jahr 1168 nennt, stammt mit ihrem heutigen Aussehen vorwiegend aus dem 18. Jahrhundert. Allerdings sind Überreste der ursprünglich spätgotischen Kirche in den beiden Turmerdgeschossen erhalten, und vom Ostturm darf man annehmen, daß er in seinem Kern sogar romanisch sei. Erwähnenswert ist auch noch der massive, zweigeschossige Pfarrhof an der Südseite der Wehrmauer, über dessen Eingang ein Wappenstein mit einer segnenden Hand aus dem Jahre 1755 zu sehen ist, während eine andere Jahreszahl, die man am Wirtschaftstrakt entdecken kann, daran erinnert, wann in Diex erstmals ein eigener Pfarrhof eingerichtet worden ist. Nämlich im Jahre 1535.

In Diex ist alles Geschichte und verdichten sich alle Geschichten zum historischen Bilderbuch. Der sogenannte Zauberkogel, ein paar Steinwürfe südlich des Dorfes gelegen, dort, wo die Ausläufer der Saualpe allmählich niederbrechen ins Unterkärntner Land, war früher einmal Schauplatz manchen Hexenspektakels; noch in den Hexenprozessen des ausgehenden 16. und beginnenden 17. Jahrhunderts wird seiner gerichtsprotokollarisch Erwähnung getan. Ein deutscher Autor erwähnt gar einmal, daß „auf dieser Wiese zwischen Tannendickicht und Fels" weit über hundert Hexenverbrennungen stattgefunden haben sollen, eine kühne Behauptung, die wohl eher in den Bereich der literarischen Phantasie gehört. Phantastisch, jedoch keinesfalls übertrieben phantasievoll sind die Meinungen über das Entstehen des Ortsnamens, der erstmals, und zwar als Landschaftsbezeichnung, im Jahre 895 erwähnt wurde. Djekse oder Diehske war die Bezeichnung für die ganze, bis weit nach Osten reichende Gegend, wobei Eberhard Kranzmayer in seinem „Ortsnamenbuch von Kärnten" auf ein vorslawisches „Dekussia" verweist, darin sich die indogermanische Bezeichnung für „hell glänzen" verborgen haben könnte.

Und so abwegig ist das gar nicht; denn „hell glänzend" unter einer heftigen südlichen Sonne wirkt diese von der Saualpe sich allmählich abwärts neigende Terrasse, auf welcher sich Diex seit dem 12. Jahrhundert entwickelt hat, tatsächlich. Man braucht bloß einige hundert Meter oberhalb des Dorfes über die Landschaft zu blicken, wenn sie von einer schweren, beinah schon mediterranen Sonne in ein verzauberndes Licht getaucht wird. Die melancholischen Täler Südkärntens schälen sich aus dem erhitzten Dunst der Tiefe; dahinter die dunkle Schraffur der Karawanken als strenger Abschluß; und über allem ein explodierender weißer Wolkenpilz, der dem Dunkelgrün der unter einem behutsam fächelnden Wind summenden Wälder und dem hellgrünen, unregelmäßigen Quadrat der Felder einen besonderen Akzent verleiht. Und in dieser auf- und absteigenden Landschaft immer wieder die akrobatischen Leistungen der Bauern in ihren roten Traktoren, die entfernten Schreie des Kuckucks und die vereinzelt auftauchenden Gesichter von Menschen, die aussehen, als hätte die Natur dieser hochgelegenen Landschaft an Form und Ausdruck der Gesichter kompromißlos mitgearbeitet, und als wäre aus dem slawischen Südosten vor langer, langer Zeit ein Samenkorn heraufgeweht in diese Diexer Hügel und Hänge, das bis auf den heutigen Tag nichts von seiner Fruchtbarkeit verloren hat.

Unfruchtbar hingegen war ein Zuchtstier, der vor Jahresfrist für viel Geld angekauft worden war. Im Gemeinderat ist man sich nach bedachtsamer und sachkundiger Diskussion bald darüber einig, daß dem unglücklichen Besitzer dieses untauglichen Stiers eine Subvention für den Ankauf eines neuen (und hoffentlich besseren) Exemplars zuerkannt werden müßte. Auch über die Frage, einem anderen Bauern das Futtergeld für einen Zuchthengst zu subventionieren, einigt man sich rasch. Nur bei der Diskussion über die Vergabe einer billigen Sozialwohnung an eine von auswärts kommende junge Frau mit zwei Kindern oder an eine kinderlose Diexerin spießt es sich, prallt Meinung gegen Meinung, bis man sich weise dazu entschließt, diesen heiklen Punkt der Tagesordnung auf die nächste Gemeinderatssitzung zu verschieben...

Dabei hätte es eigentlich gar keiner langwierigen Auseinandersetzung bedurft, wenn man nach bevölkerungspolitischen Gesichtspunkten entschieden hätte. Denn Diex leidet unter akuter Abwanderung. Um die Jahrhundertwende lebten im Gemeindebereich noch über zweitausend Menschen. Heute sind es nur noch rund elfhundert. Es fehlt an Arbeitsplätzen. Und auf den Bauernhöfen, die oft nur dadurch zu erhalten sind, daß ihre Besitzer einem Nebenerwerb (unten im Tal, in Völkermarkt oder sogar in Klagenfurt) nachgehen, kann in der Regel immer nur der Erstgeborene den manchmal verschuldeten und manchmal kaum noch rentablen Besitz übernehmen. Die anderen Kinder müssen fortgehen, müssen sich draußen im Land nach einer neuen Existenz umsehen...

Idyllen können manchmal trügerisch sein. Erbittert wehrt man sich in Diex, wo man seit Jahren auf eine Belebung durch den Fremdenverkehr hofft, gegen den „Waldsterbe-Lehrpfad" des Gutsbesitzers Helldorff, der die Straße hinauf nach Diex mit seinen abgestorbenen Ulmen, Fichten und Ahornbäumen säumt „und jeden Gast das Gruseln lehrt", wie man in Diex bekümmert feststellt. Auch hat man wenig Verständnis dafür, daß das Denkmalamt sich einer Restaurierung des mittelalterlichen Wehrganges widersetze, der gemeinsam mit dem festen Mauerwerk dieser alten Kirchenfestung eine Vorstellung davon vermittelt, wie die Diexer Bauern im 15. und 16. Jahrhundert zuerst gegen die Türken und dann gegen den Übermut des Adels kämpften.

Ein wenig von der Kraft und dem Selbstbewußtsein der Menschen von damals verraten die kriegerischen Beigaben, die man den Heiligen am Altar der heute barockisierten Kirche in die gar nicht so fromm wirkenden Hände gedrückt hat: ein furchteinflößendes Hackbeil und ein gewaltiges Schwert. Und mag heute auch Moos auf dem grauen Schindeldach der Kirche sich eingenistet haben, mag das monotone Klappern eines geborstenen Fensterrahmens Niedergang signalisieren, und mögen immer wieder einzelne Holztrümmer vom zerfallenden Wehrgang auf die eingesunkenen Grabhügel des Friedhofes fallen... daß hier einst die stolzen Diexer Bauern dem niederbrechenden Ritteradel die Zähne zu zeigen verstanden haben, wie das der Burgenforscher Franz Xaver Kohla formulierte, wird man spätestens dann beeindruckt begreifen, wenn man den Torbau der Bauernfestung mit der gewölbten und altersdunklen Durchfahrt durchschritten, die winzigen Schießscharten und Pechnasen bestaunt und sich daran erinnert hat, daß der Bauer in Kärnten in den vergangenen Jahrhunderten stets auf sich allein gestellt gewesen war.

Im Gemeinderat hat man heute freilich andere Sorgen. Er wisse nicht, sagte der Bürgermeister mit fragendem Blick, nachdem ein Antrag auf respektvolles Gedenken zum 15. Mai (Staatsvertrag) gestellt worden war, ob man sich jetzt nicht doch „ein bisserl" erheben sollte. Da erhob sich die ganze Politikerrunde und gedachte „ein bisserl" Österreichs.

Und immer, sommers wie winters, der erstaunte Blick empor, wenn man aus der Tiefe der Schlucht kommt, die in stetem Anstieg von Haimburg aufwärts führt. „Schöne Waldungen wechseln mit Wiesen, eine Serpentine hebt die Straße aus dem Talgrund, in dem in etlichen Mühltümpfen prächtige Forellen wachsen. Das Lied des Wassers bleibt in der Tiefe, der Graben öffnet sich wie ein Kelch." (Herbert Strutz) An einem solchen schönen Bild, das eines Poeten wie eines Naturliebhabers Blick aufs schönste verwirren kann, hat sich seit Jahrzehnten nichts geändert... bis auf die verwitterten Bretter, die, quer über Baumstämme genagelt, entlang der nach oben und scheinbar in den Himmel führenden Straße in verwischten Farben davon erzählen, daß der Wald stirbt. Vom Erlensterben, Ulmensterben, Fichtensterben ist die Rede, stumm zwar und dennoch eindringlich auf eine Weise, die

Diex, Pfarrkirche zum heiligen Martin

einem buchstäblich den Atem verschlägt, wenn man erst einmal die Baumruinen sieht.

Aber vielleicht haben sich die Diexer schon daran gewöhnt. Wenn man zu oft dem Unheil ins Aug' blicken muß, ängstigt man sich nicht mehr davor. Der Wald sterbe und stehe wieder auf und sei ewig wie der Himmel, dessen blaues Tuch über die Hochebene weht, sagte ein alter Mann, den ein schwerer Rucksack fast zu Boden drückte. Unterwegs hatte ich ihn im Auto mitgenommen. Er roch nach Schweiß, Tabak und Alkohol; er war fröhlich und kicherte, während wir der weiten Fläche langsam entgegenfuhren, auf der das Dorf liegt und die aussieht, als verschmelze sie mit dem Himmel in einer stürmischen Umarmung. Die Menschen, sagt der alte Mann mit fröhlicher Stimme, hätten keine Geduld mehr, sie bildeten sich unaufhörlich alle möglichen verrückten Dinge ein, als ob sie ohne Aufregung und Furcht nicht mehr zu leben vermöchten. In der Kirche, sagte er, wenn Hochwürden zu den Leuten redet, ist Wahrheit. Aber niemand wolle mehr die Wahrheit wissen...

Die Wahrheit? Als ich zuletzt in Diex war, leckte der Nebel mit weißer, zerschlissener Zunge ins Dorf herein. Unten in der Tiefe war Helligkeit, glänzte eine unsichtbare Sonne. Von der Saualpe wehte es kühl und feucht herab. Das matte, zutrauliche Schimmern, das noch gegen Mittag die Schneefelder bedeckt hatte, erlosch jetzt. Langsam und unaufhaltsam kroch der Nebel hangabwärts. Die beiden Kirchtürme schwammen schon im milchigen Dunst. Und über die Wehrmauer floß es plötzlich fahlgelb herab. In den beiden Gasthäusern, die einander dort, wo die Straße das Dorf mit einem scharfen Knick teilt, unübersehbar gegenüberstehen, schoß das Bier schäumend in die Gläser. Eine Kellnerin, gerade erst aus dem Waldviertel nach Diex importiert, drehte sich kokett unter den Komplimenten dreier Burschen, trank mit spitzen Lippen Schnaps und ließ sich, während sie glucksend lachte, aufklären über „Stern anschau'n gehn" und Fensterln, über ein Brauchtum, das den Burschen nur noch vom Hörensagen bekannt war. Das war herüben. Und drüben auf der anderen Straßenseite hockte die andere Kellnerin an den Tischen, an denen schweigsame Alte saßen und mit knochigen Fingern das Bierglas umfaßten. Draußen wehte der Nebel. Drinnen verrann die Zeit. Aber herüben wie drüben war der

Radioapparat auf das nämliche Programm eingestellt. Das war ein Plärren und Lärmen und Kreischen, das keines Hochwürden Stimme mehr übertönt haben würde. „Neben dem Herrn Jesu Christ aber stehen gespenstische Schatten, dem frommen Bauer zwar nicht sichtbar, doch immer noch ihre geheimnisvolle Herrschaft ausübend, die Götter der Urzeit", schrieb Perkonig vor mehr als vierzig Jahren.

War das die Wahrheit? Und die schönen, freilich immerdar verstummten Statuen der Heiligen in der Wehrkirche von Grafenbach, die Maria Magdalena und die Margareta mit dem Wurm und die Katharina mit dem Rad und die Rosalia mit dem Kind und dem Korb und die Gertraud mit dem Spinnrocken... Und die Bäume, die langsam, lautlos sterben rund ums schöne Diex? Und die jungen Leute, die zur Arbeit auspendeln müssen, bis sie schließlich ganz fortbleiben? Und die Kellnerinnen mit ihren hungrigen Blicken, während ihnen der Lärm aus dem Radioapparat die Köpfe verwirrt?

Draußen war die Welt jetzt wie in Watte getaucht. Wehrkirche, Wehrmauer und selbst die spätgotische Lichtsäule an der Straße waren im Nebel ertrunken. War das die Zeit, in der die Götter der Urzeit noch einmal ihre moosigen Häupter erheben würden? War das der Augenblick für Trud und Salkweib, für Perchta und Wassermann?

Aus den Radioapparaten in den Wirtshäusern dröhnten Schnulzen. Und die Kellnerinnen hatten zu tun, die rasch geleerten Biergläser immer wieder von neuem zu füllen.

Die alte Landeshauptstadt – St. Veit

Es gibt natürlich attraktivere, selbstverständlich auch berühmtere Schauplätze bürgerlicher Selbstdarstellung als jenen Hauptplatz in St. Veit, dessen bescheidene Behäbigkeit etwas Rührendes hat und dessen tatsächliche geschichtliche Bedeutung sich nur allmählich offenbart. Wer ihn erstmals betritt, den Blick vorerst noch auf das Oberflächliche, sozusagen vom ersten Augenblick an Augenscheinliche gerichtet, sieht einen erheblich in die Länge gezogenen Platz von regelmäßiger Breite, umrahmt von Bürgerhäusern, deren auf dezente Weise farbige, gelegentlich auch noch reichverzierte Fassaden einen Anschein von Wohlhabenheit und Gediegenheit vermitteln. Eine Pestsäule und zwei Brunnen lockern die etwas strenge Geometrie auf. Darüber ein Himmel, der wie fast überall in Kärnten südlich anmutet.

Dann, langsam, schrittweise in die Atmosphäre, in die Geschichte dieses Platzes eindringend, werden Details erkennbar, die dem ersten Eindruck heftig widersprechen oder ihn auf eine überraschende Weise ergänzen. Die Fassaden der Häuser, deren Kern zum überwiegenden Teil mittelalterlich ist, enthalten und vermitteln eine Musikalität, die unaufdringlich und dennoch stets spürbar ist. Das hat mit tänzerischem Rhythmus zu tun, mit einer behutsamen Koketterie, der das Stattliche, gleichsam Breithüftige der Bürgerhäuser nicht im mindesten widerspricht. Die Musik, die diesem Platz fast beiläufig entspringt, hört man nicht; man empfindet sie. Aber das voll Intensität. Das Derbe, Auftrumpfende, Polternde bäuerlicher Rustikalität, wie sie der Umgebung St. Veits entspricht, ist darin eingebunden. Dazu auch noch das Verhuschte, Schwebende, wie aus einer anderen Zeit lautlos Herübergewehte, das die Einbildung von stimmlosem Kichern erlaubt; und an hübsch inszenierte Feste denken läßt, an Galanterie und Lustbarkeit in höfischer Umgebung. Man denkt an das Selbstbewußte, fast Protzige oberösterreichischer Marktplätze, an die strenge, nahezu gebieterische, das Leben unnachsichtig im Griff haltende Disziplin italienischer Plätze, in deren Tiefe die Geschichte rumort. Aber mit beidem hat dieser Hauptplatz von St. Veit nichts gemeinsam. Er ist zurückhaltender, geschlossener und trotzdem herausfordernder. Er ist das Abbild eines Bürgertums, in dessen Mundwinkeln das Lächeln nie erlosch. Er verströmt einen leisen Duft von Sinnlichkeit, obgleich er der Mittelpunkt einer unendlich puritanischen, längst kleinbürgerlich gewordenen Welt ist. Weder luxuriöse Kutschenparaden noch orgiastische Szenen sind heute auf ihm noch vorstellbar; aber man bildet sich ein, die dünnen Stimmchen verwegener Kobolde zu vernehmen, während der Blick die Fassaden entlangleitet und, beispielsweise an einem beliebigen Vormittag, das Leben in einer ländlichen Bezirksstadt sich auf ihm schüchtern auszubreiten sucht.

Dieser Platz, von dem man sich vorstellen mag, daß man nach ihm süchtig werden könnte, ist ein unglaublicher und zudem hartnäckiger Widerspruch. Er demonstriert etwas, das auf ihm nicht stattfindet. Er hat etwas von einem steingewordenen Traum an sich, den man, kaum erwacht, immer wieder vergißt. Seine Musikalität ist eine verhaltene, nur mühsam zu begreifende; aber sie ist immerzu gegenwärtig. Und er verströmt in einer völlig unerotischen Stadt etwas, das tatsächlich an Erotik erinnert. Dabei wirkt die prachtvoll herausgeputzte, in ihrer Wirkung fast herausfordernd anmutende Spätbarockfassade des Rathauses ohnedies zu auffällig angesichts der selbstauferlegten Zurückhaltung, ist das kräftige Weinrot des stattlichen Sparkassengebäudes um eine Spur zu laut, sind die schweren Giebelkrönungen der Bezirkshauptmannschaft − hier stand bis um das Jahr 1780 die mittelalterliche Vierzehn-Nothelfer-Kirche − wie ein etwas zu lauter Trompetenstoß, der das Gedämpfte oder Zurückgezogene dieser Umgebung schmerzhaft zerreißt. Es ist ein Platz, der beruhigt und zugleich irritiert. Die Erinnerung an vergangenen Reichtum drängt sich auf. Manchmal, auf und ab gehend, den Platz der Länge nach abschreitend, erblickt man im Hintergrund eine dunkle Schnur. Etwas, das streng, unwiderruflich aussieht. Es ist die mittelalterliche Stadtmauer. Sie hält, einer altmodischen Korsettstange nicht unähnlich, die Kulissen zusammen. Sie sorgt für Ordnung. Und das, was auf dem Platz selbst noch wie eine Art frivoler Musikalität gewesen ist, weicht jetzt dumpfem Trommelklang.

Das alles, was man sich auf diesem seltsamen, hinreißend schönen und seine Schönheit, seine Geschichte, seine Musikalität und seine Frivolität freilich wie hinter einer Maske verbergenden Hauptplatz von

St. Veit empfindet oder was man sich an Empfindungen einbildet, weil dieser Ort buchstäblich die Phantasie entflammt, weil das ein Schauplatz ist, der die unsinnigsten Gefühle weckt... das alles mag gewiß beeinflußt sein von der Biografie dieser Stadt, von Zuständen und Verhältnissen, die hier einst wirksam gewesen sind. Vielleicht muß man, um manchen Widerspruch zu verstehen, sich jener Beschreibung entsinnen, die Trude Polley über die landschaftliche Situation von St. Veit gegeben hat. Denn diese Stadt „liegt in einem klimatisch begünstigten kleinen Becken, um das rundum Hügel aufsteigen, die den Bau von Burgen geradezu herausfordern, zumal zu Füßen wichtige Straßen vorüberziehen." Der Burgenkranz von St. Veit sei einzigartig. Und in „diesem Milieu konnte Herzog Bernhard eine Hofhaltung im Stil der Zeit führen, mit jenem ritterlichen Glanz, den Schiller in seiner Ballade über den Grafen von Habsburg beschworen hat... Auch am Kärntner Hof gab es die traditionellen Ämter, der Ritter von Kraig war Truchseß, der von Osterwitz Schenk, der von Karlsberg Marschall, und es fehlte nicht an Minnesängern."

Eine solche Beschreibung weckt Assoziationen. Ist der Hauptplatz von St. Veit als Turnierplatz vorstellbar? War es hier, wo einst die herzogliche Burg stand und Minnesänger, darunter Walther von der Vogelweide, den höfischen Inszenierungen poetischen Charme schenkten? Ist das, was diesen behäbigen, korrekt die Formen bürgerlichen Daseins wahrenden Platz so unruhig und beunruhigend sein läßt, möglicherweise gar nichts anderes als ein fiebriger Abglanz jenes Zeitalters, als hier der politische und kulturelle Mittelpunkt Kärntens lag?

Die Geschichte St. Veits beginnt mit einer Legende, für deren möglichen historischen Wahrheitsgehalt eine winzige Spur bürgt, nämlich ein karolingischer Flechtwerkstein, kaum mehr als handtellergroß, aufgefunden auf dem Gelände der heutigen Stadtpfarrkirche und wohl ein Beweis dafür, daß hier schon vor den ersten urkundlichen Erwähnungen des ehedem kleinen Weilers (1131) zumindest eine Kapelle oder eine kleine Kirche gestanden haben muß. Die Legende hängt mit dem Einfall der Magyaren in Kärnten im Jahre 901 zusammen. Damals soll ein einheimischer Adeliger namens Ratold am Abend vor der Entscheidungsschlacht gegen den eingedrungenen Feind in einem Traum den heiligen Veit erblickt haben, welcher ihm für den Fall, daß man ihm, dem Heiligen, eine Kirche errichte, den Sieg über die Ungarn verhieß. Anderntags kam es auf dem Krappfeld zur entscheidenden Auseinandersetzung. Und obgleich das bunt zusammengewürfelte Aufgebot der Karantaner den Magyaren zahlenmäßig bei weitem unterlegen war, errang man dennoch einen glänzenden Erfolg. Ratold aber sorgte dafür, daß dem heiligen Veit ein kleines Kirchlein „bei den Erlen" errichtet wurde. Das soll der Beginn von St. Veit gewesen sein.

Immerhin bezeugt jenes Fragment eines karolingischen Flechtwerksteins, das man in die Außenwand des neben der Stadtpfarrkirche stehenden mittelalterlichen Karners eingemauert hat, daß hier einst tatsächlich ein karolingischer Kirchenbau existiert haben muß.

Den überlieferten historischen Dokumenten zufolge gibt es St. Veit höchst offiziell seit dem Jahre 1131. 1199 wird es als Markt erwähnt, 1224 erhält es das begehrte Stadtrecht. Ursprünglich war es Bamberg zugehörig, also in kirchlichem Eigentum; jedoch spätestens seit der zweiten Hälfte des 12. Jahrhunderts war hier der Sitz des Kärntner Herzogshofs situiert, waren die Spanheimer − wahrscheinlich seit 1170 − Eigentümer von St. Veit, wobei es Herzog Bernhard war, dem der nunmehr zur Stadt erhobene Markt in den zwanziger und dreißiger Jahren des 13. Jahrhunderts eine erste wirtschaftliche und kulturelle Blütezeit zu verdanken hatte.

Eine ungefähre Vorstellung davon, wie das damals ausgesehen haben könnte, als die Burg des Herzogs Bernhard, deren Existenz erstmals 1252 erwähnt wird, auch so etwas wie ein Musenhof war, kann man angesichts eines massiven, dunkel eingefärbten und ein wenig verwahrlost anmutenden Bauwerkes haben, das am Rand der Altstadt ein Stück der mittelalterlichen Ringmauer ergänzt, die zum geringen Teil wohl noch aus der Spanheimerzeit stammt. Dieses Bauwerk wird ganz allgemein und nicht ganz richtig als „Herzogburg" bezeichnet. Es ist eine verhältnismäßig große, hufeisenförmige Anlage, die in den Jahren zwischen 1523 und 1529 als landesfürstliches Zeughaus errichtet worden ist. Die ziemlich verwitterten Hinweisschilder, auf denen von einer Herzogburg die Rede ist, entsprechen also nicht der historischen Wahrheit. Denn mit dem Erlöschen des Geschlechts der Spanheimer im Jahre 1279 verlor auch die St. Veiter Burg ihre Bedeutung, obgleich die Stadt selbst noch bis 1518 den Rang einer Art Landeshauptstadt Kärntens einnehmen konnte, wenn man in diesem Zusammenhang berücksichtigt, daß Villach in jenen Jahrhunderten dem Bistum Bamberg zugehörig war. Vorstellbar ist, ohne daß es dafür allerdings einen unumstößlichen Beweis gibt, daß das landesfürstliche Zeughaus gleichsam die Nachfolge der herzoglichen Burg antrat, also an jener Stelle erbaut wurde, wo früher die Spanheimer residierten. Andererseits gibt es Vermutungen, daß die alte Herzogburg an der Ostseite des heutigen Hauptplatzes gestanden haben könnte, also etwa dort, wo in späterer Zeit die verschwundene Vierzehn-Nothelfer-Kirche und dann der klassizistische Bau der heutigen Bezirkshauptmannschaft errichtet wurden.

Was aber auch immer der Standort dieser Burg gewesen sein mag: Sie war unter Herzog Bernhard für einige Jahre auch ein geistiger Mittelpunkt des Landes. Walther von der Vogelweide war Gast des Spanheimer Herzogs, sprach davon, „des Kärntners Gabe oft empfangen" zu haben, scheint mit Bernhard auf vertrautem Fuß gestanden und freilich durch dessen Hofschranzen auch manche empfindliche Demütigung erfahren zu haben. Ein anderer berühmter Gast war Ulrich von Liechtenstein, der durch extravagantes Auftreten und mehr oder minder originelle Maskeraden den Zeitgenossen als ein Sinnbild exzentrischen Dichtertums vorgekommen sein mag. Auch Heinrich von Türlin, der einem St. Veiter Geschlecht entstammte und dessen etwas fragwürdiger Ruhm den mehr als 25.000 Versen entsprang, mit denen er ebenso wirr wie weitschweifig Zeitereignisse zu schildern versuchte, auch er hat nachweisbar am St. Veiter Hof gewirkt. Dazu kam noch der einheimische Poet Zachäus von Himmelberg, von dem wir wissen, daß er seinen Konkurrenten Ulrich von Liechtenstein mit beißendem Spott bedachte, was dieser als unerhörte Beleidigung begriff, so daß er den Himmelberger zu einem Duell mit Lanzen herausforderte und ihn dann tatsächlich aus dem Sattel warf. Schließlich wissen wir noch von den Minnesängern Leopold von Scharfenberg, Heinrich von Lienz und Kunrad von Sunnegg, die aus St. Veit zumindest vorübergehend ein – wie man heute wohl sagen würde – Zentrum der deutschsprachigen Literatur machten und damit eine Tradition begründeten, die ein rundes Dreivierteljahrtausend später in Klagenfurt mit dem „Ingeborg-Bachmann-Preis" und dem „Internationalen Publizistikpreis" ihre Fortsetzung fand.

Was Ulrich von Liechtenstein angeht, so sollte man wohl noch daran erinnern, daß er, der dem St. Veiter Hof einen Hauch von irritierender Welthaltigkeit geschenkt hat, einmal als Frau Venus verkleidet aus dem Venezianischen bis hinauf nach Böhmen unterwegs war. Dabei forderte er jeden Ritter, der ihm begegnete, zum Zweikampf heraus. Eine solche Konfrontation hat es angeblich auch auf einer Wiese im unteren Gailtal gegeben, wohl in der Gegend des heutigen Feistritz oder Achomitz, wobei über die näheren Umstände dieses Ereignisses nichts bekannt ist. Jedenfalls waren die Poeten jener Zeit, und hier muß man die Kärntner Minnesänger miteinschließen, nicht nur mit der Feder, sondern auch im Umgang mit Schwert und Lanze wohlbewandert.

Das Aussterben der Spanheimer hat vielleicht die Burg, aber ganz gewiß nicht die Stadt veröden lassen. Man war seit 1205 für die folgenden 520 Jahre immerhin im Besitz des einträglichen Münzrechtes und besaß seit 1399 – bis 1725 – das Niederlagsrecht für das Hüttenberger Eisen. Und 1362 war der Stadt das wichtige Privileg zuerkannt worden, alljährlich den Michaelimarkt abzuhalten, der heute noch unter dem Namen Wiesenmarkt als eher volkstümliches Spektakel existiert. Es gab eine eigene Eisenindustrie, wobei man zu diesem Zweck im Urtlgraben hinter Guttaring um die Mitte des 16. Jahrhunderts den ersten Hochofen Innerösterreichs einrichtete, was den wohlbegründeten Reichtum einiger St. Veiter Gewerkenfamilien garantierte; dazu hat gewiß auch die vor dem Jahr 1550 errichtete älteste Papiermühle Kärntens beigetragen, die erst 1863 aufgelassen wurde. Sie befand sich übrigens in jenem schönen alten Herrenhaus, welches in der Glangasse durch seine phantasievolle Ornamentik der Fensterumrahmung sowie durch ein korbbogiges Eingangsportal auffällt.

Auch in St. Veit gibt es natürlich Jahreszahlen, die von Gefahr und Unglück erzählen und schwerwiegende Zäsuren sind in der Geschichte dieser Stadt. Zwischen 1356 und 1829 vernichteten verheerende Brände viel von der mittelalterlichen Bausubstanz. Türken und Ungarn wüteten vor allem in der 2. Hälfte des 15. Jahrhunderts, ohne daß St. Veit allerdings jemals erobert worden wäre. Zwei Jahre lang – 1713 bis 1715 – ging die Pest um. Die einst blühende Wirtschaft erlitt Ende des 18. und dann im 19. Jahrhundert schwere Einbußen, wovon man sich eine Vorstellung machen kann, wenn man die Einwohnerzahl von 1847 mit jener im 15. Jahrhundert vergleicht. Damals im ausgehenden Mittelalter zählte St. Veit mehr als dreitausend Einwohner. Diese Zahl schmolz um die Mitte des 19. Jahrhunderts auf knapp fünfzehnhundert.

Die vielleicht entscheidendste Niederlage aber mußte St. Veit im Jahre 1518 hinnehmen. Sie war selbstverschuldet, hatte mit dem Selbstbewußtsein oder auch Hochmut der Bürger zu tun, die sich geweigert hatten, ein ständisches Söldnerheer in die Stadt einzulassen, welches unterwegs nach Althofen war, um rebellierende Bauern zur Räson zu bringen. Diese Halsstarrigkeit hatte Konsequenzen. Die Landstände legten Beschwerde bei Kaiser Maximilian ein, was in der weiteren Folge dazu führte, daß das gerade erst abgebrannte, völlig verarmte und im Vergleich zu St. Veit völlig bedeutungslose Klagenfurt den Kärntner Landständen unter der Bedingung gleichsam zum Geschenk gemacht wurde, daß diese die Stadt wieder aufbauten, befestigten und zur Landeshauptstadt machten.

Man scheint in St. Veit diesen Schicksalsschlag allerdings gelassen hingenommen zu haben. Viele der Palais und Bürgerhäuser, deren Stattlichkeit und bauliche Solidität man heute noch bewundern muß, entstanden im 16. und 17. Jahrhundert, wobei man in erstaunlicher Weise auf stadtplanerische Erfordernisse Rücksicht nahm. Die parallel zum Unteren Platz und zum Hauptplatz verlaufenden Nebengassen − also Bräuhausgasse, Burggasse, Kirchgasse, Botengasse − nahmen, wie das im „Dehio" erläutert ist, sorgfältig auf die fortifikatorischen Zweckmäßigkeiten Bedacht „und bildeten gleichzeitig auch eine soziologische Trennungslinie innerhalb der Stadtstruktur zwischen den stattlichen, den Hauptachsen zugekehrten Häusern der ehemaligen Handelsherren und der an die Stadtmauer anschließenden Verbauung der Nebengassen mit den etwas bescheideneren Häusern der Handwerker."

Die reiche Dekoration des Rathauses mit den drachenförmigen Wasserspeiern, der glänzenden Figur der Justitia und jenem legendären Sinnspruch aus dem Sachsenspiegel, daß eines Mannes Rede nur eine halbe sei, denn „man sol sy verhoren bed", beugt sich mit tänzerischer Grazie dem Platz entgegen, darauf zwei Brunnen rauschen und eine

Pestsäule himmelwärts ragt. Das Wasser des sogenannten Schüssel-
brunnens fällt in eine mächtige römische Marmorschale, die einst eine
antike Brunnenanlage im untergegangenen Virunum geschmückt hat.
Römische Funde sind auch in manche Hausfassaden eingearbeitet, geben dem prachtvollen Renaissancehof des Rathauses ein strenges, fast
düsteres Aussehen und erinnern daran, daß hier einst eine römische
Poststation eingerichtet war. An die Existenz einer wesentlich jüngeren
Poststation denkt man angesichts des ehemaligen Postgebäudes auf
dem Oktoberplatz, wo in der Hofeinfahrt noch ein Inschriftstein aus
dem 16. Jahrhundert von der ehemaligen Bedeutung dieses Gebäudes
erzählt.

Man müsse dem mittelalterlichen St. Veit in die abseits führenden
Gäßchen hinein nachgehen, müsse sich umsehen in jenen Bereichen,
wo sich alte Häuser noch an die Reste der Stadtmauer schmiegen, forderte vor Jahrzehnten Herbert Strutz und schrieb von der Bräuhausgasse, „in der man nach wenigen Schritten vor schweren Mauern mit
klotzigen Strebpfeilern, vor finsteren Toren, Fluren und Gewölben
und mitten im mystischen Dämmer der Vergangenheit steht". Und er
verwies damals, als noch manche Restaurierung und manche bauliche
Veränderung dem Stadtbild keinen Schaden zugefügt hatte, auch auf
die Stadtpfarrkirche, dieser gotisierten romanischen Basilika, „in der
jetzt der spätbarocke Frauenaltar des St. Veiter Meisters Johann
Pacher golden vor den bunt leuchtenden neugotischen Scheiben der
schmalen Chorfenster flammt. Daneben, an der Chorwand, sind etliche Bruchstücke geretteter Fresken von hohem zeichnerischem Rang
und hervorragender farbiger Qualität zu sehen, die ein Erasmus
Hohenaster im Jahre 1406 malen ließ."

Am eindrucksvollsten, das Gemüt auf eine nahezu beklemmende,
beängstigende Weise berührend, ist freilich das überlebensgroße, spätgotische Kruzifix im Karner, eine Arbeit aus dem ersten Drittel des
16. Jahrhunderts und, soviel man weiß, in der einst berühmten Werkstätte des sogenannten Liebighauses in Frankfurt am Main entstanden.
Das ist eine gänzlich andere, dunklere, dramatische, auch bedrücken-
dere Seite im Bilderbuch dieser Stadt, das hat nichts mehr zu tun mit
südländischer Grazie, mit dieser zurückhaltenden und doch ständig
spürbaren und auf eine verhaltene Art auch ungemein wirksamen Ko-

ketterie, wie sie der Hauptplatz vermittelt. Das vornübergesunkene Haupt mit dem strähnigen Haar; die lastende Schwere der schrecklichen Dornenkrone; der riesige, gelblichfahle, eingefallene Leib, der sich am Holzkreuz noch einmal aufzubäumen scheint; das Gnadenlose, Unabänderliche dieses Anblicks... das alles verdrängt für einige ernüchternde Augenblicke die Erinnerung an die poetischen Bilder, denen man auf einem Rundgang durch die verschwiegenen Gassen St. Veits zu begegnen glaubte, das legt sich eindringlich und schwer auf die Seele und läßt daran denken, daß nicht nur eitle, gefallsüchtige, ehrgeizige Minnesänger und selbstbewußte Gewerken, nicht nur Politik, Kultur und Handel das Bild dieser Stadt geprägt haben, sondern auch die sichtbaren Zeichen eines Kultes, der manchmal ins Mystische reichte.

Da gab es neben der 1131 erstmals urkundlich erwähnten Stadtpfarrkirche – die natürlich dem heiligen Veit gewidmet ist, jenem Heiligen, der dem Grafen Ratold einst vor der Schlacht gegen die Magyaren im Traum erschienen war – auch noch die ehemalige Klosterkirche der Klarissinnen. Und während das Kloster 1524 in ein Armenspital umgewandelt, 1622 den Jesuiten, 1640 den Franziskanern zugesprochen wurde, um schließlich allmählich zu verfallen, besteht die Kirche immer noch. Dazu kommt die Kalvarienbergkirche Maria Loreto, ein kleiner rechteckiger Bau auf einem Hügel nordwestlich der Stadt, die ehemalige Spitalskirche zum heiligen Martin, die zum einstigen Bürgerspital gehörte, und die verschwundene Vierzehn-Nothelfer-Kirche auf dem Hauptplatz. Und wenn man sich auf dem Kirchplatz zwischen Karner, Pfarrhof und Stadtpfarrkirche umtut, sollte man sich dessen entsinnen, daß man auf dem Gelände eines uralten Friedhofs steht.

Hat sich St. Veit also noch immer nicht von seiner Vergangenheit lösen können? Ist es nichts anderes als ein steingewordenes Spiegelbild einer längst versunkenen Epoche, schön zwar und anmutig, in stillen Mittagsstunden, wenn vom tiefblauen Himmel die Sonnenglut herabtropft, sogar verzaubernd, aber letztlich doch nur eine Chimäre, eine Art Wachtraum, der mit der Wirklichkeit fast nichts gemein hat? Diese Wirklichkeit... sind das die häßlichen Vorstädte, die gesichtslosen, charakterlosen Bilder einer banalen Architektur, die ohne Instinkt für das Schöne, ohne planende Vernunft entstanden ist? Hat man in St. Veit vielleicht zu lange von der größeren Vergangenheit geträumt, so daß man jetzt nicht mehr imstande ist, mit der Gegenwart fertig zu werden? Selbst der legendäre und ungemein populäre Wiesenmarkt, einst nicht nur ein wirtschaftliches, sondern auch ein moralisches Wahrzeichen der Stadt, hat fast alles von seiner Substanz eingebüßt. Der Volkskundler Georg Graber hat vor Jahrzehnten einmal die hauptsächlichen Merkmale dieses Festes geschildert. Von der Ehrenwache der Trabanten war da die Rede, von Richtern und Stadträten „zu Roß in Scharlachgewändern, während der Stadtschreiber in schwarzen Samt gekleidet war"; berittene Bürger fanden sich im Ehrenzug, und eine „unübersehbare, dichtgedrängte Menschenmenge" wartete geduldig das Aufstellen jenes hohen hölzernen Pfahls ab, der einen Arm mit einem Schwert trug, was — wie der uralte Brauch es wollte — den Marktfrieden sichern sollte. „Jedermann habe bei ernster Strafe die Freiung zu halten", schrieb Graber, „Gotteslästerung, Fluch und Schelten zu unterlassen. Wirte und Krämer sind an das rechte Maß und Gewicht verpflichtet, falsche Münze wird an Leib und Gut gestraft. Kauf oder Verkauf von Waren ist vor dem Gottesdienst verboten..."; und dergleichen Sittliches mehr, was vorzeiten dem sogenannten Anstand dienen und die Ordnung bewahren helfen sollte.

Das alles ist längst vorbei, hat einer Rummelplatzatmosphäre weichen müssen, entspricht längst nicht mehr der vorgegebenen Realität. Die Zeit ist über St. Veit hinweggegangen; und hat Narben hinterlassen; und einiges, was wie ein versponnenes Traumbild wirkt, vor dem völligen Untergang bewahrt. Nur was der Wahrheit von einst entspricht — die lautlose Musik am Hauptplatz, das kokette Flüstern in den mittelalterlichen Gassen oder der vornübergesunkene Kopf des riesigen Christus im Karner —, wer will das heute noch entscheiden?

„Furt über die Glan"

Am Beginn Klagenfurts war ein rheinfränkisches Geschlecht, nämlich jenes der Spanheimer, das zu jener Zeit – man schrieb das
12. Jahrhundert – mit Salzburg und Friesach zu tun hatte und auch
auf Hochosterwitz einen Lehensmann für die Salzburger Bischöfe
stellte. Ein Hermann von Spanheim – Vater jenes bedeutenderen
Bernhard, welcher von eminenter politischer Begabung und daher
auch zwangsläufig ungemein ehrgeizig gewesen sein mag – muß als erster Begründer eines Marktes, der den Namen „Forum Chlagenuurt"
trug, genannt werden, was urkundlich auf die Zeit zwischen 1194 und
1198 datierbar ist. Dieser Markt, den man sich weder als stattliche Ortschaft noch als Festung vorstellen darf, lag im Gebiet des heutigen Spi-
talbergs und an den Ufern der Glan auf dem Gelände des heutigen
Landeskrankenhauses, was bedeutete, daß er mitten im damals ausgedehnten Überschwemmungsgebiet der Glan angelegt worden ist, was
wiederum eine gewisse Sicherheit garantierte, einer weiterreichenden
Entwicklung dieses Marktes jedoch eher hinderlich war. Vielleicht war
damals die Erinnerung an römische und ältere Siedlungtätigkeit, von
der unter anderem antike Skulpturfunde zeugen, in diesem Gebiet
noch wach, so daß Herzog Hermann die morastigen, nebelverhange-
nen Böden an den Ufern der Glan bevorzugte; vielleicht spielten auch
Aberglaube und Mythos, denen man in jenem düsteren Jahrhundert
manchmal blindlings gehorchte, eine gewisse Rolle. Ein bedrohliches
Fabeltier, das einem Lindwurm ähnlich gewesen sein könnte, und dessen Bezwingung stehen allerdings mit den historischen Anfängen Klagenfurts in keiner wie immer gearteten Beziehung.

Herzog Bernhard, Hermanns Sohn, war unermüdlich darauf bedacht, die eigene Hausmacht zu stärken. Das bedeutete, daß er auch
Kärnten – das im 13. Jahrhundert, als Bernhard lebte und wirkte, in
zahlreiche Interessensgebiete und Abhängigkeiten zerfiel – stärker,
nachhaltiger seinem Einfluß unterordnete. Er war immerhin Schwie-
gersohn des böhmischen Königs Wenzel, eines der Mächtigen des damaligen Reiches... Und Bernhard, der durch gewandten diplomati-
schen Umgang, eine geschickte Heiratspolitik und, wenn es not tat,

auch durch Rücksichtslosigkeit sein eigenes und das Schicksal des Landes in festem Griff zu halten suchte, begründete Klagenfurt von neuem, diesmal südlich der Glan, wo fester Schottergrund die Anlage einer mauerbewehrten Stadt erleichterte. Diese Übersiedlung – denn das „Forum Chlagenuurt" verschwand nun buchstäblich über Nacht von seinem ersten, minder vorteilhaft ausgewählten Schauplatz – mag um das Jahr 1250 stattgefunden haben. Ein paar Jahre später, nämlich 1252, wird Klagenfurt in den erhaltenen Dokumenten bereits als Stadt bezeichnet; und in einer Urkunde aus dem Jahre 1287, auf derem Siegel übrigens erstmals ein Lindwurm aufscheint, vierbeinig und furchteinflößend, wird schon ein Stadtrichter namens Ulrich genannt.

In diesem Zusammenhang sollte man vielleicht einmal den Versuch unternehmen, sich wenigstens in Ansätzen über die Entstehung des Namens Klagenfurt Klarheit zu verschaffen. Jene fast schon volkstümlich gewordene Erklärung, daß dieser Name etwas mit Wehgeschrei und Klage zu tun habe, eine Behauptung, die erstmals von dem Geschichtsschreiber Johann von Viktring, welcher in der ersten Hälfte des 14. Jahrhunderts lebte, aufgestellt wurde, um in späterer Zeit von Primus Lessiak wieder aufgenommen und durch Hinzuziehung des slowenischen Celovec – wie Klagenfurt auf slowenisch eben genannt wird – auch erhärtet zu werden, weil Lessiak dieses Celovec von dem slowenischen Wort für „klagen" ableitet... diese allgemein verbreitete Erklärung kann nicht sonderlich stichhaltig sein. Vielmehr sollte man sich darauf besinnen, daß am Anfang der Existenz Klagenfurts ein Flußübergang von einiger Bedeutung war, eine Furt über die Glan, etwas, das im ganzen Mittelalter Bedeutung hatte für das Entstehen und Werden unserer Märkte und Städte. Daraus – also aus einem „Glanfurt" – entwickelte sich der Name Klagenfurt, wobei man sich auch noch auf den Dialektbegriff für „eben" oder „flach" stützen mag, wie er früher einmal in Unterkärnten geläufig war; und dieser Begriff lautete „g'lag'n", so daß die Furt über die Glan auch als eine ebene, flache Furt, als bequemer Flußübergang charakterisiert wurde.

Dieses von Herzog Bernhard neuangelegte Klagenfurt, welches gewiß nicht größer war als das Zentrum der heutigen Altstadt mit Pfarrplatz, Altem Platz, Wienergasse und Kramergasse und kaum mehr als sechs- oder siebenhundert Einwohner zählen mochte, lag zwar am

Kreuzungspunkt wichtiger Handelswege, war jedoch in seiner Bedeutung der eigentlichen Herzogsstadt, nämlich St. Veit, aber auch Friesach, Völkermarkt oder Villach bei weitem unterlegen. Klagenfurt war nicht als politisches oder kulturelles Zentrum angelegt worden. Den beiden Spanheimern Hermann und Bernhard war es lediglich darum gegangen, gegenüber dem Einfluß der Bamberger − der auf den wirtschaftlichen Vorteilen beruhte, welcher der alte Handelsweg über Villach und durch das Kanaltal nach Aquileja und Venedig einbrachte − einen eigenen Stützpunkt zu errichten, der eine andere wichtige Nord-Süd-Verbindung absichern sollte. Schon Johann von Viktring schrieb, daß Herzog Bernhard den „Bau des befestigten Ortes" an „einem Punkte begann, der sich durch seine Lage für den Handel mit Lebensmittel und Kaufmannswaren eignet". Schönheit der Landschaft oder klimatische Vorteile zählen in einem solchen Fall naturgemäß nicht.

Klagenfurt betrat also nicht mit souveräner Geste den Schauplatz seiner Geschichte, sondern schwindelte sich eher durch die Hintertür herein, auf einen Schauplatz übrigens, der damals, was seine landschaftlichen Vorzüge ausmachte, eher unansehnlich gewesen ist. Jene schönen, ungemein poetischen Beschreibungen, wie sie Kärntens Dichter der Stadt und der Ebene, in welcher Klagenfurt ausgebreitet liegt, mit nimmermüdem Eifer angetan haben, entsprechen demnach nur in Ansätzen dem Bild, das wir uns vorzustellen haben, wenn wir an das 12. und 13. Jahrhundert denken, als Klagenfurt wurde und wuchs. Dennoch hat auch das, was zum Beispiel ein Mann wie Emil Lorenz vor rund vier Jahrzehnten über die Stadt und die sie umgebende Landschaft zu sagen wußte, eine tiefere, gleichsam historische Bedeutung, weil Vergangenes, seinerzeit Gegenwärtiges und Zukünftiges darin enthalten sind. „Wir stehen", schrieb Lorenz, „auf einer Höhe im Süden unserer Stadt und blicken auf die Ebene hinab, in deren Mitte sie liegt. Ihre Dächer, dicht gedrängt um einen Mittelpunkt... erheben sich wie Blüten roten Mohns aus einem weiten Ährenfeld. Seine wogende Bewegung, die von Berg zu Berg reicht, ist für unseren Blick erstarrt. Eine Wasserfläche benetzt den Rain dieses großen Feldes. Sie ist ein Stück blauer Seide, in das eine unsichtbare Hand zuweilen Knitterfalten hineindrückt... Wir erliegen der Versuchung, die Schicksale dieses großen Feldes nach rückwärts hin aufzurollen, und jetzt entblättert sich der rote Mohn unserer Dächer, und die Ränder des Ährenfeldes ertrinken in graugrünem Moor. Um die Königskerzen der Türme ist wucherndes Sprießen niedriger Pflanzenwelt und die Melancholie namenloser Schicksale. Der Schein der Fülle verschwindet, die speerbewehrten Reihen des Schilfes brechen durch den moosigen Boden hindurch, und die silbrigen Blätter der Sahlweide, im Winde bewegt, blinzeln wie ein träges Reptil. Schon stehen wir an der Schwelle des Zeitlosen, und dort nimmt uns der Mythos auf..."

Diesem poetisch verdichteten und mit Symbolen befrachteten Blick zurück auf die Anfänge Klagenfurts steht die eher nüchterne Beschreibung gegenüber, wie sie die Publizistin Trude Polley zum Zwecke der Verdeutlichung jenes Bildes unternimmt, das uns das historische Klagenfurt zeigen soll. „Die kleine mauerumgürtete Stadt mit den eng aneinander geduckten Häusern, aus deren Masse nur die Türme und die Burg hervorragten, lag ziemlich verlassen in der großen Ebene, schemenhaft hinter den feuchten Schleiern der Herbstnebel, dumpf brütend in der Hitze der Hundstage, die die Luft über dem windstillen Becken zum Flirren brachte. Es hat damals in der Umgebung viele angenehmere und gesündere Positionen gegeben als dieses Stück trockenen Bodens mitten im Röhricht, doch die Kette von Furten über die vielarmige Glan... war nun einmal wichtig und nicht zu umgehen."

Das Poetische wie das Publizistische, angewendet auf Klagenfurts bescheidenen Beginn, ist auch heute noch durchaus angebracht, wenn man die Gegenwart beschreiben will. Denn die Stadt hat sich wohl entwickelt, auch beträchtlich vergrößert, aber in ihrer Substanz kaum verändert. Zugleich entbehrt sie nicht des verführerischen Reizes, ist sie das, was man eine Schönheit nennen möchte; eine Schönheit freilich, die sich nicht in den Vordergrund drängt, die nicht schon mit dem ersten Blick erkennbar ist.

Damals, als sie entstand, lag sie buchstäblich und im übertragenen Sinne im Schatten der wirklich bedeutenden kulturellen und politischen Zentren des Landes. Das junge Klagenfurt sei von Marienkirchen eingekreist gewesen, meint Trude Polley einmal in ihrer Biografie der Stadt; und sie erwähnt in diesem Zusammenhang den uralten Siedlungsboden rund um das Zollfeld mit dem mächtigen Dom zu Maria Saal, aber auch jenes Maria ad Oranum im Süden, woraus sich Maria

Rain entwickelte, ferner den wichtigen Stützpunkt der Zisterzienser in Viktring, „Unserer Lieben Frau" zugeeignet, und schließlich das alte Maria am Werd, einst von den Freisinger Bischöfen begründet, heute als Maria Wörth eher dem Fremdenverkehr als frommem Kult zugeeignet. Dazu kamen, wie schon erwähnt, die bedeutenderen Städte, die allmählich gewachsen und wie selbstverständlich in eine Position hineingeraten waren, von der das dürftige, beengte und in manchem auch ärmliche Klagenfurt ausgeschlossen war. Politischer Einfluß war hier nicht beheimatet. Kulturelle Leistung von übergeordnetem Rang fand nicht statt. Auch der Religion war in jenem Zeitalter, da Klagenfurt nur langsam wuchs, kaum eine über das lokale Maß hinausreichende Bedeutung beschieden.

Solche Zustände legen sich schwer auf das, was man die geistige Entwicklung einer Stadt nennen mag. Wer sich der geringen Mühe unterzieht, in den verschiedenen Reisebeschreibungen und historischen Handbüchern die Geschichte der Stadt nachzulesen, wird rasch feststellen, daß alle Autoren, um bloß ihr Pensum über Klagenfurt abzuliefern, Anleihen bei fremden Biografien machen müssen, daß sie Ereignisse, die mit der heutigen Landeshauptstadt nur am Rande oder gar nichts zu tun hatten, diese auf Klagenfurt projizieren − gleichgültig, ob es sich dabei um Erzählungen aus der Antike, dem hohen Mittelalter oder der beginnenden Neuzeit handelt, um Epochen also, in denen die Stadt gar nicht vorhanden war oder wie erstarrt unter dem feuchten Nebel lag, der aus den morastigen Böden, zwischen denen sie angelegt worden war, hartnäckig aufstieg. Auch später, als sich Klagenfurt ein wenig zu rühren begann, als es sich sozusagen seiner enggewordenen Haut zu entledigen suchte, ohne daß das schon ein Anlaß hätte sein können, solch unruhiges Tun zu rühmen, weil die Stadt wohl wuchs, sich aber nicht wirklich entwickelte, auch später also geschah in Wahrheit alles das, was heute viele Autoren auf Klagenfurt beziehen, rundum und außerhalb, was die Biografen nicht daran hindert, stets auf Klagenfurt zu blicken, wenn sie das Vergangene erzählen, weil das hier eben die Hauptstadt des Landes ist und weil man zu glauben scheint, daß einer Kapitale eine reichhaltige Geschichte zusteht.

Die Wahrheit ist viel einfacher und wesentlich banaler. Seuchen, Hungerjahre, Bauernunruhen, Türkeneinfälle... das streifte die Stadt bloß, die sich hinter ihren Mauern duckte. Die Entscheidungen fielen immer anderswo. Das traf auf das Geistige wie das Politische gleichermaßen zu. Und selbst der Mythos, der sich überall im Land kräftig rührte in jenem Zeitalter, das die Kluft zwischen Papsttum und Gläubigen und damit die gewaltige Bewegung der Reformation mit nachfolgender Gegenreformation heraufdämmern sah, selbst der Mythos verschonte Klagenfurt. Das Volk betete, wallfahrte und fluchte anderswo, erfand sich seine Gleichnisse und Geschichten draußen im Land; der Adel hatte mit dieser Stadt nichts im Sinn. Die Geschichte, die stets reich an Zwischenfällen war, schlug wie beiläufig einen Bogen um diese bescheidene Ansammlung hölzerner Häuser, die sich um eine herzogliche Burg scharten, die auch bescheiden war, und sich an einen Mauerring schmiegten, der keinem ernsthaften Ansturm wirklich widerstanden hätte.

Dann dämmerte das 16. Jahrhundert herauf. Draußen im Land rührten sich wieder einmal die Bauern, windische wie deutsche. Die Kärntner Stände, eigentlich die „Ehrsame Landschaft" genannt, eine Versammlung von Vertretern des Adels und der hohen Geistlichkeit, welche das sich selbst überantwortete, vom Kaiser und den Erzherzögen fast vergessene und verlassene Land zu dirigieren suchte, was angesichts der realen politischen Verhältnisse häufig nur Bruchstück bleiben konnte, die Kärntner Stände also verlegten sich zuerst aufs Verhandeln. Das schien auch vernünftig angesichts der wütend bewegten Masse, die gegen Adel und Geistlichkeit aufstand. Im Jauntal waren an die zweitausend rebellische Bauern versammelt; und in der Nähe des entlegenen, schwer zugänglichen Pustritz an den südöstlichen Abhängen der Saualpe sollen es sogar an die dreitausend gewesen sein, die sich nicht bloß dagegen auflehnten, neue Steuern zu zahlen, sondern auch auf altes, überliefertes Recht pochten, das ihnen mehr Unabhängigkeit, mehr Luft zum Atmen ermöglichte.

Die Zeit des Verhandelns war in dem Augenblick abgelaufen, als sich eine Schar aufständischer Bauern Althofens bemächtigte und dort auf recht ungestüme Weise unter den verstörten Einwohnern wütete. Jetzt reagierten die Stände. Söldner wurden aufgeboten und in Marsch gesetzt. In St. Veit kam es dabei zu Zwischenfällen. Die Bürger weigerten sich lange, den Soldaten die Stadttore zu öffnen. Dieser Widerstand wirkte wiederum auf die Stände ernüchternd. Politik war auch damals nur machbar, wenn man sich der erworbenen Macht uneingeschränkt bedienen konnte. Adel und Geistlichkeit begannen darüber nachzudenken, wie der Hochmut der St. Veiter Bürger zu strafen und daraus politischer Nutzen zu ziehen sei. Und diese Nachdenklichkeit hatte Folgen für Klagenfurt.

Dieses Klagenfurt war zu jener Zeit nicht gerade vom Glück verfolgt gewesen. Heuschreckenschwärme, Seuchen, Türkeneinfälle, Bauernaufstände... das alles waren Ereignisse, die, obgleich sie die Stadt nicht unmittelbar berührten oder sie nur streiften, wie schlechter Atem aus bösartigem Mund einen manchmal unangenehm anweht, die Menschen dennoch belasteten; sowohl wirtschaftlich als auch moralisch. Dazu kam im Jahre 1511 ein Erdbeben, von dem die Chronisten berichten, daß „desgleichen niemalen soll gewesen sein", was die Vermutung zuläßt, daß der ohnedies nach wie vor ärmlichen oder doch auf nachhaltige Weise bescheiden wirkenden Stadt schwerer Schaden zugefügt wurde. Und 1514 schließlich wütete ein zehnstündiges Feuer durch die Stadt, fraß das Holz der Häuser, vernichtete, was das Erdbeben verschont hatte, so daß der Klagenfurter Chronist Paul Kheppiz, der schon den Aufstand des „Windischen Bauernbunds" detailfroh dargestellt hatte und überhaupt ein poetisch begabter Mann gewesen sein muß, weil er alle seine Beschreibungen dem Reim unterwarf und durchaus nicht mit literarischen Redewendungen und Vergleichen sparte, was seine Geschichten ungeachtet ihres dramatischen und häufig auch düsteren Inhaltes zu einer amüsanten Lektüre werden läßt, so daß Paul Kheppiz also, der diesem schrecklichen Brand manchen Vers widmete, schließlich lakonisch erklären mußte, daß die „ganze stat verbrant bis in grund". Das mag nun wohl wirklich der Tiefpunkt in der Geschichte Klagenfurts gewesen sein, ein Augenblick der vollkommenen Erschöpfung und Ratlosigkeit, denn nach jenem 30. Juni 1514, als das Feuer keine Nahrung mehr fand, weil alles zu Asche geworden war, schien ein Neuanfang beinahe unvorstellbar.

Aber „diese geschlagene Stadt, deren Befestigungen verlotterten und deren Bürger, wenn sie nicht abgewandert waren, in kümmerlich zusammengeflickten Häusern ein armseliges Leben fristeten, dieses Häuflein Elend von einer Stadt war gerade das, was die Stände brauchten" (Trude Polley). Den Ständen, die so dachten und handelten, wie Politiker das zu allen Zeiten tun, nämlich sogenannte Sachzwänge konstruierend, um diesen dann seufzend zu gehorchen, nicht ohne freilich den eigenen Vorteil wahrzunehmen, den Ständen also schien das niedergebrannte, hoffnungslos verarmte und jeder fremden Hilfe dankbar zugängliche, weil darauf bitter angewiesene Klagenfurt der rechte Ort zu sein, um daraus ein „festes Bollwerk gegen Feinde von innen und außen" zu machen, was unter anderem auch eine Zurechtweisung war für das hochmütige St. Veit. Sie wandten sich an Kaiser Maximilian, der auch als Erzherzog von Kärnten fungierte, was in politischer Hinsicht freilich nur von zweitrangiger Bedeutung war. Maximilian, der zu jener Zeit in Wels residierte, hatte nämlich weder die materiellen noch die militärischen Möglichkeiten, um Kärnten beispielsweise vor der Türkengefahr zu bewahren und zugleich die bis zur gelegentlichen Verwirrung gediehene Unordnung im Land einzudämmen. Die Stände wandten sich an Maximilian mit der Bitte, ihnen Klagenfurt als Hauptstadt zu überlassen, wobei sie zusicherten, daraus eine respektable Festung zu machen, gegen die Türken, rebellische Bauern und andere Feinde nichts mehr ausrichten würden.

Maximilian entsprach dem Ansuchen der Kärntner Stände. Im sogenannten „Gabbrief" vom 24. April 1518 schenkte er ihnen Klagenfurt unter gleichzeitiger Aufhebung aller städtischen Privilegien, was den Historiker Wilhelm Neumann zur Äußerung animierte, daß diese landesständische Hauptstadt zweifellos „ein Unikum der deutschen Verfassungsgeschichte" sei, was man wohl unterstreichen muß. Einzigartig dürfte in diesem Zusammenhang auch der Umstand sein, daß es eigentlich ein Bauernaufstand gewesen war, der alles Nachfolgende bewirkt hatte. Denn hätten sich die windischen und deutschen Bauern nicht zusammengerottet, wären sie nicht in Althofen eingefallen, was eine militärische Aktion der Stände herausforderte, und würde man sich in St. Veit diesen ständischen Truppen gegenüber anders verhalten haben... Klagenfurt wäre 1518 ganz gewiß nicht zur Hauptstadt des Landes avanciert. Manchmal nimmt das Glück, das ein Mensch oder eine Gesellschaft haben kann, sonderbare Umwege.

Denn ein Glück war das natürlich, was den Klagenfurtern jetzt ins desolate Haus stand. Allerdings wehrten sie sich mit dem Mut der Verzweiflung dagegen, weil sie nur den Verlust ihrer Privilegien sahen und nicht auch das, was auf sie durch den unverhofften Aufstieg ihrer verbrannten, verarmten Stadt zur Kapitale des Landes zukommen sollte. Im maximilianischen „Gabbrief" stand immerhin ein Satz, der ihnen mehr als alles andere, das sie vielleicht gar nicht wirklich wahrgenommen haben, zu denken gab: daß nämlich mit dieser Schenkung an die Stände auch „all ir freyhaiten und privilegien gentzlich und gar aufgehebt abgetan cassiert und vernicht" seien, was rechtschaffenem Bürgerstolz und oftmals gedemütigter Bürgerehre naturgemäß zu denken geben mußte.

Deshalb entsandten sie, um möglicherweise doch noch zu retten, was ohnedies verspielt war, eine kleine Delegation nach Wels, die aus einem Lorenz Pirker und einem Pankratz Müller bestand und die so bescheiden war, wie alles an Klagenfurt zu jener Zeit bescheiden gewesen ist. Man überreichte dem Kaiser einen „credenz-brieff", man fiel dazu gehorsamst und alleruntertänigst auf die Knie, man beugte den Kopf, als spürte man schon den Schwertstreich des Schicksals im Nakken. Maximilian aber schob, wie es die Chronik berichtet, den Brief „in den busen", murmelte etwas, das niemand genau verstand, und beendete die Audienz. Wahrscheinlich wanderte dieser „credenz-brieff" ungelesen zu den Akten, ohne daß sich seiner noch eine verantwortliche und maßgebliche Instanz angenommen hätte, was wohl auch damit zu tun gehabt haben wird, daß der Kaiser kurz darauf verstarb.

Die Kärntner Stände, des Possenspiels, das ihnen die Klagenfurter zu inszenieren gedachten, endgültig überdrüssig, handelten jetzt. Manchmal muß man die Menschen zu ihrem Glück auch zwingen... Und am Dreinagelfreitag des Jahres 1519 drangen Söldner unter der Führung eines Herrn Philipp von Wixenstain in Klagenfurt ein, besetzten alle wichtigen Positionen, trieben die aufgeschreckten Bürger zusammen, und zwar dort, wo heute der Alte Platz zwischen einer Apotheke und einem schönen alten Palais sich zum Landhaus hinüber öffnet oder auch in die Herrengasse übergeht, also im östlichen Teil dieses Alten Platzes, wo, wenn man so will, die eigentliche Geburtsstunde der neuen Hauptstadt schlagen sollte.

Denn der Herr von Wixenstain, gestützt auf seine gewiß gut ausgerüsteten und für das Handwerk des Krieges wohl auch begabten Soldaten, machte mit den verstörten Klagenfurter Bürgern kurzen Prozeß. Nach anfänglichem Diskurs, der nicht einmal zu einer wirklichen Diskussion gedeihen konnte, wurde die Trommel gerührt und das herbeigeeilte, gaffende, zitternde, ratlose Volk auf die neue Herrschaft, also auf die Kärntner Stände, auf Adel und Geistlichkeit eingeschworen. Diese, im Grunde nichts anderes als vermögenden Grundbesitzer, deren Politik damals schon föderalistischen Interessen gehorchte – was bis auf den heutigen Tag so geblieben ist, wenngleich aus der „Ehrsamen Landschaft" inzwischen Berufspolitiker und Interessensvertreter geworden sind –, die Stände also waren in Kärnten dreifach gegliedert, und zwar in den Adel, in die hohe Geistlichkeit und in die Vertreter der Städte, die allerdings nur eine bescheidene Rolle spielen durften. Das alles mag den Klagenfurtern damals freilich nur wenig bedeutet haben; und auch, daß „die verfassungs- und verwaltungsrechtliche Stellung des ständischen Klagenfurt ein Unikum in der österreichischen und deutschen Rechtsgeschichte" war. „Daß eine Stadt, eine Landeshauptstadt, nicht dem Landesfürsten gehörte, sondern einer Korporation, das gab es nirgends sonst", schreibt Trude Polley. „Wichtig war jedoch nicht das Kuriosum, sondern seine Wirkung." Und diese Wirkung war, wie sich innerhalb kurzer Zeit beweisen sollte, eine außerordentliche.

Denn Klagenfurt begann nun aufzublühen. Die Stände hielten ihr dem Kaiser gegenüber abgegebenes Versprechen, aus der herabgewirtschafteten, unansehnlichen Stadt eine „neu gebaute Hauptstadt" mit den damals unerläßlichen Fortifikationen zu machen. Der italienische Festungsbaumeister Domenico de Lalio – oder dell' Allio – wurde damit beauftragt, die Erneuerung und Erweiterung der Stadt architektonisch zu gestalten, wodurch man in ihm also gleichsam den ersten Stadtplaner Klagenfurts sehen kann. Dieser aus Lugano stammende Mann war in Kärnten immerhin mit solchem Erfolg tätig, daß man ihn später nach Wien, wo er die Dominikanerbastei ausbaute, und nach Graz beorderte, wo er die Leitung über die Festungsbauten im Südosten des Reiches übernehmen sollte. Man muß den Kärntner Ständen und den Klagenfurtern das Kompliment machen, daß sie de Lalio mehr oder minder ungehindert arbeiten ließen und lediglich darauf bedacht waren, daß die Schwerpunkte des von ihnen ersonnenen Bauprogramms minutiös eingehalten wurden. Zu diesen Schwerpunkten gehörten vor allem die Festungswerke, das Landhaus sowie die sogenannte Predigtkirche mit einem dazugehörenden Spital. Was die materiellen Voraussetzungen betraf, so waren die Stände durchaus fähig und auch willens, allen Ansprüchen zu gehorchen. Schließlich hatte man im August des Jahres 1529 die landesfürstliche Münze, die zu jenem Zeitpunkt noch in St. Veit angesiedelt war, von Kaiser Ferdinand I. gepachtet und nach Klagenfurt gebracht, was bedeutete, daß die Klagenfurter Münze nicht nur eine Monopolstellung im Land einnehmen, sondern auch den Kärntner Bergbau dadurch von sich abhängig machen konnte, daß die Gewerken das geförderte Edelmetall – vornehmlich Silber, aber auch Gold – „ninderst anderswo dann in die münz daselbst" abzuliefern hatten; was des weiteren zur Folge hatte, daß die Klagenfurter Münze und damit die Stände den Preis nach Belieben diktieren konnten. Es arbeiteten die Politiker jener Zeit also mit durchaus kapitalistischen Methoden. Und sie hatten Erfolg damit.

Klagenfurt hatte sich buchstäblich wie ein Phönix aus seinem tiefsten Elend erhoben. Was als nebelverhüllter, wahrscheinlich aufs dürftigste ausgestatteter Markt „Forum Chlagenuurt" rund um den Spitalsberg seinen Anfang genommen und dann seine eher kummervolle Fortsetzung auf dem Gelände des heutigen Alten Platzes, der Wienergasse und der Kramergasse erfahren hatte, um dann im 15. und 16. Jahrhundert unter dem, was man etwas oberflächlich „Schicksalsschläge" nennt, fast zugrunde zu gehen – das wuchs nun über seinen beengten und bedrückenden Rahmen hinaus und entwickelte sich innerhalb weniger Jahrzehnte zu dem, was man ohne weiteres als eine „Stadtschönheit" bezeichnen sollte. Klagenfurt rührte und entpuppte sich. Und das Ergebnis war sehenswert.

Viktring und sein Hinterland

Viktring, das ist, wenn ich meiner Erinnerung trauen kann, grünes, verfilztes Dickicht im Hintergrund; Hausfassaden in verwischtem, altmodischem Gelb; moderne Siedlungshäuser an breiten Straßen, die scheinbar nach nirgendwohin führen; und die dunklen Hügel der Sattnitz vor der sich öffnenden, breit gefächerten Ebene, darin Klagenfurt liegt. Im Hintergrund Berge, darüber buschige Wolken stehen. Und der Himmel so südlich, so erfüllt von gleißendem Licht, daß die Landschaft darunter, die ohne sein Einwirken fast melancholisch wäre, wie eine weit geöffnete, glänzende Frucht ist. Viktring, das ist, wenn die Bilder, die man zu sehen glaubt, nicht gänzlich täuschen, ein unaufhörliches Wechselspiel des Lichts und der Farben. Und auch eine geschichtsdurchtränkte Metapher. Eine Art von verzögertem Stundenschlag. Und eigentlich doch nichts anderes als ein Vorort Klagenfurts, längst eingemeindet, längst die alten Grenzen überschreitend und nur in Bruchstücken noch dem entsprechend, was es einst für das Land bedeutete und welcher Wirkung es fähig gewesen ist.

Thomas Koschat, Kärntens volkstümlichster und wohl auch berühmtester Komponist, wurde hier geboren, wuchs auf in dieser früher einmal kleinen, behaglichen, leicht überschaubaren und doch auch beengten Welt einer halb bäuerlichen und doch schon industrialisierten Gemeinde, die mit Klagenfurt nur durch einige gewundene, baumumstandene Landstraßen verbunden war. Sein Vater arbeitete noch als Färbermeister, seine Mutter als Wollklauberin in jener Tuchfabrik, die, 1788 begründet, der älteste Textilbetrieb Kärntens war, untergebracht in den weitläufigen, damals schon leerstehenden Räumen jenes Zisterzienserklosters, das einige Jahre zuvor durch ein Dekret Kaiser Josephs II. säkularisiert worden war. Aus Holland hatten die Brüder Christoph und Johann Moro, die zuvor schon, nämlich 1785, in Klagenfurt eine Tuchmacherei eingerichtet hatten, fachkundige Textilarbeiter und Werkmeister geholt, um den Betrieb in Gang zu bringen. Sie selbst kamen aus dem Friaul, aus einem Dorf namens Ligosullo in der Carnia unterhalb des Plöckenpasses. Ihre erste Produktionsstätte hatten die beiden unternehmungslustigen Brüder im sogenannten Wispelhof eingerichtet, in der Feldkirchner Straße zu Klagenfurt, bis sie schließlich das aufgelassene Stiftsgebäude in Viktring ersteigerten und dort zuerst einmal eine Weberwerkstätte einrichteten. Das notwendige Wollgarn wurde damals noch in Heimarbeit hergestellt, bis die Unternehmungsleitung sich gezwungen sah, den rasch wachsenden Bedarf an Garn durch die Errichtung einer eigenen Spinnerei im krainischen Wocheinertal zu decken. Und während die Gebrüder Moro in ihrer Klagenfurter Tuchmacherei – die Walkerei war bei Welzenegg situiert – hauptsächlich hellfarbige Stoffe produzierten, wie sie Ende des 18. und zu Beginn des 19. Jahrhunderts für die Erzeugung von Uniformen benötigt wurden, wurde im Viktringer Werk schweres, strengfarbiges Tuch hergestellt, das seiner guten Qualität wegen überall in der Monarchie und darüber hinaus geschätzt wurde.

Dann, um das Jahr 1800, kamen die ersten Wollkratz- und Spinnmaschinen in das ehemalige Stiftsgebäude. 1847 etablierte man in Viktring die erste Dampfmaschine. Und um die Mitte des 19. Jahrhunderts wurde auch der sogenannte Viktringer Loden hergestellt, der bis dahin nur in kleinen Handwerkerstätten überall in Kärnten erzeugt worden war. Immerhin wurde dieser Loden in verhältnismäßig kurzer Zeit so populär – unter anderem wurde daraus auch die wetterfeste Kleidung einer österreichischen Nordpol-Expedition geschneidert –, daß die Brüder Moro ein eigenes Werk zu dessen Produktion errichten konnten. Ebenso mußte der Maschinenpark ständig erneuert und auf den jeweils modernsten Stand gebracht werden. Auch in sozialer Hinsicht war man, gemessen an der Gesamtsituation im Land, sozusagen auf der Höhe der Zeit; Kranken- und Altersfürsorge für die Fabrikarbeiter waren bereits um die Mitte des 19. Jahrhunderts eine Selbstverständlichkeit. Und der Viktringer Gesangsverein, dem Thomas Koschat, das hochbegabte Arbeiterkind, lange Jahre als Leiter vorstand, war einer der ersten Arbeiter-Gesangsvereine Kärntens überhaupt. In einer Festansprache anläßlich des hundertjährigen Bestehens der Tuchfabrik durfte demnach einer der Festredner sozusagen im Brustton der Überzeugung feststellen, daß „die Gebrüder Moro der Geschäftswelt das lehrreiche Beispiel gegeben haben, daß die Arbeiterfrage auch in einer großen Fabrik befriedigend gelöst werden kann."

Dieser Anschein einer Kärntner Idylle, wie sie heute, da man das

Ringen eines so gut wie rechtlosen Proletariats um soziale Besserstellung und menschenwürdige Behandlung mit anderen Augen sieht, nur in Ansätzen glaubhaft scheint, diese behagliche Darstellung einer Situation, die vielleicht nur deshalb so völlig undramatisch und freilich auch überzeugend anmutet, weil sie mit Kärnten zu tun hat und in Kärnten zwar immer wieder die Bauern, jedoch fast nie die Arbeiter rebelliert haben, dieser Anschein einer Idylle also wird noch durch Erzählungen über den sogenannten Viktringer Musenhof unterstützt. Denn den italienischstämmigen und längst eingebürgerten Gebrüdern Moro waren nicht nur Geschäftssinn und expandierendes Unternehmertum selbstverständlich, sondern auch im Umgang mit den schönen Künsten zeigte sich mancher von ihnen nicht ohne Begabung. Einen gewissen Eduard Moro etwa kann man ohne Übertreibung als Begründer der später so berühmten Kärntner Landschaftsmalerei bezeichnen. Er, der als Fabriksdirektor durchaus seinen Mann zu stellen wußte, entwickelte um die Mitte des 19. Jahrhunderts nicht nur sein zeichnerisches, malerisches Talent, sondern war auch als fördernder Anreger tätig. Markus Pernhart, gemeinsam mit Josef Willroider Kärntens berühmtester Landschaftsmaler des 19. Jahrhunderts, Markus Pernhart also, Sohn eines Tischlers, ist ein − und gewiß nicht der schlechteste − Beweis dafür. In Margarethe Gensers Buch „Kärnten im Rückspiegel" kann man einiges über diesen Viktringer Musenhof nachlesen. Von mehreren Ateliers ist da die Rede, in denen unermüdlich gezeichnet und gemalt wurde. „Man saß unter den Malschirmen im Park oder unternahm gemeinsam kleine und größere Malausflüge in die Umgegend. Viele Skizzenbücher, Studien und Aquarelle geben Zeugnis von diesen fruchtbaren Jahren." Bemerkenswert daran ist wohl auch der Umstand, daß sich hier nicht nur ein humanistisch gebildetes, schwärmerisch veranlagtes und musisch begabtes Großbürgertum mit Kunst beschäftigte, sondern auch Arbeiterkindern, sofern sie hinlänglich begabt schienen, der Zugang zu dieser Welt ermöglicht wurde.

Glücklich ergänzt sei diese Maleridylle durch das reiche Musikleben in Viktring worden, schreibt Margarethe Genser. In diesem Zusammenhang muß man auch auf den ehedem ebenso berühmten wie gefürchteten Wiener Musikkritiker Eduard Hanslick verweisen, der mehrfach Gast in Viktring gewesen ist. Jedenfalls kann man, ohne dabei sonderlich übertreiben zu müssen, Viktring tatsächlich als ein industrielles und zugleich kulturelles Zentrum bezeichnen, das in Kärnten um die Mitte des vorigen Jahrhunderts keine gleichwertige Entsprechung hatte. So mutet es fast als eine Selbstverständlichkeit an, daß der junge Josef Friedrich Perkonig, der, als er am Beginn seiner Karriere stand, rund zehn Jahre lang als Lehrer in Viktring tätig war, immer wieder die liebevollste Form der Beschreibung Viktrings fand und nicht müde wurde, poetische Bilder zu beschwören, in denen dieser Anschein einer Kärntner Idylle zumindest in literarischer Hinsicht verwirklicht wurde. „An einer besonnten Lehne, noch heute da und dort in Terrassen gestuft", schrieb Perkonig vor fast einem Menschenalter, „krümmen sich als wehmütige Überbleibsel noch uralte, gewaltige Weinstöcke. Aus jener milderen Zeit des Weinbaues rettete sich die ganze Gegend hier ihren freundlichen Namen Weingarten. Auch der Slowene bewahrte sich eine Erinnerung daran, denn das nächste Dorf heißt Wintschach, und darin lebt ja auch die Wurzel Wein. Er reift heute mit Aprikosen und Pfirsichen nur mehr am Spalier der südlichen Wand des ehemaligen Klosters, dieser sonnigsten Hausfront, die man sich denken kann, einer Riesenmauer von vielleicht zweihundert Meter Länge, mit unendlich vielen Fenstern gegen Süden gestellt. Es ist eine bedeutende, blendende Fläche, die eine große Widerhitze zurückstrahlt, und so wärmt sich denn unter ihr die Luft zu einem ungewöhnlichen Grad. In diesem Kessel nun ist ein Paradies bereitet den Bienen, Hummeln und Faltern, solange außen herum noch der Frühling zögert. Ein leises Summen der wärmeberieselten Tiere bleibt hier ewig lebendig."

Aber das Zeitalter der schönen Idyllen und verklärten Erinnerungen ist vorbei. Viktring, seit 1973 nach Klagenfurt eingemeindet, ist heute weder ein musisches noch ein wirtschaftliches Zentrum. Es ist eine jener kleinen, mehr oder minder hübsch in die Natur eingebetteten Schlafstädte, die – fast möchte man sagen: im Dutzend billiger – die Peripherie der Landeshauptstadt Kärntens allmählich verändern. Neue Siedlungen entstehen, denen die alten, organisch gewachsenen Ortsbilder nicht mehr entsprechen. Das Leben konzentriert sich auf die nahe Stadt, wo die großen Einkaufszentren und auch die billigen Unterhaltungsmöglichkeiten liegen. Thomas Koschat ist zwar auch in Viktring noch unvergessen, aber sein Ehrengrab befindet sich auf dem Klagenfurter Stadtfriedhof Annabichl. An die kunstliebenden Familien Moro und Rainer, denen noch Eduard Hanslick, einst für kurze Zeit als untergeordneter Kanzlist am Klagenfurter Finanzamt tätig, ein kleines Denkmal gewidmet hat – „Im Viktringer Schloß, einem ehemaligen weitläufigen Kloster, wohnt die liebenswürdige, feingebildete Familie von Moro", schrieb er im vorigen Jahrhundert, „und bei ihr und der ihr verschwägerten Familie von Rainer wurde lebhaft musiziert." –, an diese Familien also, denen Viktring im 19. Jahrhundert seine ökonomische Existenz und seinen interessanten kulturellen Ruf verdankte, denkt heute kaum noch jemand. Und jener Mönch Johann, in der ersten Hälfte des 14. Jahrhunderts Abt des Zisterzienserstiftes, der als Johann von Viktring zu den berühmtesten Geschichtsschreibern seiner Zeit zählte, ein angesehener Berater von Fürsten und zudem ein umsichtiger Vorstand seiner Schutzbefohlenen war – er ist so gut wie vergessen.

Dabei ist alles das, woran Viktring heute noch erinnert, das Ergebnis einer klösterlichen Ansiedlung um die Mitte des 12. Jahrhunderts. Allerdings, so könnte man sich vorstellen, hätte ein Fremder einige Mühe bei seiner Spurensuche. Denn das, was dieses Kloster einst gewesen ist – und was als geschlossene Bausubstanz noch erhalten ist –, liegt gut abgeschirmt, nahezu verborgen zwischen den bewaldeten Anhöhen der Sattnitz und den neuen Siedlungen am Rand der aufgefächerten Ebene, die wie eine sanft ausrollende Welle an die im Halbkreis aufragenden Hügel und Berge schlägt. Man kommt nach Viktring, erblickt ein etwas chaotisch anmutendes Durcheinander von Bauwerken der unterschiedlichsten Stilrichtungen und Bauweisen, entdeckt dann einige Fassaden mit dunkelgelbem, verwittertem Anstrich, spürt Überreste einer bäuerlichen Vergangenheit auf – aber das Schloß, wie manche hier sagen, oder die Fabrik, wie man das auch bezeichnen könnte, obgleich es in Wahrheit weder das eine noch das andere ist: Das ehemalige Zisterzienserkloster also entdeckt man erst auf Umwegen. „Von den romanischen Stiftsgebäuden ist nichts erhalten", schreibt Trude Polley, „ein paar gotische Restbestände sind da, das Gesamtbild des aus mehreren Trakten bestehenden Klosterbaus wird vom Barock bestimmt. Es ist ein kraftvolles Barock mit gut eingegliederten Fassaden unter den steilen grauen Dächern. Großartig sind die dreigeschossigen Arkadenhöfe, der eine ist ein Musterbild an Geschlossenheit, der andere, von dem aus man die Kirche betritt, öffnet sich gegen Norden; alte Bäume und ein schöner Brunnen geben ihm anheimelnde Dorfplatzatmosphäre."

Aber ist die Atmosphäre wirklich anheimelnd? Empfindet man nicht ein Frösteln angesichts der Desolatheit, des Verfalls, der zweckentfremdeten Leere, die seltsamerweise noch durch den Umstand unterstrichen wird, daß jetzt eine Schule in diesem alten, ehrwürdigen Stiftsgebäude untergebracht ist?

Begonnen hat das alles um das Jahr 1142. Herzog Bernhard von Spanheim, Kärntens wohl bedeutendster Politiker und bis heute unerreicht als tatkräftiger, allen Entwicklungsmöglichkeiten aufgeschlossener und die Kunst des Möglichen souverän beherrschender Charakter, sorgte dafür, daß aus dem Lothringischen eine Handvoll Zisterziensermönche nach Kärnten kam. Der Schauplatz ihrer Ansiedlung und der Klostergründung war dabei gut gewählt.

Auch heute noch kann man, den Blick auf das Klagenfurter Becken gerichtet, unschwer die Vorzüge dieses Standortes erkennen. Abgeschirmt nach Norden, nach Nordosten und auch gegen den Westen zu durch Sümpfe, im Süden die gewaltige Barriere der Karawanken – über die damals freilich schon ein Saumpfad führte –, war Viktring, dessen ältester Name Vitrino auf keltische Siedlungstätigkeit verweist, ein gut abgesicherter Stützpunkt für die Mönche aus dem Lothringischen. Nicht vergessen darf man, daß es zu den selbsterwählten Pflichten der Zisterzienser gehörte, unfruchtbares Ödland zu kultivieren, was Herzog Bernhard und den anderen Spanheimer Landesherren gewiß nicht unwillkommen gewesen sein muß, war doch die Ebene im Norden der Sattnitz zu jener Zeit von unwirtlichen Sümpfen und Mooren durchsetzt. Die Mönche, reich beschenkt mit Grundbesitz, unterwarfen sich, wie man wohl annehmen darf, mit einem gewissen Vergnügen ihrer strengen Pflicht, was ihnen dann im Verlauf der Zeit auch reichlichen Gewinn einbrachte. Trude Polley schreibt in diesem Zusammenhang: „Der Grundbesitz des Klosters reichte so weit, daß er in einem Fall sogar die Entwicklung Klagenfurts störte. Herzog Bernhard war der erste, der den Plan hatte, die Stadt durch einen Kanal mit dem See zu verbinden und ihr damit viele Kilometer bequemer Wasserstraßen zu eröffnen, er scheiterte aber am Widerstand der Viktringer, die so einschneidende Baumaßnahmen in ihrem Gebiet nicht dulden wollten. Davon abgesehen waren die Zisterzienser Pioniere der Strukturverbesserung, man kann wohl sagen, daß sie Klagenfurt, wörtlich genommen, den Boden bereitet haben. Als die Neugründung stand, waren die Beziehungen zum Stift gleich sehr eng, unter anderem gehörte es zum guten Ton, sich in Viktring begraben zu lassen."

Webt, wirkt die Geschichte also immer noch im Schatten dieses mächtigen Gebäudekomplexes am südlichen Rand der Ebene, schon hineingebettet in den dunklen Wald der Sattnitz, umgeben von leise raunenden Wassern und einer altersgrauen Mauer, dahinter uralte Bäume rauschen und verwildertes Buschwerk steht?

Die historischen Zahlen und Fakten sprechen eine nüchterne Sprache. 1142, als der ehrgeizige Spanheimer Bernhard diesen Stützpunkt der Mönche ermöglichte, hatte gerade erst das Salzburger Erzbistum dieses Gebiet freigegeben. Innerhalb weniger Jahre ermöglichten ausgiebige Dotationen den raschen Ausbau des Klosters. Mehrere Brände und die Türkeneinfälle des 15. Jahrhunderts machten Umbauten und die Errichtung von Wehrtürmen notwendig; damals entstand auch der tiefe Wassergraben, der dem Schauplatz einen Hauch von Romantik schenkt. Seit dem Jahre 1450 waren die Zisterzienser, die bis dahin vor allem als Grundbesitzer und, wie man heute feststellen würde, als Wahrer und Mehrer eines bedeutenden kulturellen Erbes in Erscheinung getreten waren, auch als Seelsorger tätig; vor allem die Pfarren des unteren Rosentals sahen sie nun häufig als strenge, aber auch umsichtige Diener Gottes. In der ersten Hälfte des 18. Jahrhunderts dann kam es zu erneuten, diesmal weitreichenden Umbauten des Stiftes, von denen auch die Stiftskirche „Unsere liebe Frau", das einzige erhaltene Beispiel burgundischer Zisterzienserbauart im ganzen deutschen Kulturraum, leider erheblich betroffen wurde.

Diese Kirche, im Jahre 1202 vom Salzburger Erzbischof Eberhard geweiht, ist eine spitztonnengewölbte romanische Pfeilerbasilika mit vorspringendem Querhaus, wobei radikale bauliche Eingriffe im 18. und 19. Jahrhundert das Erscheinungsbild des Gotteshauses entscheidend beeinträchtigt haben. Die Enttäuschung darüber verflüchtigt sich allerdings rasch, wenn man das Innere betritt und der drei farbigen Chorfenster ansichtig wird, die vom 1622 errichteten frühbarocken Altar etwas verdeckt werden. Dieser Altar, mit einer Höhe von sechzehn Metern der größte Kärntens, ist übrigens der Nachfolger eines älteren gotischen Altars, den Kaiser Friedrich III. gestiftet hat und der sich heute im Wiener Stephansdom befindet.

Die Glasfenster, durch keinerlei Restaurierung verändert oder gar, wie das anderswo so häufig der beklagenswerte Fall ist, bis zur Unkenntlichkeit entstellt, zeigen die Krönung der Muttergottes, die Apostel und Szenen aus dem Leben Jesu. Insgesamt sechzig Scheiben sind in den drei Chorfenstern erhalten, wobei das mittlere, dreiteilige Fenster die Geschichte der Passion erzählt. Im Sockelgeschoß dieses Fensters ist auch das Stifterpaar dieser Kostbarkeit zu erkennen, nämlich Friedrich von Stubenberg und seine Frau Anna von Pettau, die um 1400 dieses nach wie vor wirksame Farbenwunder von intensiver Leuchtkraft in Auftrag gegeben haben. Der Kunsthistoriker Wilhelm Mrazek erwähnt in einer ausführlichen Betrachtung dieser Glasfenster vor allem die klare und wohlausgewogene Komposition. Und wörtlich heißt es: „Die weichlinige Zeichnung ist mit vollendeter Sicherheit geführt und charakterisiert kraftvoll und zart zugleich Köpfe und Gestalten. Die Architekturen bilden phantasievolle Gehäuse für die figuralen Szenen und ergeben ein wirksames Medium der Verräumlichung. Nur ein führender Künstler, der auf der Höhe seiner Meisterschaft stand, konnte ein solches kostbares Werk schaffen, das den höfischen Formwillen in der Abgeschiedenheit eines Zisterzienserklosters in so einmaliger und origineller Weise lebendig werden läßt." In diesem Zusammenhang muß man es wohl bedauern, daß der Name des Schöpfers dieses großartigen Kunstwerkes nicht bekannt ist.

Wer sich ein wenig in der Stiftskirche umsieht, die, sooft ich sie in der letzten Zeit auch aufgesucht habe, stets völlig verlassen war, gerade so, als habe sie sich hinter altem Mauerwerk und verschwiegener dörflicher Idylle endgültig der Zeit entzogen oder als wage keiner der wenigen Besucher des ehemaligen Stiftes, in das hallende, von Lichtschneisen erfüllte und den Farben der Glasfenster durchdrungene Gewölbe mehr einzutreten, wer sich hier also dennoch etwas umsieht, wird auch am Beispiel der Grabsteine etwas von der Geschichte dieses

Schauplatzes begreifen. Da steht gleich links neben dem Eingang beispielsweise der mächtige romanische Grabstein eines Mönches aus der Zeit um 1200, was uns zurückführt in jenes Jahrhundert, als die lothringischen Zisterzienser gerade erst damit begonnen hatten, das wüste, versumpfte Land urbar zu machen und aus einer menschenfeindlichen Wildnis eine Stätte der Zivilisation zu gestalten. Allerdings sollte man dabei wohl auch erwähnen, daß Viktring wahrscheinlich schon in spätkarolingischer Zeit Sitz eines Wirtschaftshofes gewesen ist; immerhin wird der Name im Jahre 977 erstmals urkundlich erwähnt. Ergänzend nachtragen sollte man auch den wenig bekannten Umstand, daß bereits die ersten hier ansässigen Mönche daran interessiert gewesen sein müssen, den damals längst vorhandenen − aus römischen Tagen her bekannten − Übergang über den Loiblpaß abzusichern. Im Jahre 1207 stifteten sie jedenfalls ein Hospiz oben auf der Höhe des Loiblpasses, das sie auch bewirtschafteten und das keinesfalls, wie ich das in einer Broschüre nachlesen mußte, unglücklichen verirrten Bergwanderern rettende Unterkunft gewähren sollte, sondern als wichtiger Stützpunkt gedacht war für den Weg nach Süden.

Was nun die Grab- und Wappensteine in der Stiftskirche angeht, so beschreiben sie mit stummer Eindringlichkeit manche Kärntner Biografie. Da finden wir unter anderem Hinweise auf die Geschlechter derer von Grottenegg oder von Weispriach ebenso wie ein marmornes Epitaph auf die Adelsfamilie Heilec aus der Mitte des 13. Jahrhunderts, was der ursprüngliche Name derer von Hallegg gewesen ist. Kärntens Vergangenheit wird hier auf schmalem Raum noch einmal beschworen. Laut hallen die Schritte, mit denen man langsam über die Grabsteine geht. Gebündeltes Sonnenlicht in dieser vereinsamten und scheinbar vergessenen Kirche fällt einem, als wäre es ein dichtes Gewebe aus Zeit und Vergänglichkeit, schwer und nachdrücklich auf die Schultern.

Detail aus einem Chorfenster der Stiftskirche Viktring

DEM
DICHTER
JOSEF FRIEDRICH PERKONIG
DIE HEIMATSTADT
FERLACH.

Österreichs südlichste Stadt – Ferlach

Mit grauen Spinnenfingern griff der Föhn nach der Landschaft südlich der Drau, bestäubte die schneebedeckten Felder mit einem diffusen Schleier und wischte mit seinem farblosen Licht über die schwarzen Stämme entlaubter, enthäuteter Bäume hinweg. Im Hintergrund bucklige Hügel, Rabenberg, Singerberg, Matzen, das verblaßte Dunkelgrün des Waldes, dazwischen der stumpffarbene Schnee.

Und als ob eine unsichtbare Hand das alles in Bewegung hielte, näherten und entfernten sich die Hügel, der Wald, die Felder, die Dörfer auf eine schwankende, unregelmäßige Weise, die das Rosental in leichten Aufruhr versetzte. Der Föhnhimmel war voll von Zeichnungen und Zeichen. Melancholie und eine Unruhe, die einem durchs Blut schoß, wuchsen aus der Landschaft empor. Und die Silhouetten der kahlen Bäume stürmten wie spitze Vogelschreie in den verhängten Himmel.

Einige Viertelstunden zuvor noch war dieser Himmel dünnhäutig, blau und von gläserner Durchsichtigkeit gewesen. Und die Idyllen kleinbürgerlichen Lebens, denen man – vom sogenannten Hauptplatz in Ferlach hügelaufwärts schreitend zur ursprünglich einmal barocken Pfarrkirche St. Martin mit ihrem wachsfarbenen Turm – begegnen konnte, schienen unverändert und unzerstörbar. Ein Nußbaum in einem Hinterhof; über die Dächer wölbten sich Schneewächten, auf die gerade noch ein zögernder Sonnenstrahl fiel. Und auch auf dem Hauptplatz diese winterlich entlaubten Bäume, darunter ein junger Ahorn, in deren Zweigen der Widerschein eines sich jetzt rasch bedeckenden Schneehimmels hing. Dazwischen immer wieder verschüttetes Sonnenlicht. Hunde streunten über den Platz. Menschen, dick vermummt, als fürchteten sie den derben Zugriff der winterlichen Natur, an den sie in dieser – seit 1930 – südlichsten Stadt Österreichs doch gewöhnt sein sollten, eilten scheinbar ziellos hin und her. Manchmal ein Auto, langsam, zögernd, als suchte es nach einem Ausweg aus dem kleinen, heimtückischen Labyrinth der sich kreuzenden, verästelnden, ins Ungewisse verlaufenden Straßen und Gassen, die den Hauptplatz einkreisen und einengen. Zwei Banken, ein Konsumgeschäft, Gasthäuser, Telefonzellen, eine Apotheke, die wie das Versatzstück einer Bühnendekoration für eine bürgerliche Milieuschilderung anmutet, und im Hintergrund das Rathaus mit seiner kupferfarbenen, die Idylle gewaltsam aufbrechenden und völlig unangepaßten Architektur, umgeben von der herzerwärmenden Koketterie hübscher Häuser aus den zwanziger und dreißiger Jahren, vervollständigen das scheinbar harmlose Bild eines Ortes, der „einem aus grünenden Ranken geflochtenen Nest" gleicht, wie das der Kärntner Dichter Herbert Strutz einmal formuliert hat.

Auf den Spuren eines anderen Dichters, nämlich Josef Friedrich Perkonigs − der im Jahre 1890 als Sohn eines Graveurs in einem damals gewiß stattlichen Bürgerhaus, das am Ferlacher Hauptplatz stand, zur Welt kam und neunundsechzig Jahre später als angesehenster und wohl auch populärster Literat Kärntens in Klagenfurt starb, seinerzeit viel gelesen und nicht ohne Einfluß auf die manchmal wunderliche kulturpolitische Situation dieses Landes −, auf seinen Spuren unterwegs in Ferlach also wird man begreifen müssen, wie vergänglich der Ruhm sein kann. Sein Geburtshaus auf dem Hauptplatz wollte ich kennenlernen; und die „dunkle Inschrifttafel über dem Tor", von der in mancher Erzählung seiner literarischen Kollegen und Erben die Rede ist. Aber niemand in Ferlach, den ich darauf ansprach, konnte mir eine befriedigende Auskunft geben. Viele zuckten die Achseln und taten so, als wäre ihnen der Name Perkonigs noch nie untergekommen. Einige schickten mich in die äußeren Bezirke der kleinen Stadt, gerade so, als ob ich dort, wo Ferlach fast übergangslos nach Osten zu in eine kleinbäuerliche, keuschlerhafte Welt übergeht, eine Antwort auf meine merkwürdigen Fragen erwarten dürfte. Und auf dem Postenkommando der Gendarmerie, das in einem respektablen alten Haus untergebracht ist, darin es nach ärarischer Vergangenheit und Bohnerwachs duftet, erklärte mir ein junger Gendarm mit entwaffnender Unschuld, daß er erst seit ein paar Jahren „beim Bund" sei und daher schon aus Gründen der mangelnden Erfahrung nichts wissen könne. Und, schon im Fortgehen, hörte ich ihn mißtrauisch fragen: „Wer soll das denn eigentlich sein, dieser ... Herr Perkonig?"

Der Gedenkstein, der an den in Ferlach allem Anschein nach Vergessenen erinnern soll, ist ein schwarzgrüner, ungemein dekorativ verwitterter Granitstein mit einem liebevoll nachempfundenen Porträt des ehemaligen Lehrers und Poeten, in dessen Kindheit Ferlach „noch ein weitab von der Bahn gelegenes Dorf, und dazu sein seltsames", war. Entsinnt man sich in Ferlach eigentlich noch des lyrischen Ausrufs Perkonigs, den er seiner Heimatstadt widmete: „Oh, diese alten Obstgärten mit den moosigen Bäumen, in deren Kronen man sich unsichtbar machen konnte wie ein Vogel..."? Wieviele von diesen Obstgärten, von diesen windumrauschten moosigen Bäumen mit ihren mächtigen, laubgrünen Kronen gibt es heute noch? Der Stein selbst steht übrigens am Rande des Hauptplatzes, unterhalb eines Papierwarengeschäfts, wo man auch ein paar Bücher erwerben kann – Simmel natürlich, auch Konsalik und einiges an Bergsteigerliteratur, aber nichts von Perkonig – und wo man mir nach einigen Augenblicken der Ratlosigkeit eine recht unhandliche Broschüre verkaufte, die „Kurze Geschichte der Ferlacher Büchsenmacherei", in der ich dann später über Ferlach selbst so gut wie nichts in Erfahrung bringen würde.

Vorerst fegte ich einmal den aufgehäuften Schnee vom schwarzgrünen Gedenkstein Perkonigs, scheuchte einen Hund fort, der sich erwartungsvoll näherte, stieg dann langsam die Treppe hinauf, die seitlich des Rathauses zu einem kleinen Hügel mit der Pfarrkirche führt, „von dem wie ehedem etliche alte Vierkanter auf den Hauptplatz herabschauen" (Herbert Strutz), und wie an manchen anderen Tagen zuvor versuchte ich auch diesmal wieder vergeblich, in das Büchsenmachermuseum der Stadt Einlaß zu finden. Hinter den bräunlich getönten Scheiben der verschiedenen Eingangstüren, die sich, als ob sie verzaubert wären, nicht öffnen ließen, entdeckte ich zwar einige Hinweise auf dieses Museum, das die Geschichte der Ferlacher Büchsenmacher und ihrer längst in aller Welt angesehenen und begehrten Kunst angeblich und hoffentlich auf eine brauchbare Weise dokumentiert; aber die Möglichkeit, das alles selbst in Augenschein nehmen zu können, blieb mir versagt. Fast hat es den Anschein, als wehrte man sich in dieser kleinen, romantisch verträumt anmutenden und im Winter wie hinter Glas erstarrten Stadt gegen die zudringlichen Blicke Fremder, gegen allzu neugierige Fragen, die man mit verlegenem Achselzucken oder mit verschlossenen Türen beantwortet.

Man muß recht mühsam Nachschau halten in verschiedenen Handbüchern und Broschüren, um einiges von dem in Erfahrung zu bringen, was über das Stimmungsvolle und natürlich auch Subjektive intensiv erlebter Augenblicke hinausführt. Demnach ist der Ort 1246 erstmals urkundlich erwähnt worden, als ein Weiler namens Vörolach, was mit den dichten Föhrenwäldern zu tun gehabt haben mag, die damals der Landschaft südlich der Drau ein dunkleres, strengeres Aussehen als heute verliehen haben müssen. In der ersten Hälfte und um die Mitte des 16. Jahrhunderts kamen dann, wahrscheinlich gerufen von Kaiser Ferdinand I., Waffenschmiede aus dem Niederländischen, dem Rheinischen in den bis dahin weltentlegenen, verschwiegenen Weiler inmitten der Föhrenwälder, eine Zuwanderung, deren Ursachen einerseits der ständig wachsende Bedarf der Habsburger, der Kärntner Landstände und des Wiener Hofkriegsrates an brauchbarem Kriegsmaterial und andererseits die damals entstehenden Eisenwerke im unteren Loibltal und im sogenannten Waidischer Graben waren. In den zwanziger Jahren des 16. Jahrhunderts hatte ein gewisser Jörg Rachoy in Ferlach das neue Gewerbe der Drahtzieherei eingeführt, wodurch die ersten technischen Voraussetzungen für die Entstehung der Büchsenmacherei gegeben waren. Die Söhne dieses Jörg Rachoy begannen jedenfalls im Jahre 1556 mit der Erzeugung von Waffen. 1558 entstand in Gotschuchen östlich von Ferlach eine Schmiede, zugehörig einem Simon Püxenschmit oder Püchsenschmidt, in welcher Büchsenläufe hergestellt wurden. Gleichfalls 1558 wurden in Ressnig unweit der Drau die ersten Büchsenschäfte erzeugt. Und von einem Ferlacher Schmied namens Hans Hueber weiß man aufgrund von Quittungen, die erhalten geblieben sind, daß er in den Jahren zwischen 1588 und 1590 eine größere Anzahl von sogenannten Halbhakenbüchsen und Jagdgewehren an das Grazer Zeughaus lieferte.

Aber auch Konkurrenzneid, erste wütende Auseinandersetzungen und das, was man heute als wirtschaftspolitische Sanktionen bezeichnen würde, waren in jenen Anfangsjahren der Ferlacher Büchsenmacherei durchaus üblich. Die Gebrüder Rachoy, die mit der Gewehrerzeugung begonnen hatten, „ohne daß sie das Schlossergewerbe gelernt hatten" (Karl Dinklage), scheinen sich durch eine Art Betriebsspionage in den Besitz so mancher Geheimnisse dieser schwierigen Kunst gebracht zu haben, was ehrbarere und solidere Konkurrenten bald zu wüsten Beschimpfungen animierte und die im August des Jahres 1556 vom zuständigen Landrichter, welcher für die Herrschaft Dietrichstein tätig war, mit empfindlichen Geldbußen geahndet wurde. In diesem Zusammenhang sollte man vielleicht daran erinnern, daß zwei Söhne dieses Landrichters gleichfalls im Büchsengewerbe und im Handel mit den Ferlacher Erzeugnissen recht erfolgreich tätig waren. Der eine namens Clemens scheint bereits 1575 als Inhaber einer bedeutenden Büchsenhandlung in Kirschentheuer auf, das damals „für den Vertrieb der Ferlacher Gewehre besonders geeignet war, da sich hier die Umspannstation am Beginn der Loiblpaßstraße befand" (Karl Dinklage).

In den dreißiger Jahren des 17. Jahrhunderts arbeiteten in Ferlach und in den umliegenden Weilern an die fünfzig Büchsenmacher, die als Schlossermeister mit Hausbesitz aufschienen und hohes Ansehen genossen; dazu kamen noch an die vierzig Büchsenmacher, die über keine eigene Werkstätte verfügten, sondern als sogenannte Inwohner tätig waren, also als Mitarbeiter in bestehenden Betrieben. Sieben Rohrschmiedemeister, ebenso viele Schäftermeister und rund 130 Gesellen und Lehrlinge vervollständigten in jenen Jahren, in denen der Waffenbedarf Europas, bedingt durch den Dreißigjährigen Krieg, besonders groß war, die Belegschaft der Ferlacher Waffenindustrie.

Mehr als anderthalb Jahrhunderte später, nämlich 1798, als die Revolution in Frankreich und die daraus resultierenden politischen Veränderungen in Europa, später auch die napoleonischen Feldzüge und der Widerstand der europäischen Alliierten gegen den korsischen Emporkömmling die Produktion in allen Waffenschmieden des Kontinents steigerten, 1798 also besuchte der deutsche Gelehrte und Literat Julius Heinrich Gottlieb Schlegel anläßlich einer Reise durch die deutschsprachigen Länder auch Ferlach. Seine Darstellung der zu jener Zeit bereits hochentwickelten Waffenerzeugung ist ebenso reizvoll wie aufschlußreich: „Da, wenige ausgenommen, alle Einwohner zur Gewehrfabrik arbeiten, so hört man durch das Hämmern und Pochen ein ewiges Getöse und sieht in jedem Haus sehr arbeitsame Leute. Einer macht nichts als eiserne Ladestöcke, der andere bloß Bajonetts, der dritte Schlösser an Musketen, Carabiner und Pistolen, wieder ein anderer Carabinerstangen; einige verfertigen Feilen, einige bohren die rohen Eisenmassen und machen Läufe daraus, andere schleifen die Flinten oder Büchsen und andere Rohre oder geben ihnen die Politur usf. Die großen Blasbälge und Schleifmaschinen werden alle durch Räderwerk vom Wasser getrieben. Alle verfertigten Stücke werden dem Obermeister eingehändigt, der die Rechnungen und das Geld für die Arbeiter zu besorgen hat und in einem besonders dazu bestimmten Gebäude die gelieferten Arbeiten in einer gewissen Ordnung aufbewahrt. Hier sieht man einen großen Schrank voll mit vielen tausend Schlössern, dort einen anderen mit Carabinerstangen usw. Wenn eine Menge Gewehre fertig ist, so wird es unter Aufsicht sachkundiger Leute geladen und abgefeuert, um sich von ihrer Güte zu überzeugen. Die den mindesten Fehler an sich haben, zum Beispiel zu dünn und schwach sind oder andere Mängel an sich führen, werden um einen geringeren Preis verkauft. Ein Spanier benutzte zeither diese gute Gelegenheit, wohlfeile Gewehre bekommen zu können, und lieferte deren eine große Menge über Triest nach Frankreich. Ferlach ist jetzt fast das, was Aquileja im alten Noricum in Rücksicht der Waffenschmiede war, und wird den Ruhm der norischen Waffen auch in neueren Zeiten zu erhalten wissen."

Ergänzen sollte man, daß in den ersten anderthalb Jahrzehnten des 19. Jahrhunderts, also nur wenige Jahre nach dem Besuch Schlegels in Ferlach, die Waffenproduktion Rekordhöhen erreichte. Rund 320.000 Feuerwaffen wurden in diesem Zeitraum hergestellt und an den Staat ausgeliefert, während nach Beendigung der napoleonischen Kriege diese Zahl drastisch sank. Um die Mitte des 19. Jahrhunderts kam es in Ferlach, wo man sich in jenen Friedensjahren durch erbitterten Konkurrenzkampf und ständiges Unterbieten der Preise zu behaupten versuchte, sogar zu Kurzarbeit und Arbeitslosigkeit, deren Ursache unter anderem auch die Errichtung einer Gewehrfabrik in Wien (1842) war.

Man geht zögernd und als wäre die Zeit aufgehoben durch den Ort, der seit mehr als fünfzig Jahren eine kleine Stadt zu sein versucht und das Ländliche, Bäuerliche doch noch immer nicht ganz zu verleugnen vermag. Immer wieder schmale Fassaden alter Häuser, orangefarben, ocker, braungelb, verwischt und verwittert, manchmal ein helles, von innen heraus stürzendes Leuchten, das ein beunruhigender Kontrast ist zur winterlichen Landschaft. Einmal eine Schutzmantelmadonna als Fassadenschmuck, blau und silberfarben und violett, die wie ein magisches Aug' wirkt. Davor Gestrüpp, Verfall, verkrüppelte Bäume; dahinter dunkel aufragend ein bewaldeter Abhang.

Im Lauf der Zeit, schrieb Herbert Strutz vor nunmehr bald zwanzig Jahren, sei manche Straße breiter und manche Enge durch die Spitzhacke aufgebrochen worden. „Aber wenn sich nun auch da und dort ein richtiger städtischer Bau in einer alten Häuserzeile über seine Nachbarschaft erhaben dünkt: am Mühlsteig sieht es trotzdem noch dörflich aus und verbreiten noch immer freundliche Gärten ländliches Behagen."

Das freilich war einmal, ist heute unwiderruflich vorbei, hat vielfach einer Architektur Platz machen müssen, die weder in diese südliche Landschaft paßt noch eine bequeme, adäquate Haut sein kann für die Seele oder das Gemüt der Menschen. Selbst die Pfarrkirche, auf jenem beherrschenden Hügel gelegen, der einst das Ufer des Loiblbachs war, hat dieser sonderbaren Bau- und Modernisierungswut, die seit dem letzten großen Krieg das Land auf so unheilvolle Weise erfaßt hat, Tribut zollen müssen. In den Jahren 1969/70 gründlich renoviert, hat sie ihr ursprünglich barockes Aussehen fast völlig eingebüßt. Hier stand früher einmal seit dem Anfang des 16. Jahrhunderts eine Filialkirche der Urpfarre von Ferlach, Kappel an der Drau, wovon etliche Teile noch im Altaraufbau und in der Fensterrahmung vorhanden sind. Das beherrschende Moment in dieser Kirche sind jetzt moderne Glasfenster aus einer Innsbrucker Werkstätte, deren intensive Farbigkeit das Kirchenschiff vollkommen erfüllt. Die Farben sind beunruhigend und dämpfen die Bereitschaft zur frommen Einkehr wie jene seitlichen Eingangstüren ins Kirchenschiff, die man mit ihren gläsernen Aufsätzen beinahe für Telefonzellen halten könnte. Einen recht originellen Weihwasserspender entdeckte ich; das ist ein ziemlich großer Kupferkessel mit einem Kreuz darauf, aus dessen Rundung ein Hahn hervorragt, daraus man sich mit dem geweihten Wasser bedienen kann. Ein handgeschriebener Zettel erinnert daran, daß man nicht vergessen dürfe, den Hahn abzuschließen.

Unten am Hauptplatz dann – leider niemals übersehbar – das kupferfarbene Rathaus, dessen übertriebene Architektur keine Erinnerung erlaubt an die Geschichte Ferlachs und seiner Waffenschmiede, Büchsenmachermeister, Graveure; und erst recht nicht an das Elend jener

Nagelschmiede, die hauptsächlich im Waidischgraben und in anderen Tälern, die von den Karawanken zur Drau herabführen, lebten und schufteten, ohne daß dieses Leben mehr gewesen wäre als eines von der Hand in den Mund. Zu Beginn des 19. Jahrhunderts soll es von diesen Ferlacher Nagelschmieden, wie sie nach jenem Ort genannt wurden, auf den die Produkte ihrer erschöpfenden Arbeit konzentriert waren, annähernd tausend gegeben haben. Zeitgenössischen Darstellungen kann man entnehmen, daß ihr Dasein tatsächlich erbärmlich war, wobei es merkwürdig anmutet, wenn man erfährt, daß diesen hauptsächlich aus dem Krainischen stammenden Nagelschmieden ein „angeborener Hang zur Liederlichkeit" nachgesagt wurde. Als ob Sklaven noch Zeit und Neigung und vor allem die Kraft besäßen für einen liederlichen Lebenswandel. Ihre tagtägliche Arbeit begann in der Regel um ein Uhr morgens und dauerte bis sechs Uhr abends, lediglich unterbrochen von drei Ruhestunden, über deren Wert man geteilter Meinung sein kann. An jedem Mittwoch endete die Arbeit mit dem Mittagsläuten, am Samstag gar schon um sieben Uhr früh. Daß die Arbeit am Eisenhammer schwer war, höllisch sogar für die gleichfalls tätigen Frauen und Kinder, mag man sich unschwer vorzustellen. Dafür wäre, wie das ein zeitgenössischer Berichterstatter formulierte, die Gebärfreudigkeit, aber auch die Leichtigkeit, mit der die „krainischen Weiber der Ferlacher Nagelschmiede ihre Kinder entbinden, eine Folge der ziemlich heftigen und ständigen Bewegung des Unterleibes während der Arbeit..."

Aber diese Geschichten vom erbarmungswürdigen Leben der Nagelschmiede, von den Sorgen der Büchsenmacher, wenn, wie das um die Mitte des vergangenen Jahrhunderts der Fall war, die Wiener Konkurrenz und langanhaltende Friedenszeiten die Aufträge reduzierten, das scheint man heute in Ferlach vergessen oder verdrängt zu haben, obgleich schon wieder, bedingt durch die Schließung eines verstaatlichten Eisenwerks, Arbeitslosigkeit umgeht, die Umsätze in den Kaufhäusern und Gaststätten sinken und viele Ferlacher Arbeiter auspendeln müssen, manche sogar bis nach Wien. Jene verniedlichende Schilderung vom Fleiß und der Poesie, die in dieser südlichen Stadt wie selbstverständlich beheimatet wären, die noch vor fünfzig oder mehr Jahren die Kärntner Heimatliteratur bereicherte, hat längst viel von ihrem

Wahrheitsgehalt und auch von ihrer gesellschaftlichen Bedeutung verloren. „Und abends waren mattgrün durchschimmerte Vorhänge in
den Fenstern, dahinter ein Petroleumlicht brannte, das Zeichen der
Werkstatt, in der nicht selten aus einem sanften Summen oder aus
einer flüchtig angedeuteten Melodie plötzlich ein mehrstimmiges Lied
aufstand, das Zeugnis für die Singseligkeit der Bevölkerung ablegte."
Erinnert man sich in Ferlach eigentlich noch jener erstaunlichen
Karrieren, die hier einst möglich waren, wenn geschäftlicher Wage-
mut, Kühnheit des Charakters und das unerläßliche Glück bestmöglich
aufeinander abgestimmt waren? Da gab es im 17. und 18. Jahrhundert
beispielsweise die Gewerkenfamilie der Huebmershofen, einer aus dem
Oberösterreichischen zugewanderten Familie, die in Waidisch und Ferlach Hammerwerke besaß und zudem ein Vermögen durch den Export
von Gewehren und Jagdwaffen machte, was den Besitz einer eigenen
kleinen Handelsflotte voraussetzte, deren Schiffe von Venedig und
Triest aus alle Häfen der Levante anliefen. Sogar das Adelsprädikat,
begehrter Beweis für allerhöchste Anerkennung und sich ständig ver-
mehrenden Reichtum, wurde dieser Familie, die sich „von Silberna-
gel" nennen durfte, zuerkannt, was nicht verhindern konnte, daß einer
der Huebmershofen, ein gewisser Johann, gänzlich aus der Art schlug.
Er nämlich, unter Prinz Eugen ein tapferer Offizier gegen die Türken,
mutig und umsichtig in vielen Schlachten, eroberte sich Selina, die
Tochter eines Paschas und brachte sie, nachdem sie der deutschen
Sprache und des christlichen Glaubens mächtig geworden war, als seine Frau mit zurück ins heimatliche Rosental. Da freilich mochte sich
die reiche, adelige, selbstsüchtige Gewerkenfamilie mit der Schande
nicht abfinden, einer Türkin das Haus öffnen zu müssen. Der Sohn
wurde enterbt, verstoßen und lediglich mit einem bescheidenen Häus-
chen in Ferlach, darin sich auch ein Tabakladen befand, abgefertigt,
„so daß die Türkin dort ihren Tabak verkaufen kann", wie damals in
den dreißiger und vierziger Jahren des 18. Jahrhunderts gehöhnt wurde, während der Gewerkensohn und ehemalige Offizier des Prinzen
Eugen in den Wäldern des Singerbergs auf Vogelfang ging „und gegen
bescheidenes Entgelt Kinder und Landleute im Lesen und Schreiben
unterrichtete".
Nagelschmiede und Gewerkensöhne, Rohrschmiede, Schloßmacher,

Graveure und Schäfter und heute die stellungsuchenden Arbeiter der verstaatlichten Industrie... manchmal möchte man meinen, das wüste Auf und Ab menschlichen Daseins konzentriere sich gerade in solchen kleinen Ortschaften. Das Leben in einer Stadt wie Ferlach, die hartnäckig darum kämpft, ein industrieller Mittelpunkt zu sein, ohne sich der süßen Melancholie südlicher Landschaft zu entledigen, als Lehrbeispiel für die Fähigkeit der Menschen, sich immer wieder an das anzupassen, was man Schicksal nennt. Dazu im Hintergrund als imponierende Kulisse die winterlich verschneite oder von der Sommersonne, deren Löwenbiß die Berge zeichnet, in Brand gesetzte Kalkwand der Koschuta. Und nach Norden zu das fahle und doch intensive Leuchten des Draudurchbruchs, die kalkigen Felsen der Sattnitz, die manchmal, wenn der Widerschein der untergehenden Sonne sie trifft, geradeso aussehen, als wären das zottige Elefantenschädel, die sich gelassen zum Fluß hinabbeugen.

Schicksal einer Handelsstadt –
Völkermarkt

Wenn man von Süden her, also etwa aus der Gegend von Kühnsdorf, auf Völkermarkt zufährt, dabei das im späten Frühling noch
schneebefleckte Jauntal überquerend, das nach Norden zu sanft abfällt, hinabrollend zur Drau, die sich hier im Völkermarkter Staubek-
ken gewaltig aufbläht, und wenn man dabei den Blick von der Straße
hebt, bevor sie in den Wald eintaucht, der wie ein Büschel verfilzten
Haars die Böschungen des südlichen Drauufers bedeckt, dann hebt
sich einem Völkermarkt für ein paar Augenblicke lang auf gleicher
Ebene entgegen – eine Art Fata Morgana, darin das helle Rot eines
Kirchendachs schimmert und einige verwischte Fassaden sichtbar werden, über die sich ein melancholischer Himmel stülpt. In diesen Sekun-
den, in denen man, zur Linken Wasserhofen, zur Rechten Pribelsdorf,
durch eine gerade noch flache und jetzt schon in Falten zerbrechende
Landschaft fährt, der etwas Fließendes oder eigentlich Zerfließendes
eignet, die von einer Nachgiebigkeit ist, die wehrlos macht, erhebt sich
also im Norden auf einem Hügelkamm, der gewaltig wirkt, das Abbild
einer Stadt, das zwar nur in Bruchstücken sichtbar wird, dem aber
Kraft und Selbstbewußtsein innewohnen. Jene Kaufleute, Bauern, Soldaten, Mönche, die hier seit den ersten Jahrzehnten des 13. Jahrhunderts, als der Spanheimer Bernhard eine feste Brücke über den Fluß
schlagen ließ, von Süden und aus dem Südosten sich dem Markt und
der Burg näherten, von der man noch immer nicht den genauen Standort weiß, aber vermuten kann, daß sie auf jenem vorspringenden, das
nördliche Drauufer beherrschenden Plateau errichtet wurde, das jetzt
wie eine Schanze wirkt, über die der Blick hinweg nach Norden fliegt,
jene das Mittelalter und die nachfolgenden Jahrhunderte durchwan-
dernden Scharen also, deren Ziel Völkermarkt war, müssen immer
einen nachhaltigen Eindruck von dieser befestigten Stadt gehabt
haben, die einen Teil des nördlichen Horizonts ausfüllte.

Heute dauert das nur zwei, drei Herzschläge lang. Und alles, was
einst machtvoll und beeindruckend gewesen sein mag, ist verschwunden oder zerbrochen... wie ein Spiegel, in dessen Scherben sich nur

noch wenig von der Vergangenheit erhalten hat. Am Himmel zerrissenes Gewölk mit rasch wechselnden Farben. Die Landschaft bewegt von Stimmungen, die von Melancholie durchtränkt sind. Der Stausee bedeckt von dünnem, farblosem Eis, das gegen die Mitte des Flusses zu aufbricht und schwärzliches Wasser freigibt. Unterhalb Völkermarkts, am anderen Ufer, dort wo es sacht ansteigt, der dunkle Strich eines Waldes, aus dem große Flächen herausgeschlägert sind, die wie schlecht verheilte Wunden aussehen. Darin hat sich eine kleine Siedlung eingenistet. Oberhalb davon wieder eine Kirche mit rotem Dach. Völkermarkt selbst ist jetzt, da man auf dem Boden des Drautals angelangt ist, verschwunden. Eine mächtige Überlandleitung überquert den Fluß; darunter die Brücke, deren Architektur ein wenig altmodisch wirkt. Jene andere, erste, mittelalterliche Brücke, die am Wachsen und Werden Völkermarkts maßgeblich beteiligt gewesen ist und deren Mautgeld einst Herzögen, Geistlichen und weniger schon den Bürgern ein solides Nebeneinkommen garantierte, ist längst verschwunden. Später, oben in der Stadt, wenn ich eher wahllos nach ihrem Standort fragen werde, nur Kopfschütteln. Es sind die Jungen, die erstaunt fragen, ob es denn da überhaupt einmal eine Brücke... Die Alten haben nur Ablehnung im Blick. Und einer, der am frühen Nachmittag schon so betrunken ist, daß ihm die Kirchengasse zu schmal wird für sein mühsames Weiterkommen, leugnet überhaupt die Existenz irgendeiner Brücke, über die man von Völkermarkt aus die Welt erreichen könnte.

Unten im Drautal die Büsche noch dünn, zerzaust, kahl, graubraun oder farblos. Manchmal, wenn man den Kopf ein wenig bewegt, schaut das aus, als ob der Himmel in den nackten Ästen sich verfangen hätte. Der Boden, gerade erst vom Frost befreit, wirkt staubig und grau. Der Fluß erinnert an Elefantenhaut. Dann, langsam hinauffahrend zur Stadt, die Desolatheit kleinhäuslerischer Existenz. Daneben zu Haufen geschlichtete Autowracks. Aus einem rostfarbenen Kamin dreht sich schief dunkler Rauch. Das hier ist eine Peripherie, wo das Land aufgehört und die Stadt noch nicht angefangen hat. Es ist Niemandsland, über das der Wind, der vom Jauntal herüberstreicht, plündernd einfällt. Nur der Blick zurück entschädigt ein wenig. Schneefahnen über den Karawanken. Und die Spuren der Sonne, um die graugefleckte Wolken kreisen, auf dem schimmernden Jaunfeld.

Über Völkermarkt gibt es, was seine Entstehung angeht, einige einander widersprechende Behauptungen und Vermutungen. Beginnen wir mit jener, die das früheste Datum nennt, an welchem etwas existierte, woraus Völkermarkt wuchs; wobei man sogleich warnend hinzufügen muß, daß es sich dabei natürlich um eine Legende handelt, die keinerlei historische Absicherung erfährt. Demnach soll in der zweiten Hälfte des 8. Jahrhunderts vom heiligen Modestus, der bekanntlich Kärnten missionierte, jene Pfarrkirche zu St. Ruprecht begründet worden sein, über deren Existenz es freilich erst im Jahre 1043 eine dokumentarische Eintragung gibt, als dort im Nordwesten Völkermarkts und damit auf dem Gebiet der heutigen sogenannten St. Veiter Vorstadt ein „Markt des Volkes" entstand, wobei in diesen Anfangsphasen auch einmal die Bezeichnung „Forum judeorum", also Judenmarkt, auftaucht. Das wiederum war, wenn man die verschiedenen Quellen berücksichtigt, zwischen 1096 und 1126. Und auch hier − wie im jüngeren Klagenfurt − waren die Spanheimer für diese Marktgründung verantwortlich.

Volchimercatus also zuerst. Dann, und zwar um das Jahr 1177, wird Volkermarht daraus, das sich in verschiedenen Schreibweisen, zuletzt als Volkhenmarkht, bis ins 18. Jahrhundert hinein behauptet. 1147 erfolgt auf dem damals gebräuchlichen Schenkungsweg die Überantwortung des rasch aufblühenden Marktes an das Stift St. Paul. Jedoch schon Herzog Bernhard, der 1217 die erste befestigte Draubrücke erbaut, unternimmt erhebliche Anstrengungen, um diese Schenkung rückgängig zu machen, was freilich nur auf mühsamen Umwegen möglich wird. Die Spanheimer errichten hier eine Burg, deren Entstehungsjahr, nämlich 1239, wohl als gesichert angenommen werden darf, über deren genauen Standort es aber keine einhellige Meinung gibt. Schließlich, ein Jahr nach dem Bau der herzoglichen Burg, wird Völkermarkt in zwei voneinander unabhängige Teile getrennt: in den sogenannten stiftlichen Markt rund um die Pfarrkirche von St. Ruprecht und in einen neuen, auf der oberhalb der Drau und verhältnismäßig leicht zu verteidigenden Terrasse gelegenen Markt, deren äußerster Vorsprung heute der sogenannte Bürgerlustpark ist. Kurze Zeit darauf, im Jahre 1254, erhält dieses herzogliche Völkermarkt das Stadtrecht, nachdem die Salzburger Bischöfe schon zuvor in Verbindung mit St. Ruprecht ein Kollegiatsstift gegründet hatten, dieses aber in der zweiten Hälfte des 13. Jahrhunderts in die neue Stadtpfarrkirche zur heiligen Maria Magdalena verlegten, mit deren Bau im Jahre 1240 begonnen worden war.

Alle diese Hinweise auf den historischen Anfang erfahren insofern noch eine Bereicherung, als Historiker den Namen der Stadt davon ableiten, daß hier im 10. Jahrhundert ein Kaufmann namens Volko einen Markt eröffnete, und zwar im Auftrag der Spanheimer. Auch die ständigen und über Jahrzehnte andauernden Auseinandersetzungen zwischen den Herzögen und den Äbten von St. Paul, die 1223 Herzog Bernhard sogar einen nachdrücklichen Verweis durch Kaiser Friedrich II. eintrugen, sollten in diesem Zusammenhang erwähnt werden. Völkermarkt hatte, im Gegensatz etwa zu Klagenfurt, keine friedlichen Geburts- und Entwicklungsjahre. Heftige Fehden zwischen den Kärntner Herzögen und einheimischen Adelsgeschlechtern wie jenem der ehrgeizigen Grafen von Heunburg – dem heutigen Haimburg – oder die kriegerischen Unternehmungen des Habsburgers Friedrich von Österreich, genannt der Schöne, gegen die Meinhardinger, die nach den Spanheimern über Teile Kärntens herrschten, wurden mehr oder minder nachdrücklich auf dem Rücken der Völkermarkter ausgetragen. Die Soldaten des habsburgischen Herzogs Friedrich hatten, um sich gegen die ständigen Angriffe einheimischer Parteigänger der damals noch weithin im Land wirkenden Meinhardinger zu wehren, alle Stadttore des von ihnen eroberten Völkermarkt bis auf ein einziges zumauern lassen. Da brach, man schrieb das Jahr 1308 – nach anderen Quellen soll sich diese Tragödie 1309 abgespielt haben –, ein verheerendes Feuer aus. Im einzigen frei passierbaren Stadttor aber steckte ein Transportwagen; und auch das schwere Fallgitter fiel herab, so daß die Menschen wie in einer Falle gefangen waren. Die Stadt soll damals bis auf drei Häuser niedergebrannt sein. Mehr als siebenhundert Menschen verloren dabei ihr Leben.

Düsteres, Tragisches also ist es, was am Beginn dieser Stadt steht, die man nur schwer, nur beiläufig in den Blick bekommt, wenn man sich ihr auf der Bundesstraße nähert, die von Klagenfurt hinüber nach Griffen und weiter nach Wolfsberg führt. Das ist eine dieser ernüchternden und zugleich die Märkte und Städte einschnürenden oder erbarmungslos zerteilenden Umfahrungs- und Durchzugsstraßen, in deren staubigem, verschmutztem Schatten sich Menschen und Geschichten ducken. Ein Stadtbild, eine Ahnung von Vergangenem, ein Eindruck vom gegenwärtigen Zustand oder gar von dem, was den Charakter und damit das Unverwechselbare Völkermarkts ausmacht, kann man von dieser Bundesstraße aus ganz gewiß nicht gewinnen. Ebensowenig übrigens wie von jener Straße aus, die vom Unterland, also von Kühnsdorf her, Völkermarkt erreicht.

Hört man im Hintergrund aus der Tiefe das Rauschen der Drau? Oder ist, was als kaum wahrnehmbares Geräusch, als sanfte Bewegung die alte Stadt umfängt, nur Einbildung? Der Fluß, der einst bedeutungsvoll gewesen ist für die Entwicklung Völkermarkts und dessen Existenz man heute kaum noch ahnt, weil er irgendwo hinter steilen Abhängen, windgebeugtem Gebüsch und alten, geduckten Häusern, aus denen alles Leben geflossen scheint, ein unsichtbares, belangloses Dasein führt, wird schon von dem griechischen Geographen Ptolemäus genannt. Ambidraver nannte er die Menschen, die an seinen Ufern lebten. Die Geographen Merian und Valvasor werden später von Traa und Drab sprechen. Sprachforscher haben des öfteren darauf verwiesen, daß diese Namen etymologisch wohl mit einer griechischen Wurzel verwandt seien, die soviel wie „fortlaufen, forteilen" bedeute. Die Drau also etwas, das unaufhaltsam davoneilt; und Völkermarkt ein Haufen dunklen Steins, darüber der Südkärntner Himmel blasse Farben malt...

Aber in Völkermarkt hat man mit Griechischem nichts im Sinn. Und die Drau ist längst schon zum stehenden Gewässer geworden, eingekreist von Böschungen, die mit Beton verkleidet sind. Es haben sich Natur und Geschichte von der Stadt zurückgezogen. Selbst die Erinnerungen, die sich in Handbüchern, Torbögen und rekonstruierten Fassaden erhalten haben, sind dürftig.

Da ist das alte, südwärts ausgerichtete Viertel mit dem Bürgerlustpark, einer kleinen Parkanlage auf jenem Plateau, das sich wie eine langgestreckte, jetzt verwilderte Schanze zum Drautal hinzieht. Ein kleiner Brunnen inmitten, umstanden von kahlen Bäumen, darin Vögel mit dünnem Ton auf sich aufmerksam machen. Dahinter das Alabaster, das verwaschene Grün, das bräunliche Gelb, das angeschmutz-

te Weiß schmaler, engbrüstiger Häuser, die aus den alten Befestigungs-
mauern, die hier noch erkennbar sind, herauszuwachsen scheinen. Ein
Tor öffnet sich in die Tiefe. Dahinter etwas buschiges Grün. Davor altmodisch aussehende Kandelaber, die eine romantische Stimmung vortäuschen sollen, die in Wahrheit nicht aufkommen will. Dafür Gasthäuser, vier oder fünf auf einer Strecke von nicht viel mehr als fünfzig
oder siebzig Schritten, mit ihren manchmal längst aus der Mode gekommenen Namen und den dunklen Scheiben, in denen sich Geschichten spiegeln, die niemand mehr kennt. Das sieht aus wie aufgefädelt,
wirkt wie eine Bühnendekoration, die freilich nutzlos geworden ist,
weil die Menschen fehlen, die diese Dekoration bevölkern könnten.

1261 entstand in Völkermarkt eine eigene Münzstätte. Im 15. Jahrhundert wurde der Stadt das begehrte Weinniederlagsrecht zuerkannt.
1470 berief Kaiser Friedrich III. den großen Landtag der Länder
Krain, Steiermark und Kärnten nach Völkermarkt ein. Zuvor schon
hatte er die Herzogsburg, von der man nicht weiß, wo sie gestanden
haben mag, der Stadt zum Geschenk gemacht. Und die Mauern, Bastionen, Vorwerke, Laufgräben, die in jenem Jahrhundert errichtet
worden waren, haben sich dann vortrefflich gegen die Türken be-
währt, obgleich man 1473 – als sie erstmals vor Völkermarkt erschienen, vorgedrungen über den Seebergsattel und das Unterland verhee-
rend – die befestigte Brücke über die Drau abbrechen mußte, um etwas Zeit zu gewinnen für die notwendigsten Vorbereitungen, sich gegen den unvermutet eingedrungenen Feind zu verteidigen. Später,
1809, werden die zurückweichenden Österreicher noch einmal diese
Brücke zerstören, um sie den Soldaten Napoleons nicht in die Hände
fallen zu lassen, was nichts am Einmarsch der Franzosen in Völkermarkt ändert, diesen nicht einmal ein paar Stunden verzögern kann.

Wohlstand, Reichtum, auch Überfluß waren angenehme Begleiter-
scheinungen einer abwechslungsreichen Biografie. Das Lavanttaler
Eisen wurde hier gestapelt. Fuhrwerksunternehmen hatten über Generationen hinweg Hochsaison. Die Gasthäuser müssen randvoll gewesen sein. Und in den Herbergen drängten sich Kaufleute, Handlanger,
Mönche. Bis der Niedergang, der ein unaufhaltsamer sein sollte, allmählich anfing, die Stadt zu verändern, ihr Schatten ins lebensfrohe
Antlitz zeichnete. Das habe mit der Erhebung Klagenfurts zur Haupt-

Bildstock im Jauntal

Der Völkermarkter Stausee

stadt im Jahre 1518 begonnen, sagen die Historiker. Wahrscheinlicher ist, daß mit dem Ausbau der Handelsstraße über den Loiblpaß in der zweiten Hälfte des 16. und in den zwanziger Jahren des 17. Jahrhunderts eine rückläufige Entwicklung einsetzte, deren Höhepunkt dann die Eröffnung der Eisenbahnlinie von Marburg nach Klagenfurt war. Völkermarkt wurde gleichsam von der Welt abgeschnitten. Es fiel in sich selbst zurück. Es büßte seine stolze Identität ein. Und es hatte, so schien es, nicht mehr die Kraft, verlorenes Terrain aus eigenem Antrieb zurückzugewinnen.

Etwas von dieser vergangenen oder eigentlich wie hinter milchigem Glas verborgenen Solidität, von dieser selbstbewußten und vielleicht auch selbstgefälligen Saturiertheit, die sich eine Stadt, die über eine Biografie wie Völkermarkt verfügt, wohl leisten mag, kann man sich heute noch im Zentrum vorstellen. Hauptplatz, Münzgasse, Kirchengasse, einiges von der Klagenfurter Straße, manches, das fast mittelalterlich anmutet, auch wenn es sich nur mühsam aus dem Biedermeier herübergerettet hat in unsere Zeit, manches, das mit Laubengang und lindengrüner oder weinroter Fassade, mit anmutigen Gesimsen und hübschem architektonischem Zierat an eine Zeit erinnert, als man hier die Nase noch höher tragen durfte als in anderen Kärntner Städten. Es sind hübsche Bilder, die sich einprägen und die freilich eine Idylle vortäuschen, die dem Charakter dieser Stadt nicht im mindesten entspricht.

Da ist zum Beispiel die Stadtpfarrkirche zur heiligen Maria Magdalena östlich des Hauptplatzes, die schmale Kirchengasse zu einer kleinen, beinah anmutig wirkenden Rundung zwingend, einen fast geschlossenen Althausbestand mit bemerkenswerten Biedermeier- und Barockfassaden abschließend, von denen einige noch aus dem 15. und 16. Jahrhundert stammen, so daß man in der Tat von einem perfekten Ensemble sprechen könnte, wenn nicht im Schatten der Kirche einer dieser häßlichen Neubauten stünde, an denen man die Verflachung unseres Gefühls für brauchbare Architektur ablesen kann. Die Kirche selbst dürfte in den vierziger Jahren des 13. Jahrhunderts entstanden sein, überdauerte im Verlauf der Jahrhunderte vier Feuersbrünste und zumindest ein schweres Erdbeben und stellt sich heute als eindrucksvoller, in seinem Kern spätromanischer Bau dar, der in der zweiten

Hälfte des 15. Jahrhunderts entscheidend verändert wurde. Auffallend sind die zwei Figurengruppen zu beiden Seiten des mächtigen rötlichfarbenen Portals, wobei jene, die in der linken Nische untergebracht ist und eine dramatische Schilderung des Geschehens am Ölberg zeigt, immerhin aus dem Jahre 1480 stammt. Es sind schöne, intensive und fast ein wenig komödiantisch anmutende Farben, die eine beachtliche Wirkung erzielen und die, ungeachtet des frommen Inhalts, den sie unterstreichen, doch auch an südliche Landschaftsbilder denken lassen. Dieses Schaubild mit Christus auf dem Ölberg, mit täuschend ähnlich nachgeahmtem Geröll und einem Himmel, darin Wolken wie kleine Explosionen untergebracht sind, während rechter und linker Schächer aussehen wie Kärntner Knechte aus einer längst verflossenen Zeit... dieses ungemein dekorativ gestaltete Schaubild wird manchem Gläubigen die Idee des Christentums nähergebracht haben, wird in mancher zögernden Seele die Ehrfurcht geweckt haben vor dem Leben und Sterben Christi.

Die eigentliche architektonische Kostbarkeit Völkermarkts aber ist jener Turm, der zur Pfarrkirche von St. Ruprecht außerhalb der heutigen Stadt gehört. Der Kunsthistoriker Karl Ginhart hat ihn einmal als den „schönsten Turm des 11. Jahrhunderts in Österreich" bezeichnet; und Herbert Strutz schwärmte vom „wirkungsvollen Hintergrund, der zusehends gewinnt, je länger der Blick auf seiner reizvollen Architekturdekoration verweilt". Südlicher Geist erfülle das Bogenfeld des Kirchenportals von St. Ruprecht; und bemerkenswert sei auch eine antike Skulptur, die dieses Portal schmückt. „Prächtige Friese säumen die Dachsimse und beschließen auch die romanischen Geschoße des starken hohen Ostturms... und bis zu diesem steigt die alte Wandgliederung mit arkadenartigen Mauerblenden und romanischen Rundbogenfriesen und läßt solcherart ein Bauwerk von schönster Eindringlichkeit zur Höhe wachsen." (H. Strutz)

Völkermarkt, in das moderne Bauwut und eine manchmal erschreckende Instinktlosigkeit im Umgang mit Architektur unheilbare Wunden geschlagen haben, besitzt aber immer noch einige interessante Bauwerke, die etwas von dem Geist vermitteln, der einst in dieser wichtigen Handelsstadt geherrscht haben mag. Dazu gehört der nördlich der Ruprechtskirche gelegene Karner, ein romanischer Rundbau mit polygonalem frühgotischem Chor, der 1389 erstmals urkundlich Erwähnung findet. Erwähnenswert ist auch die ehemalige Bürgerspitalskapelle in der Klagenfurter Straße, die man geschmackvoll renoviert hat und die eine Erinnerung ist an jenes längst verschwundene Hospital, das schon im ausgehenden Mittelalter vor allem den Armen der Stadt auch als eine Art Asyl diente. Der spätgotische Bau des sogenannten Alten Rathauses aus dem Ende des 15. Jahrhunderts, ein zweigeschossiger Bau mit Laubengang, rundbogigen Arkaden und einem kielbogigen Portal – auf das eine häßliche Peitschenlampe ihr grelles Licht wirft – sowie eine ganze Reihe von Häusern mit prachtvollen Biedermeierfassaden auf dem Hauptplatz vervollständigen die Galerie der mehr oder minder bedeutungsvollen Sehenswürdigkeiten Völkermarkts. Die architektonische Neugestaltung rund um die sogenannte Neue Burg freilich mag manchen empfindsamen Betrachter an eine nicht ganz gelungene Bühnendekoration erinnern, und zwar an eine von jener Art, wie sie entsteht, wenn man zuwenig Geld hat, um sich ordentliche Kulissen leisten zu können.

In einem Reisehandbuch aus neuerer Zeit, das sich mit Kärnten beschäftigt, lese ich: „Während des Kärntner Befreiungskampfes wurde Völkermarkt 1918 von den Jugoslawen besetzt und 1919 von den Kärntnern zurückerobert, worauf die Jugoslawen die Draubrücke sprengten und am 3. Mai 1919, dem sogenannten Blutsonntag, die Stadt mit Artillerie beschossen." Und in den „Kärntner Nachrichten" vom 8. Juli 1920, als aufgrund des provisorischen Friedensvertrags vom September 1919 Teile Kärntens bis zur Volksabstimmung im Oktober 1920 jugoslawischer Verwaltung überantwortet wurden, kann man nachlesen, daß der „deutsche Charakter der Stadt Völkermarkt" – die gleichfalls zu jener Zone gehörte, welche von den Jugoslawen verwaltet wurde – den Jugoslawen ein Dorn im Auge sei. Und wörtlich hieß es dann: „Sie streichen und pinseln, zerstören und vernichten, verbieten und befehlen, aber die Stadt will noch immer nicht rot-blau-weiß erscheinen, hartnäckig zeigt sie immer wieder deutsche Farben. Sie haben alle Firmentafeln überstrichen, alle Gassen und Straßen slowenisch getauft, die Volks- und Bürgerschule umbenannt, die Schillereiche und den Gedenkstein vernichtet, der deutsche Gottesdienst wurde verbannt, der deutsche Gesang in der Kirche und zuhause wurde verboten... Das deutsche Gespenst will aber noch immer nicht verschwinden. Dieses Gespenst hebt langsam, aber sicher die Hand... und am Tag des Volksgerichts wird sie niedersausen."

Es ist die Sprache einer verwirrten Zeit. Aber Völkermarkt, auf dessen Friedhof viele Grabsteine slowenische Namen und slowenische Inschriften tragen, wehrte sich hartnäckig gegen alle Slawisierungsversuche. Übergriffe fanden statt. Denunzianten erlebten einen Aufschwung. Und der heimliche Ruhm, später einmal als Kärntner Abstimmungsstadt gefeiert zu werden, kostete manches Opfer.

Daran wurde ich erinnert, als ich an einem winderfüllten, vorfrühlingshaften Samstagnachmittag eher zufällig in einen Völkermarkter Gasthof einkehrte, dem einst auch eine Brauerei angeschlossen war und in dessen Gaststube zwölf Männer im Kärntner Anzug an einem langen Tisch aufgefädelt saßen, als hätten sie die mühsame Rolle übernommen, den zwölf Aposteln nachzueifern. Es waren alte, zerknitterte, pergamentfarbene Gesichter, die über dem schönen, dunkelbraunen Kärntner Tuch hingen, an dessen grünen Aufschlägen das sogenannte Kärntner Kreuz steckte; es waren Gesichter wie aus einer anderen Zeit, Stimmen, in denen eine Vergangenheit aufstand, die man heute nur noch mühsam begreift... Es war eine Art von Wirklichkeit, die diese zwölf Männer vermittelten, Angestellte, Bauern, Advokaten, Ärzte, auch ein höherer Beamter, wahrscheinlich längst pensioniert... eine Art von Gegenwärtigkeit war das, die ein Alptraum und zugleich doch auch rührend, herzbewegend sein kann, weil das, was man beiläufig als Patriotismus bezeichnet, hier als ein Zeichen von Heimatliebe begriffen wurde. Draußen blies der Wind durch die leeren Gassen, hing ein langsam verglimmender Himmel mit rostroten, lilafarbenen, zartrosa gefärbten Wolken im schmalen Geviert der Wirtshausfenster. Dahinter, mehr zu erahnen als zu sehen, die Konturen der Hügel und Berge, auf denen noch ein blasses, bleiches Licht lag. Und in der Wirtsstube die großen, wichtigen Gespräche über das, was den Kärntnern, auch wenn sie nicht in dunkelbraunem Tuch und mit dem Kärntner Kreuz am grünen Revers auftreten, stets bedeutsam bleiben wird. Das hat mit Heimattreue zu tun, mit Beharrlichkeit, mit einer Form des Patriotismus, die erschreckend altmodisch anmutet; und die doch so zeitlos ist, wie man das im Augenblick, da man ihr begegnet,

nicht begreift. Und ohne die dieses Land spätestens seit 1920 nur noch
Stückwerk wäre.

Draußen erlosch das letzte Licht über der Landschaft. Am Tisch, an
dem die zwölf Kärntner Apostel saßen, schimmerte der Wein in den
Gläsern. Das Bier schäumte. Die Münder tauchten ein in eine Vergangenheit, die groß war und billig und leiderfüllt und ohne deren Bewältigung durch Männer, welche Väter und Brüder dieser zwölf überle-
benden Apostel waren, Völkermarkt heute als Kärntner Stadt nicht
mehr zu existieren vermöchte.

Bleiburg, Stadt im Grenzland

Man kann sich heute kaum noch vorstellen, was Otto Maria Polley in seinem 1947 erschienenen Buch „Sieben Tage Kärnten" als Teil einer Wirklichkeit beschrieb, an die man sich damals, 1947, allerdings längst gewöhnt hatte. Wenn nämlich vor dem Jahr 1918, so Otto Maria Polley, „einer der Bewohner des Städtchens Bleiburg etwa seine Verwandten im nächsten Tal, dem Lavanttal, besuchen wollte, so setzte er sich in die Eisenbahn, fuhr ein paar Stationen bis zum Umsteigbahnhof Unterdrauburg, stieg um und war nach einigen weiteren Stationen bereits bei seinen Verwandten... Nach 1918 lag das Mießtal und auch der Umsteigebahnhof in Jugoslawien. Dadurch hätte die Reise infolge des zweimaligen Flaggenwechsels eigentlich noch vergnüglicher werden müssen − aber sie wurde es nicht; sie war durch die Zoll- und Paßschwierigkeiten, die sich ergaben, meistens praktisch überhaupt unmöglich."

Dieser Zustand, der Jahrzehnte andauerte, ist inzwischen durch den Bau der Jauntalbahn (1964) längst beendet. Ein Bleiburger kann heute ohne weiteres − und ohne umsteigen zu müssen − ins Lavanttal fahren. Aber die Erinnerung an diese Zeit der Umständlichkeiten und kleinen Schikanen, die Völker einander manchmal antun, ohne über die psychologischen Folgen eines solchen Tuns nachzudenken, ist geblieben; und dazu ein Unbehagen oder ein Gefühl des latenten Mißtrauens, das manchmal jene trifft, die am Entstehen solcher Emotionen völlig schuldlos sind. Daran ändern auch die schönen poetischen Beschreibungen nichts, die Josef Friedrich Perkonig einst den Slowenen Kärntens gewidmet hat, darunter vor allem den Jauntaler Slowenen, die zu einem großen Prozentsatz − 1971 waren es immerhin 38 Prozent − die Bevölkerung Bleiburgs ausmachen. „Eine klare Luft steht um die Dörfer der Jauntaler Slowenen", schrieb Perkonig, „es ist alles wohltuend sachlich darin, und ein verschwommenes Gefühl hat nirgends eine Heimstatt; die Dinge werden bei ihrem richtigen Namen genannt und nach ihrem tatsächlichen Range geordnet, für eine beschönigende Einbildung ist auch die Welt der bäuerlichen Enge zu überhell, nichts ist wehleidig verstellt. Hier, wo auf ebenem oder doch nur hügeligem Lande alles Leben einen weiteren und freieren Atem haben kann, wo das Gebirge es nicht dämmernd beschattet, vermögen die Menschen das Ausmaß der ihnen verliehenen Kraft auszuweisen... Die gute Nachrede, die der puritanischen Tugend des Kärntner Slowenen gilt, müßte mit einem Loblied auf ihn, der es besser haben könnte und doch nicht haben will, eingeleitet werden."

Das sind zwei Stimmen aus der Vergangenheit, die mit Bleiburg zu tun haben und eine Situation beschreiben, wie sie heute nur noch in Ansätzen zutrifft. Meine Erinnerungen an diese südöstliche Stadt Kärntens sind freilich recht subjektiver Natur, beeinflußt vom Nebel, der in jenem letzten Winter, als ich mich an zwei aufeinanderfolgenden Tagen in Bleiburg neugierig umtat, alle Bilder, Gerüche, Eindrücke, Begegnungen verwischte oder verzerrte, die Welt wie hinter milchigem Glas erscheinen und mich mehr als einmal in jene kleine, warme Bahnhofsrestauration flüchten ließ, von wo es nur einiger kurzer Schritte bedurfte, um den metallisch schimmernden Gleisen, die in der Dämmerung, im ziehenden Nebel untertauchten, einen sehnsuchtsvollen Blick nachzuwerfen.

Es herrschte an diesen beiden Tagen eine merkwürdige Stimmung. Der Nebel war von bläulichem Grau, der Schnee, der unter meinen Schritten knirschte, hatte die Farbe des Nebels angenommen. Und einmal, gegen Mittag des ersten Tages, als sich dieser dichte, zottige, zähe Vorhang für einige Augenblicke hob, war selbst der Himmel von einer bläulich grauen Haut überzogen, während die schwere Feuchtigkeit, die unter ihm wegwischte, sich zerteilte, auseinanderbrach, die Form eines zarten Sprühregens annahm. Eiskristalle hingen in der Luft. Ein seltsames Leuchten irrlichterte zwischen Himmel und Erde. Dann zog der Nebel wieder auf, verhüllte den Himmel, schluckte die intensive Helligkeit und bedeckte Bleiburg wieder mit einem schweren, blaugrauen Tuch.

Ich habe seltsame, suggestive und zugleich merkwürdig melancholische Erinnerungen an diese beiden Wintertage in Bleiburg. Vermummte Menschen sah ich, die langsam, schwerfällig, als ob sie auf ihren Schultern bedrückende Träume mit sich trügen, die Straßen entlanggingen, während in ihrem Schatten, halb unsichtbar, halb vom Nebel verschluckt, diese Kopftuchweiber vorüberhuschten, die der Maler

Werner Berg auf so unvergeßliche Weise ein Leben lang porträtiert hat. Und ich erinnere mich, wie ich immer wieder nach Bleiburg hineinfuhr, aus der Gegend von Eberndorf kommend, manchmal auch über Mittlern herüberfahrend in dieses sanft auslaufende, allmählich in den dunklen Scherenschnitt dichtbewaldeter Hügel übergehende Gelände des Jaunfelds, als ob ich nicht wüßte, daß hier über Generationen hinweg Tataren, Türken und Magyaren, Ritterstolz und Bauernwut gewütet hätten, als ob ich nicht zu begreifen vermöchte, daß hier die Geschichte einen anderen, herberen Geschmack angenommen hat als anderswo in Kärnten.

Immer auch das verwischte Gelb, das Ocker des Renaissanceschlosses oberhalb der kleinen Stadt – im darauffolgenden Frühjahr werde ich entdecken müssen, daß es wahrscheinlich nur der zähe, schwere Nebel gewesen ist, der die Farben kräftiger aussehen ließ, der aus bleichem Gemäuer etwas Helles, Auffälliges werden ließ, das wie ein Signal wirkte. Aber in jenem Winter bildete ich mir noch ein, daß dieses Schloß so etwas wie eine unwirkliche Metapher war, eine Art beharrlicher Leuchtschrift oberhalb Bleiburgs, was es in gewisser Hinsicht auch tatsächlich ist, wenn man es in Verbindung zur Geschichte Bleiburgs bringt.

Seine heutige Form erhielt dieses Schloß jedenfalls in den ersten Jahren des 17. Jahrhunderts, als die Burg, die ursprünglich auf dem vorgeschobenen Hügel oberhalb Bleiburgs entstanden war, an einen Hans-Ambros Graf von Thurn kam, der die alten, düsteren Festungswerke in ein Renaissanceschloß umbauen ließ. Was diese ältere Burg angeht, so existierte sie wahrscheinlich schon seit dem Beginn des 12. Jahrhunderts. Aus dem Jahre 1228 datiert jedenfalls ein Dokument, das als Besitzer der sogenannten Pliburch einen Herrn von Heunburg nennt, was beweist, daß dieses einflußreiche und selbstbewußte Kärntner Geschlecht auch hier im Südosten des Landes ansässig war. Im Jahre 1368, als Burg und daruntergelegener Markt von den Auffensteinern beherrscht wurden, belagerten die Herzöge Albrecht und Leopold von Österreich die „Pliburch", brannten sie nieder, eroberten sie und kümmerten sich in der weiteren Folge kaum noch um die Anlage. Erst 1507 durfte der Burgpfleger des damals regierenden Kaisers, es war Maximilian I., eine nicht unbeträchtliche Summe –

man spricht von vierhundert Gulden – in die Festung verbauen, was wohl mit der ständig drohenden Türkengefahr zu tun hatte, aber auch mit der wachsenden Unzufriedenheit der Bauern, die gerade in Unterkärnten immer wieder zu Aufsässigkeit und folgenschweren Aufständen führte. Dieser Burgpfleger, ein Graf Julian Lodron, den man sich, wenn man seine Stellung berücksichtigt, als vorausblickenden Charakter vorstellen muß, als einen Mann ausgeprägt konservativen Zuschnitts, dem die Wahrung überlieferter Tradition als bedeutsam genug erschien, um zur Absicherung seines Weltbildes eigenes Kapital zu investieren, er also, mit den Ungnad von Sonnegg verschwägert, erlaubte und ermöglichte auch diesen Rittern – die mit ebenso harter Hand die Unterkärntner Bauern unterdrückten, wie sie sich als Soldaten gegen die Türken bewährten –, erhebliche Investitionen in den Ausbau der Bleiburger Burg. Diese dürfte also, bevor sie zum beeindruckenden Renaissanceschloß umgebaut wurde, tatsächlich eine der wichtigsten Festungen im südöstlichen Kärnten gewesen sein, ein Stützpunkt gegen Türken und Magyaren und eine wichtige Bastion gegen die wütende Verzweiflung der Bauern, die sich im südlichen Kärnten so oft – letztlich stets vergeblich – gegen Adel und Geistlichkeit mit Waffengewalt aufgelehnt haben.

Bleiburg selbst ist freilich erheblich älter als die Burg, denn ein Livpicdorf wird bereits vor 1006 urkundlich erwähnt; wobei jene in den meisten Reisebüchern vertretene Meinung, daß Burg wie Markt, die vom Handel mit dem Blei des nahen Petzen- und Mießgebiets und seiner Verhüttung den Namen führen, eine Gründung des Grafen Wilhelm von Heunburg seien, nicht unbedingt zutreffend sein muß. Denn die Grafen von Heunburg kamen erst im 13. Jahrhundert, und da nur vorübergehend, in den Besitz des Marktes, der zuvor schon Eigentum der Stifte Seckau und St. Paul gewesen war und dann einem baierischen Geschlecht gehörte, bevor es die Heunburger übernahmen. Diesen folgten die Grafen von Ortenburg und schließlich die Auffensteiner, welche in einem eher tragischen Sinn die Ursache waren für die Verleihung des Stadtrechts an Bleiburg im Jahre 1370. Denn durch ihren Streit mit den habsburgischen Herzögen forderten sie zwar 1368 ihren eigenen Untergang heraus, ermöglichten es aber dem Markt, landesfürstlich zu werden, was dessen raschen Aufstieg zur Folge hatte.

1370 kam es zur Verleihung des Stadtrechtes, 1393 zum Privileg, alljährlich vor den Toren der Stadt einen sogenannten Wiesenmarkt abzuhalten, der sich bis auf den heutigen Tag seine besondere wirtschaftliche Bedeutung erhalten hat und damit wohl einer der ältesten und auch urtümlichsten Märkte Österreichs sein dürfte.

Meine Erinnerungen an jenen Winter: Näherkommend, langsam eindringend in die kleine Stadt, die sich einen altmodischen Charme, einen fast dörflichen Charakter bewahrt hat, sah ich zu meiner Linken eine Schule, darin hinter einem weihnachtlich geschmückten Fenster ein Kind in einem roten Pullover, das eine Art Posaune an den Lippen hatte. Zur Rechten, wenn ich nach oben blickte, hinter rostbraunem Laub immer noch die Leuchtkraft des Schloßgemäuers, was freilich, wie ich heute weiß, gewiß nur Einbildung war. Darunter ein turmähnliches Gebäude mit weißer Haube; und links davon die ärarisch ausgerichtete Häuserzeile eines altösterreichischen Straßendorfes. Von den Dächern hingen Eiszapfen, dünn und zerbrechlich. Im Hintergrund einige slowenische Aufschriften. Dann ein altes Wirtschaftsgebäude mit runden Fenstern, die aussahen, als wären es große, blinde Augen. Manchmal das Schönbrunnergelb einer untergegangenen Epoche, das zum süßlichen Rosa, zum Bonbongrün stattlicher Hausfassaden kontrastierte.

Später der sich abwärts neigende, sanft senkende Hauptplatz mit seiner Pestsäule aus dem Jahre 1724, und spätestens in diesem Augenblick fallen einem wieder die Jahreszahlen ein, in denen Bleiburg Unglück widerfuhr: 1473, 1476, 1478. Da waren die Türken über die wohlbefestigte und doch zu schwach geschützte Stadt hergefallen, hatten geplündert, gebrandschatzt, gemordet. 1479 ging man unverdrossen daran, die arg lädierten Befestigungswerke zu erneuern. Im Jahre 1715 wütete die Pest, 1749 verheerte ein großes Feuer die Stadt. Jahres- und Schicksalsringe, die Bleiburg geprägt haben. Heute, wenn man die Reste der einst turmbewehrten Stadtmauer und des Wehrgrabens betrachtet, vermag man sich kaum vorzustellen, auf welche Weise sich die Bürger der Stadt gegen die vordringenden Türken gewehrt haben sollen. Zu schwach, zu zerbrechlich, zu wenig solide wirkt das, was im ausgehenden Mittelalter die Menschen hätte schützen sollen. Nur die Burg oben auf dem vorspringenden Hügel mag sich gehalten haben, war ein letzter Zufluchtsort für Verzweiflung und ohnmächtige Wut, während die Bauern und Handwerker unten in der gewellten, abwechslungsreich gegliederten Ebene zwischen den dunklen Hügeln den Feinden nahezu hilflos ausgeliefert waren.

Was mir in jenem vergangenen Winter aufgefallen ist, waren die Fassaden der Häuser zu beiden Seiten des Hauptplatzes — an dessen oberem Ende auch die sogenannte Werner-Berg-Galerie untergebracht ist —, eingefärbt auf eine Art, die man farbenfroh nennen möchte, wenn südliches Licht darauf fiele. Aber damals war der Himmel streng verhüllt, wischte der Nebel über den Hauptplatz, tasteten sich Autos mit jugoslawischen Kennzeichen — die Grenze ist nur ein paar Minuten entfernt — langsam, vorsichtig durch die Stadt, huschten Figuren hin und her, als wären es Schemen. Etwas Unwirkliches oder sogar Gespenstisches war fühlbar. Diffuse, blasse, verwischte Farben beherrschten diesen Platz, auf dem — als befände man sich in irgendeiner entlegenen südosteuropäischen Provinz — französische und englische Begriffe manches Ladenschild prägten, ihm ein welthaltiges Flair zu geben suchten, was ein wenig absurd und zugleich rührend anmutete angesichts der dicht verschlossenen Fensterläden.

Im Sommer mag das alles seine fröhliche Berechtigung haben. Oder im Herbst, wenn das Lärmen der Blasmusik vom Wiesenmarkt herüberkommt und die Sonne groß, dick und gelb über den schiefen Dächern der Stadt hängt oder das Schloß oben auf dem Hügel mit seinen imponierenden Fensterreihen, in denen die Sonne wütet, auf herausfordernde Weise erglüht und Kopftuchweiber in ihren farbenfroh bedruckten Kattunkitteln über diesen seltsamen Hauptplatz eilen, der stets wie ein halbgeöffnetes Tor in die Vergangenheit wirkt. Dann kann es schon sein, daß das Verschlafene, Melancholische, Niederdrückende eines nebelverhüllten Winternachmittags in Bleiburg gegenstandslos wird und manches ausländische Firmenschild eine ungemein attraktive Bedeutung gewinnt. Jetzt, während der Nebel sich einem schwer und nachdrücklich aufs Gesicht legt, bleibt nur die Erinnerung an die Geschichte dieser kleinen Stadt, an eine atemberaubende Wiederholung von Blut und Tränen, Unterdrückung, Eroberung, Brandschatzung, Ausbeutung. Man versteht plötzlich manches besser, begreift die Zwischentöne dieser Geschichte, bekommt Verständnis für das Verschattete, Verdeckte in manchen Gesichtern. Bloß das, was Perkonig einst über die Menschen draußen in der Offenheit des Jaunfelds geschrieben hat, womit er, der zärtliche Darsteller Kärntner Verhältnisse, wie sie vor mehr als einem Menschenalter noch gestimmt haben mögen, Charakter und Eigentümlichkeit der slowenischen Landbevölkerung zu erklären versuchte... es entspricht kaum noch der Wirklichkeit von heute, es hört sich an wie ein fernes Echo aus einer vergangenen Zeit. Vom antiken Maß schrieb Perkonig, das den Menschen hier eigen sei. Und „unterm eisernen Dreifuß brennt das Herdfeuer, heilig wie seit je, Milch und Brot und Sterz sind immer noch heilige Mahlzeit wie vor Tausenden von Jahren, Quellwasser, Brunnenwasser im irdenen Krug zeugen für die karge Einfalt eines ländlichen Glücks".

Diese Idylle, sofern das Leben im Kärntner Unterland überhaupt einer solchen jemals entsprochen hat, ist freilich unwiderruflich vorbei. Die slowenischen Bauernkinder des Unterlandes, Erben eines langsam, unauffällig und unaufhaltsam aussterbenden Standes, wandern in die Stadt ab, verlieren ihre Identität, assimilieren sich allgemeinen Verhältnissen, gehen unter in der anonymen Gesichtslosigkeit einer entfremdeten Zeit. Vielleicht brauchten sie sich von ihren Wurzeln nicht zu lösen, wenn die wirtschaftliche Situation eine andere wäre. Aber in Bleiburg rauchen keine Hochöfen, lärmen keine Maschinen, findet Wirtschaft auf diese vorwärtsdrängende, erfolgreiche Weise nicht statt, die abgewanderten Bauernkindern ein gesichertes Zuhause geben könnte. Im Kärntner Unterland gibt es nicht nur in Krisenzeiten die höchsten Arbeitslosenzahlen des Landes. Und der Fremdenverkehr, auf den man in Kärnten immer dann wie gebannt blickt, wenn jede andere Möglichkeit einer ökonomischen Selbstverwirklichung ausfällt, ist bis Bleiburg, wenn überhaupt, nur in Bruchstücken vorgedrungen.

Einst schrieb Perkonig: „Auch der Kärntner Slowene hat an seinen Kesseln dem Teufel ein Rauchopfer dargebracht, er ist ihm nicht verfallen, er ließ es mit dem Stückchen Hölle bewenden, dem sich nach höherem Ratschluß jeder einmal ausliefern muß. Er ist wie alle, die es nicht leicht haben, von Natur aus zu nüchtern, zu wach und aufmerksam, um einem rauschhaften Zustand Dauer zu verleihen... um ihn weht noch ein letzter Nachhall der sanften Hirtenflöte; so viele seinesgleichen auch in Werkstätten und zu Maschinen abgewandert sein mögen, in Schreibstuben und Pfarrhöfe und Bürgerhäuser, dort ihrer frühen Herkunft, ihres Blutes vergessend, ihm wohl auch durch unwiderstehliche Mächte abspenstig gemacht, es blieben ihrem Leben fern von heimatlichen Feldern und Wäldern ein paar letzte bäuerliche Penaten erhalten, die treuesten der Hausgötter verblieben bei dem Namen, wenn er sich auch von seiner ursprünglichen Gestalt entfernt hat."

Das war die Sprache, diese besondere und verführerische Art von Poesie, welche das Unterland über Jahrzehnte hinweg in einen traumähnlichen Zustand versetzte, aus der Banalität des dürftigen Alltags eine Art Mythos machte und alles Politische, Ideologische schamhaft verschwieg, das die Sinne der Menschen schärft, sie unruhig und aufsässig sein läßt, weil sie immer einem vermeintlichen Recht nachhängen, dem sie in Wahrheit nicht gewachsen sind. Die alten Hausgötter sind tot. Die Mythen von gestern haben keine Bedeutung mehr. Und nicht einmal die Geschichte, die in Bleiburg wie im ganzen Unterland stets eine Geschichte der Unterdrückung und Ausbeutung, des erbarmungslosen Kampfes ums Überleben und des stillen, unbeachteten Sterbens gewesen ist, vermag heute kaum noch etwas zu bewirken.

Ich erinnere mich, es war ein Frühlingstag, die Sonne, schräg am Himmel hängend, schon über Eberndorf und Kühnsdorf unterwegs nach Westen, machte aus dem Schloß über Bleiburg eine Grafik, die wie mit schmierigem Bleistift auf bräunliches Packpapier geworfen wirkte, während darunter der dicke Pinsel der Pfarrkirche leuchtete und das Hügelwerk hinüberrollte zu den bleichen Schneefahnen der Petzen – plötzlich fuhr, aus Klagenfurt kommend, der Abendzug in den sogenannten Bahnhof von Bleiburg ein: vier Waggons, eine Lokomotive, alles rot und elfenbeinfarben, adrett und eindrucksvoll. Der Zug leerte sich, und für ein paar Augenblicke war Bleiburg keine verlassene Stadt mehr, in der es an jungen Menschen fehlt und wo man nur manchmal ein altes, faltiges Gesicht durch eine schmale Gasse wehen sieht. Burschen stiegen aus dem Zug, Mädchen, junge Frauen, Männer, Pendler. Die kleine Gastwirtschaft am Bahnhof füllte sich, und die Stimmen, die man hörte, waren jung und guttural und kräftig. Das Leben war wieder zurückgekehrt nach Bleiburg. Drinnen in der Stadt vor den Gasthäusern parkten die Autos der Pendler. Und für eine Nacht oder für ein Wochenende lang würde die Welt wieder ihre Ordnung haben.

In jenen Wintertagen wirkte die Stadt wie erschlagen. Geäst wie gefrorenes Gefieder. Scherenschnitte, drohend aus dem Nebel auftauchend. Farben, über die der Frost gebieterisch hinweggeglitten ist, sich eingenistet hat, zerstörerisch und verfremdend. Und immer der Nebel, der vom Schloß herabfällt und die kleine Stadt in seine feuchte Umarmung zwingt. Konturen, die man nicht erkennt. Horizonte, die man nicht sieht. Menschen, die, als wären es Fische oder Wesen von einem anderen Stern, durch den blaugrauen Nebel zu schwimmen scheinen. Geschäfte, deren Schaufenster von erbarmungswürdiger Monotonie sind. Junge Mädchen, deren Gesichter umschattet und alterslos wirken. Kinderwägen, die von Frauen, die selbst wie Kinder aussehen, mit ungestümen Gesten durch den Nebel geschoben werden. Alles hat etwas Unwirkliches an sich. Alles verliert seinen Anspruch auf Realität. Es ist, als ob die Welt irgendwo vor Bleiburg aufgehört hätte, auf überzeugende Weise zu existieren.

Schön auf eine beeindruckende Weise ist die Pfarrkirche, den beiden Aposteln Petrus und Paulus geweiht, aus der Mitte des 13. Jahrhunderts stammend, ein spätgotischer Bau mit einem nördlichen Seitenschiff aus dem 15. Jahrhundert. Vorstellen muß man sich, wie in dieser Kirche die verängstigten, verzweifelten Bürger Bleiburgs das Eindringen der Türken erwarteten, hilflos dem Untergang ausgeliefert, Opfer eines Gemetzels, das sich mehrmals wiederholte. Bemerkenswert auch die sogenannte Bürgerspitalkapelle, die einst dem 1554 gegründeten Hospital der Stadt Bleiburg angeschlossen war und in der heute noch eher belanglose Fresken aus dem 18. Jahrhundert zu sehen sind. Sehenswert auch der weitgehend geschlossene Althausbestand auf dem Hauptplatz mit Häusern aus dem 16. bis 18. Jahrhundert, deren Fassaden allerdings eher schmucklos wirken.

Und immer diese eigenartigen, insistierenden Farben, die daran denken lassen, daß Bleiburg von der schweren Hand eines unsichtbaren Malers geprägt wurde. Das fast kitschige Zuckerlrosa einer Kirchenfassade. Darüber ein giftgrüner Kirchturm. In einem Gasthof ein mächtiger Christus, dessen Leib alabasterfarben schimmert und auf dessen Schultern ein dunkelbrauner, ins Schwärzliche wechselnder Rosenkranz ruht, geformt aus dicken Kugeln, die wie gefrorene Tränen anmuten. Häuser in grellfarbenem Ocker oder rötlichem Gelb, deren Fenster leer und blind in die Landschaft starren. Eine turmgeschmückte Apotheke mit grünlichgrau gefärbten Mauern. Und draußen vor der Stadt die rotgefleckten Türme der Wallfahrtskirche von Heiligengrab, das einmal jährlich, und zwar am Dreinagelfreitag, das Ziel zahlreicher Wallfahrer aus dem ganzen Unterland ist. Dazu die dicken, großen, fast schon wie kleine Kirchen aussehenden slowenischen Bildstöcke an den Wegkreuzungen mit ihren tief herabgezogenen Dächern, die wie eigenwillig geformte Hüte aussehen; darunter die in leuchtenden Farben festgehaltenen Heiligendarstellungen, denen etwas Byzantinisches, Mediterranes anhaftet. Und manchmal in der Erinnerung eine Sonne, die wie Klatschmohn am Himmel aufblüht und das Land verzaubert.

Es ist slowenisches Land, das sich rings um Bleiburg ausbreitet. Nur die Sprache, die ein Dichter wie Perkonig diesem Land und seinen Menschen gewidmet hat, entspricht heute nicht mehr der Wirklichkeit. Gerhard Drekonja-Kornat, ein Kärntner Publizist, schrieb 1986: „Kratzt man am Kärntner Mythos, treten Verzerrungen zutage... Da wenig beredet wird, am wenigsten die Toten und Erschlagenen der Auseinandersetzungen zwischen 1919 und 1947, die fast alle Kärntner Familien – slowenische wie deutsche – trotzig in Erinnerung halten, kommen die Vorbehalte nicht aus der Welt... Als Kärntner Besonderheit gilt, daß seine Slowenen keine Emanzipation forcieren, sondern geduldig, demütig fast, an Rechte erinnern, die ihnen laut Verfassung und Staatsvertrag zustehen."

Das ist eine andere Sprache als jene der Dichter einer vergangenen Generation. Das sind auch andere Inhalte. Aber auch sie entsprechen nur unzulänglich der Wirklichkeit von Bleiburg und des Kärntner Unterlandes. Denn es sind nicht nur die alten slowenischen Hausgötter verschwunden, die Mythen von gestern in Vergessenheit geraten und die scheinbar geordneten Verhältnisse einer bäuerlichen Welt, die nie wirklich in Ordnung war, endgültig zerbrochen. Es hat sich auch das

Land, weil es keinen Anschluß gefunden hat an die sogenannte neue Zeit, auf sich selbst zurückgezogen. Es ist in eine Tiefe abgestürzt, darin die Wahrheit nur noch in Träumen und die Selbstverwirklichung nur als schöner Wahn vorkommen. Wirklich sind die Pendler von Bleiburg. Und die leerstehenden Häuser. Und der vereinsamte, nebelerfüllte Hauptplatz. Und das Glühen der Sonne in den Fenstern des Schlosses. Und ein Himmel, der leer und gleichgültig über einer ermatteten Landschaft hängt.

Am Fuße der Karawanken

Annäherung an eine Ortschaft, zum Beispiel Eberndorf: Das kann eine Beschreibung der Landkarte sein, auf der diese Marktgemeinde dort, wo das sogenannte Jaunfeld sich als blaßgrüne Fläche nach Osten zu erstreckt, eine Art Stützpunkt bildet, eingebettet in eine Straßenkreuzung, die, kartographisch betrachtet, imponierend wirkt. Dazu der blauschraffierte Halbmond einiger Seen im Westen, Klopeiner See, Turner See und Gösselsdorfer See, dieser schon deutlich nach Süden abgerutscht, umklammert von den dünnen Strichen, die auf der Karte ein Moor andeuten sollen. Dunkler, kräftiger der Farbton, der Wälder und Hügel signalisiert. Gabler Wald zum Beispiel. Oder Kolm, etwas mehr als 600 Meter hoch und, wie man beim ersten direkten Augenschein feststellen kann, ein bewaldeter Buckel, – dick und wuchtig, im Norden Eberndorfs –, der das Gefällige und Anmutige des Jaunfelds ungestüm unterbricht. Dazu im Süden der Gösselsdorfer Wald, im Westen die Hügel und Moore, die ein bewegtes Landschaftsbild erwarten lassen. Und im Nordosten schließlich als dunkler, melancholischer Abschluß vor dem eigentlichen Jauntal und dem Absturz hinab zur Drau die Dobrowa, der rauschende Wald, der mit seinen Formen und Farben wie ein Vorhang wirkt, der sich lautlos aufbläht.

Annäherung an eine Ortschaft, zum Beispiel Eberndorf: Das kann auch die Nacherzählung der eher dürftigen Biografie dieser Marktgemeinde sein, die auf der Landkarte nicht viel mehr als ein winziger schwarzer Punkt ist, rötlich bis violett umrandet, was ein Hinweis ist auf die touristische Bedeutung des ehemaligen Stifts und der dazugehörigen Stiftskirche. Diese, Maria Himmelfahrt genannt, wurde um das Jahr 1100, wahrscheinlich 1106, von einem Adeligen aus dem Friaul, dessen Name mit Chacelin überliefert wird, gegründet und sogleich dem Patriarchat von Aquileja überantwortet, das damals noch die geistliche, kulturelle und damit wohl auch gesellschaftspolitische Oberhoheit über das Land und die Menschen südlich der Drau besessen hat. Einen winzigen Augenblick lang mag man sich vorstellen, was das über viele Generationen hinweg bedeutet und welche Einflüsse das freigesetzt haben mag, daß das ehedem dem Oströmischen, Byzantinischen verpflichtete, aus römischen und levantinischen Quellen genährte Aquileja, das ein Zentrum mediterraner Geisteshaltung und mediterranen Lebens war, bis an das südliche Drauufer reichte. Und daß Kärnten in diesem Teil des Landes nicht nach Norden, also nach Salzburg, Freising oder Bamberg blickte, sondern nach Süden, nach Südosten orientiert und, wenn man manchen ethischen Eindruck in Betracht zieht, dieser Himmelsrichtung verpflichtet war.

Der Stiftskirche Maria Himmelfahrt folgte um das Jahr 1150 ein Chorherrenstift. In diesem Zusammenhang gibt es allerdings, was die historischen Quellen angeht, Widersprüche in der Datierung. Dem „Dehio", welches das wahrscheinlich brauchbarste und zuverlässigste kunsthistorische Handbuch über Kärnten ist, kann man entnehmen, daß die vom friaulanischen Grafen Chacelin (oder auch Chazilo) gestiftete Kirche vor dem Jahr 1106 entstanden und dann unter Ulrich I., Patriarch von Aquileja, ausgebaut worden sei, während das Augustinerchorherrenstift unter der Herrschaft des Patriarchen Pilgrim I. zwischen den Jahren 1149 und 1154 errichtet worden ist. Damals wurde Eberndorf, im Jahre 1106 in Verbindung mit dem Bau der Stiftskirche erstmals urkundlich erwähnt, übrigens noch Dobrendorf genannt.

Die weitere Geschichte des Stifts ist rasch erzählt. In der zweiten Hälfte des 15. Jahrhunderts wurde es unter dem Eindruck der damals stets drohenden Türken- und Ungarneinfälle zu einer wehrhaften Klosterburg ausgebaut, fiel dann im Jahre 1483 fast zur Gänze einem verheerenden Brand zum Opfer, was eine Erneuerung notwendig machte, die allerdings mit so großen Kosten verbunden war, daß sich die Eberndorfer Chorherren davon nicht mehr zu erholen vermochten, so daß das völlig verschuldete Stift im Jahre 1604 vom Papst aufgehoben und den Jesuiten übergeben wurde. Von diesen wurde dann im zweiten Drittel des 17. Jahrhunderts der heute bestehende Klosterbau aufgezogen. 1773, anläßlich der Aufhebung des Jesuitenordens durch Kaiser Joseph II., begann der allmähliche und letztlich freilich unaufhaltsame Abstieg, den auch die Überlassung des Klosters im Jahre 1809 an die Benediktiner von St. Paul nicht verhindern konnte.

Die ersten Eindrücke, Bilder, die haften geblieben sind, Bestand haben, Erinnerungen produzieren, die das eher dürre Gerüst der Daten und Fakten absichern sollen. Die dunkelgrünen, triefenden Fransen des Kukuruz im herabfallenden Landregen. Unter buntfarbenen Regenschirmen leichtbekleidete Touristen in einer Dämmerung, die eine samtfarbene Eindringlichkeit besitzt. Man fröstelt manchmal mitten im Sommer und hofft auf die hereinbrechende Nacht, daß sie sich der Landschaft anschmiege wie eine zweite, wärmende Haut. Irgendwann entdeckt man, daß die alten Straßenbezeichnungen im Grunde keine Bedeutung mehr haben. Eisenkappler Straße. Völkermarkter Straße. Bleiburger Straße. Das alles war einmal, das führte früher in die angekündigte Richtung. Heute zerschneidet ein zu breit geratenes, zu großes und zu leeres Asphaltband die Idyllen von einst. Und die Straßenkreuzung, die auf der Landkarte noch imponierend gewirkt hat, verflacht hier zu einer hilflosen Geste, die nichts anderes vermag als diese übliche Tyrannei des sogenannten Fortschritts gegenüber der Landschaft.

Augenblicke, die man festhält, Bruchstücke einer Wirklichkeit, die ein Ganzes vortäuschen, das doch nicht oder zumindest nicht erschöpfend erfaßbar ist. Im Kirchenwirt die erhitzten Gesichter junger Männer, rotblond und brünett die meisten, die Köpfe hin und her pendelnd über den halbvollen Biergläsern und mit schmalen Augen die Karten verfolgend, die sie mit heftigen Bewegungen ausspielen. Manchmal ein halblautes Wort, manchmal ein kurzer, lärmender Dialog im harten, genau akzentuierten Deutsch dieser Grenzlandbewohner. Einer, schon ein Älterer, ein Fünfziger mit schadhaften Zähnen und gutmütigem Gesichtsausdruck, flucht auf slowenisch. Aber als ich ihn später beiläufig frage, ob er ein slowenischsprechender Kärntner sei, blickt er mich ungläubig an. Dann, als habe er den Sinn der Frage erst nach einigem Nachdenken verstanden, überschüttet er mich mit Vorwürfen. Ich hätte ihn beleidigt, sagt er. Ob er vielleicht aussehe wie ein Windischer, sagt er. Und seine Augen verdunkeln sich vor Zorn.

Wenn man im Kirchenwirt zum Fenster hinausschaut, sticht einem die erschreckend grelle, orangefarbene Fassade des Kaufhauses Morocutti ins Aug'. Tennisschläger, Badetücher und duftende Salben gegen Sonnenbrand werden zu Diskontpreisen verkauft; und alles Zubehör für den Grillabend; und alles das, was den bäuerlichen Menschen in dieser sanften, stillen Landschaft eine Vorstellung vermitteln soll von einer besseren, gleichsam unterhaltsameren Welt. Aber gibt es ihn noch, diesen bäuerlichen Menschen, in Eberndorf?

Im Hintergrund, jedoch erst erkennbar, wenn man den Gasthof über eine schmale Treppe verläßt, das Stift. Schweigend und dunkel. Ein derber, himmelwärts ragender Block voll von Erinnerungen, deren Bedeutung man in Eberndorf heute vielleicht nicht mehr begreift.

Die Eindrücke vertiefen sich allmählich, greifen ineinander über, verdichten sich, ergeben ein Bild, das zwar noch immer nicht erschöpfend, aber doch in Ausschnitten, sozusagen andeutungsweise, aussagekräftig ist. Der Friedhof zum Beispiel, auf einer leicht abschüssigen Anhöhe oberhalb des Marktes rund um die Friedhofskirche angelegt, die ein spätgotischer Saalbau aus dem ersten Viertel des 16. Jahrhunderts ist: Wenn man diesen Friedhof betritt, stößt man sogleich auf einen eher schmucklosen Stein, umkränzt von Farnen und stacheligem Gebüsch, daraus blutrote Blumen hervorbrechen, was dem Ganzen das Aussehen einer Dornenkrone gibt, welche zusätzlich noch von den jugoslawischen Landesfarben geschmückt wird. Der Stein, aufgestellt im Jahre 1970, bedeckt das Grab eines unbekannten Partisanen. Ein Mann, der an einem Grab in der Nachbarschaft ein Blumengebinde ordnet, zuckt die Achseln, als ich mich nach den näheren Umständen dieses einen Grabes erkundigen will. Dann sagt er, und wieder höre ich dieses harte, genau akzentuierte Deutsch, daß ich mich nur ordentlich umsehen sollte auf dem Eberndorfer Friedhof... dann würde ich vielleicht begreifen, wer durch wen ums Leben gekommen sei. Die Stimme des Mannes ist voll Abwehr, klingt bitter. Unvermittelt lacht er, macht eine weitausholende Handbewegung und meint, daß man nur abzuwarten brauche, um hier den richtigen Platz zu finden. Es klingt rätselhaft. Und, wenn man es sich bloß einbildet, auch bedrohlich.

Auf solchen Friedhöfen, die weder spektakulär noch großartig, auch nicht künstlerisch wertvoll oder kulturgeschichtlich sonderlich interessant sind, kann man die Geschichte der Menschen noch einmal ablesen. Die Geschichte eines Menschenschlags, der in friedlicher, sonnenüberfluteter Landschaft siedelt, der harmlosen Idylle, dem schönen Bukolischen eher zugetan als dem Dramatischen. „Man gehe in eine der unberührten Dorfkirchen", schrieb der Maler Werner Berg 1952, „zu Allerheiligen auf den Friedhof von Eberndorf oder zum Hemmaberg, wo das Volk zusammenströmt und eine Fülle von Anblicken bietet, in denen man hinter Folklore und Anekdote mühelos große Form, zeitlose Begebenheit und bildträchtiges Geheimnis entdecken kann. Immer wieder fesselt mich, Sinnbild der menschlichen Urangst überhaupt, das Bild der betenden Bäuerin, steil, ernst, voll Hingegebenheit. Und dann die ewiggroßen Augenblicke des Jahres: Klarheit und Weiße und Stille der Winternacht. Im Tale rauscht die Vellach und in den Himmel zeichnet sich bis in die Träume der Obir. Aufschwung, Gipfel und Verweilen. Vor den Sternen bebt im Nachthauch ein Ast, und seine Sprache überhörte ich noch zu keiner Stunde: Das Ungeheure begreift nie der Sichere." Und dennoch scheint man außerstande, einander in rückhaltsloser Liebe zugetan zu sein. Das ist, als ob ein schartiges Messer ein ungenaues, nur mühsam zu entzifferndes Muster in die Gefühle geschnitten hätte, die man hier füreinander hegt. Marmor, Gips, verwitterter Stein, das Immergrün und die roten Pelargonien neben dem dunklen Violett der unvermeidlichen Stiefmütterchen und alle Hoffnungen und aller Ehrgeiz und alle Leidenschaften: Das fließt auf diesen einzigen Punkt zu, den die Menschen auch in Eberndorf gegen die schreckliche Ewigkeit setzen, gleichviel welcher Sprache sie sich zu Lebzeiten bedient und welchen Gedanken sie sich hingegeben haben. Dieser Punkt sind die Gräber, sind die Namen darauf. Nichts ist schrecklicher als ein namenloser Grabstein wie jener, der an einen unbekannten Toten erinnern soll, der als Partisan für ein besseres Vaterland gestorben ist und an den sich doch niemand mehr erinnern will.

Über dem Friedhof Vogelflug. Schwalben, die sich unter graublauem Gewölk mit spielerischer Beschwingtheit hin und her bewegen. Sind das jetzt slowenische oder deutsche Schwalben, denkt man einen Augenblick lang und ist verunsichert, weil man solche Gedanken hat. Im Blick, der vom Friedhof hinabgleitet über den Markt, die gesichtslose Architektur eines Schulneubaus. Dahinter, und Eberndorf selbst ist untergetaucht, verbirgt sich in einer Mulde, die ein letztes Ausrollen des Kolm auffängt, der hier in kleinen, flachen Terrassen abfällt zur Ebene, dahinter die Karawanken als verwischter Strich im sommerlichen Dunst.

Später vor dem Schulneubau und schräg unterhalb des Friedhofs, der die Friedhofskirche in eine egoistische Umarmung zwingt, sie hartnäckig umschließt mit seinen Gräbern, Blumen, Farben, Erinnerungen und Widersprüchen, später ein Bildstock, renoviert auf diese unglückliche Weise, die modisch geworden ist in Kärnten. Alles drängt in den Vordergrund, die Bildinhalte sind wichtiger als das Geheimnisvolle, das den Mythos aller Religion ausmacht. Die Farben leuchten. Aber sie verführen nicht; und sie machen auch nicht betroffen. Zur Linken, hinter einem dichten Wall grünen Laubs, grüner Bäume und grüner Wiesen, der Eberndorfer Kalvarienberg, der mich – und ich weiß nicht, was mich das so empfinden läßt – an ein Schlachtfeld erinnert, darauf die Gläubigkeit und die Toleranz immer wieder von neuem geopfert werden.

Dann, schon unten im Ort, das Gemäuer des Stifts. Der plumpe, kräftige Turm der Stiftskirche. Jetzt nach den schweren Regengüssen eines gerade erst abgezogenen Gewitters, das im Osten noch über dem Jaunfeld, über der Dobrowa grollt, ein verschmiertes Sienabraun, ein ins Bräunliche gleitendes Gelb, alles nachgedunkelt und als ob es auf eine übertriebene Weise staubbedeckt wäre. Die schwarzen, schwerfälligen Zeiger der Kirchturmuhr zeigen auf irgendeine Zeit, die nicht stimmt. Jetzt ist auch das dunkle Rostrot, Braunrot der Dächer erkennbar, dieses heftig emporstoßende, die Perspektive rücksichtslos zerreißende Dach des Kirchturms mit grünen Flecken. Links vom Kirchenportal der Eingang zum ehemaligen Stift, schmale Zinnen, auf diese hübsche, schrecklich nichtssagende Art weißgekalkt, die adrett aussieht und sauber und die Touristen beeindruckt und die Vergangenheit gnadenlos zudeckt. Dahinter die weiträumige Öffnung zum Stiftshof, Arkaden, die scheinbar aufeinander zulaufen, schon schattenerfüllt und kühl.

Im Markt selbst riecht, schmeckt es noch nach sonnendurchflirrter, hitzegeschwängerter Staubigkeit. Der Gewitterregen war zu kurz, um das Verschachtelte und Verwinkelte, auf eine gelassene Art in sich selbst Ruhende, das den Markt mit unsichtbarer Patina überzieht, so gründlich aufzureißen und zu säubern, daß die alten Bilder eine neue Bedeutung gewinnen könnten.

Die ehemalige Stiftskirche, in ihrer heutigen Erscheinungsform ein eher schlichtes Langhaus, unter teilweiser Verwendung älteren Mauerwerks Ende des 15. und zu Beginn des 16. Jahrhunderts erneuert und ausgebaut, steht auf eine nur schwer zu beschreibende Weise abseits des Ortes, obgleich sie neben und mit dem vierkantigen Stift dessen Mittelpunkt ist, auch dessen Keimzelle, die überhaupt erst alles Nachfolgende möglich gemacht hat. Schöne Sternrippengewölbe aus der Zeit um 1500, ein kreuzrippengewölbter Chor aus dem auslaufenden 14. Jahrhundert, eine vorzüglich gearbeitete Madonnenskulptur aus der zweiten Hälfte des 15. Jahrhunderts und das Hochgrab des im Jahre 1490 verstorbenen Ritters Christoph Ungnad zu Sonnegg, eine Salzburger Arbeit aus rotbraunem Marmor, einem gewissen Hans Valkenauer zugeschrieben, der mit diesem lebensgroßen Hochrelief eines gepanzerten Ritters mit halb geöffnetem Visier ein hervorragendes Beispiel des spätgotischen Realismus geschaffen hat... das sind einige der bemerkenswertesten Sehenswürdigkeiten in dieser Kirche, die ein beharrlicher Gegensatz ist zur aufgebrochenen, auseinanderfallenden, den alten und organisch gewachsenen Strukturen entwachsenden bäuerlichen Welt draußen, wo man auf Zuwachsraten im Fremdenverkehr und auf wirtschaftliche Expansion setzt. Da ist dann die grelle Leuchtschrift über einem Sparkassengebäude ebenso unvermeidlich wie der Supermarkt oder der sogenannte Nachtclub. Auch eine Sommerrodelbahn gehört dazu, ein Campingplatz, ein Einkaufszentrum, eine Konditorei und ein sogenanntes Industriegelände, dessen Häßlichkeit und Verlorenheit schon wieder faszinierend sind.

Aber noch ist die Landschaft stärker, sind die Bilder, die sie vermittelt, eindringlicher als der Zwang, sich dem Neuen, vermeintlich Besseren unterzuordnen. Noch ist die Haut aus Beton, Geschäftssinn und naiver Fortschrittsgläubigkeit, in die man auf der Flucht vor Abwanderung und Arbeitslosigkeit geschlüpft ist, zu dünn, auch zu brüchig, als daß darunter nicht die alten Geschichten und Gewohnheiten sichtbar würden. Da ist der Gabler Wald, da dehnt sich das Jaunfeld, und aus dem zerrissenen, buschigen Grün eines Waldes, der wie eine kunstvoll geschmiedete Sichel den Markt und das ostwärts gelegene Dorf Gablern einkreist, steigt sommerlicher Nebel auf, als wäre es Rauch. Davor die grünen Fransen des Kukuruz. Davor alte Feldwege, bedeckt von Wasserlachen, in denen Vögel baden, das Gefieder eintauchend in das trübe Wasser, darin sich dennoch ein fein gemaserter Himmel spiegelt. Und hinter Gablern, das schon völlig sein altes Antlitz verloren hat und sich dieser gewollten Gesichtslosigkeit hingeben muß, die als modern und sachbezogen mißverstanden wird, was bedeutet, daß man das Gewohnte und über Generationen hinweg Gebrauchte, das eine natürliche Fortsetzung der Landschaft war und zugleich auch den Charakter der Menschen aufs treffendste beschrieb, so lange renovierte und veränderte, bis sich die Landschaft daraus zurückzog und der Charakter verlorenging, und hinter Gablern, wo dichtes Buschwerk sich über die Böschungen wölbt, als wäre das ein Strauchwerk Gottes, ein altes Wegkreuz mit den verwischten Farben und dem verwischten Porträt irgendeines Heiligen, mit dem man noch stumme Zwiesprache halten kann. Dazwischen die marmorierten Zeichnungen des Gewitterregens im Getreide. Ein Erdäpfelacker mit unheilverkündendem Unkraut. Und wieder die dunkelgrünen Blätter des Kukuruz. Dann plötzlich eine eher dürftige Reihe von Sonnenblumen, eine Art Hecke, orangefarben, dem nahegerückten Wald zugewandt, darüber Vögel in der Dämmerung.

Im Eberndorfer Gemeinderat − sozialistisch dominiert, zwei Vertreter der slowenischen Kärntner Einheitsliste − diskutiert man die Zahl der Nächtigungen. Und die Möglichkeit einer besseren Ausnützung des Stiftsgebäudes. Und wie man den Fortschritt, der sich störrisch zeigt und, wie man betroffen feststellt, nicht bloß Gewinne produziert, sondern auch Wunden hinterläßt, die schmerzen, und wie man den Fortschritt, an den man sich seufzend anhängt, nicht mehr aus den Augen verliert. Josef Friedrich Perkonig fällt einem ein, der einmal, es war unmittelbar nach dem Zweiten Weltkrieg, gesagt hat: „Es ist in allem, sogar bis in die tiefe Natur hinein, eine merkwürdige Lust an der Verwandlung am Werke, öfter als anderswo scheint das Land sogar zu der gleichen Tages- oder Jahreszeit ein anderes zu sein, und es könnte dieses Immer-wieder-anders-sein der Menschen hier, dem einzelnen wie allen zusammen, als ein Mangel des Charakters ausgelegt werden, während es doch nur jenes angeborene Bedürfnis eines gut bedachten Wesens ist, sich in vielen Gestalten zu ergehen."

Aber trifft das, was Perkonig vor mehr als vierzig Jahren gemeint hat, auch heute noch zu? Hat da nicht irgendwann eine Entwicklung eingesetzt, die stürmischer verlaufen ist, als man das ursprünglich anzunehmen bereit und darauf auch vorbereitet gewesen war? Und ist dem Charakter des Kärntners, ohnedies begabt für das Komödiantische, Verwandlungsfähige, im Verlauf dieser Entwicklung nicht etwas verlorengegangen, das er sich jetzt, da er den Verlust vielleicht doch schmerzhaft zu spüren beginnt, nicht mehr anzueignen vermag? Muß er jetzt seinem eigenen Schatten nachlaufen, den er doch nicht mehr einholen kann?

Den Markt Eberndorf bedrängen nicht nur zu groß geratene Straßenkreuzungen oder ein in seiner pathetischen Gestik erschreckend hilflos anmutendes Industriegelände oder Einkaufszentren, deren absurde Gigantomanie etwas Bedrohliches enthält. Da wehrt sich doch auch noch ein altmodisches Schindeldach über einem Wegkreuz, darauf die Leidensstationen Christi dargestellt sind, gegen die allzu rasch fortschreitende Modernisierung und vielleicht auch Verflachung dessen, was man früher einmal die Kärntner Seele genannt haben mag. Da ist immer noch ein Abglanz alter Wirklichkeit, der sich hartnäckig gegen das Neonlicht in den Eberndorfer Schaufenstern und auf manchen Bauernhöfen rundum behauptet. Im Hintergrund unaufhörlich und streng die Struktur der Karawanken, umschattet von Sommergewittern, als ob schwere Wimpern vom Himmel auf die Berge herabfielen. Und aus den dampfenden Wiesen steigt das dünne, spitzkegelige Profil der kleinen Gösselsdorfer Kirche empor. Weinlaub wächst aus einem Bauernhaus hervor. Kinder spielen auf der Dorfstraße. Noch weiter südlich das neue Sonnegger Schloß — die feste Burg, in welcher einst auch jener Christoph Ungnad residierte, dessen Hochgrab in der Eberndorfer Stiftskirche steht, ist längst zur Ruine verfallen, längst vom Buschwerk überwuchert, einst 1267 erstmals urkundlich erwähnt, seit 1646 im Besitz der Grafen Orsini-Rosenberg, bald danach durch ein Erdbeben schwer beschädigt und unaufhaltsam verfallend —, und südlich also das neue Sonnegger Schloß, am Südabhang des sogenannten Burgberges gelegen, ein verhältnismäßig einfaches, zweigeschossiges Gebäude, jetzt eingerichtet als Ferienwohnung für den gehobenen Mittelstand. Autos mit deutschen Kennzeichen im kiesbestreuten Hof, neu beschindelt, neu bedacht, neu strukturiert alles. An den Außenwänden grüner Efeu. Dazwischen dunkelrote, rötlichviolette Blumen vor kleinen Fenstern mit weißen Holzläden. Entrindete Baumstrünke, daran als eine Art dekorativer Frucht altes Schuhwerk hängt. Den krönenden Abschluß bildet ein mächtiger Kastanienbaum, darunter man

träumen möchte von sterbenden Wäldern und einer lautlos zugrunde-
gehenden Bauernwelt.

Später der Gösselsdorfer See mit seinem zerbrochenen Wasser-
spiegel. Auf dem Weg dahin und bevor die gelbbraune Schilfwand
aufsteht, die wie strähniges Haar aus dem dunklen Wasser wächst,
hübsche neue Häuser, in denen man sich für den Fremdenverkehr
eingerichtet hat. Ein modisches Café mit zerbrechlichem Gestühl,
darauf einheimische Biertrinker hocken und mit glasigem Blick die
summenden Fliegen beobachten, die zwischen einer gläsernen Vitri-
ne und den kleinen Tischchen hin und her schießen. Arbeitslos der
eine, im Krankenstand der andere, in die Frühpension abgeschoben
ein dritter; die Biografien, die sie, unterbrochen von kurzen Pausen,
in denen sie das lauwarme Bier trinken, zögernd erzählen, gleichen
einander auf monotone Weise. Alle stammen sie von einem Bauernhof ab. Oder sind Keuschlerkinder. Und haben noch die Erinnerung
an den Geruch der Armut und an eine damals selbstverständliche
Anspruchslosigkeit, die sich heute keiner von ihnen mehr vorstellen
möchte. Vier, fünf Flaschen Bier, jetzt unerläßliche Wegzehrung für
einen schwülen Sommernachmittag, wären damals unvorstellbar gewesen, als sie Bauernkinder, Keuschlerbuben in abgetragenen, vielfach geflickten Hosen waren. Und härter gearbeitet hätte man früher auch, versichern sie mit etwas schwerfälliger Zunge. Und die
Häuser, sagt einer, der jetzt das Arbeitslosengeld bezieht, diese Keuschen und Hütten, in denen man im Winter fror und im Sommer
vor Hitze fast umkam... also das könnte man sich heute nicht mehr
vorstellen!

Dann wäre, sagte ich, der Fortschritt ein ungeheurer. Und jeder von
ihnen, belastet mit dem Wissen um eine schwere bäuerliche Kindheit,
hätte sozusagen sein Glück gemacht. Die Männer nickten. Und sahen
einander an. Schief war das Lächeln, das plötzlich auf ihren Gesichtern stand. Ja, das schon, sagte dann einer, der als Frühpensionist
jetzt, wie er erzählte, an die fünftausend Schilling ausbezahlt
bekommt, von denen man nicht leben könnte, wenn man sich nicht etwas im Pfusch dazuverdiente... ja, das schon, nickte er, wenn bloß
nicht die Schulden wären. Alle hätten sie Schulden, in der Regel bei der
Raiffeisenkasse drüben im Markt, und davon kämen sie, das wüßten

sie genau, nicht mehr herunter. Aber man könne auch mit Schulden leben; und das sogar ganz gut...

Die Männer hoben die Biergläser und prosteten einander zu. Es war heiß. Die Fliegen lärmten. Und von draußen roch es... nein, nicht nach trocknendem Heu, nach Misthaufen oder frisch geschlägertem Holz. Es roch nach Benzin, vermischt mit einem schwachen Duft nach Sonnenöl.

Die Welt der kleinen Dinge

Es sind die kleinen, die vermeintlich unscheinbaren Dinge, die diesem Land seine heimliche Größe schenken. Wer würde aufhorchen bei Namen wie Möchling oder Rückersdorf? Wem ist ein Mann namens Alboin vertraut, dessen Grab in einer versteckt gelegenen Dorfkirche dem neugierigen Zugriff der Welt längst entzogen ist? Die dunkel umschatteten, scharf herausmodellierten Bauerngesichter von Globasnitz oder Sittersdorf, deren Blick − während sie lärmend im sonntäglich gefüllten Wirtshaus sitzen − hinaus auf verwittertes römisches Gestein fällt, auf altersgraue Säulen und moosbewachsene Steinplatten, darin mit lapidarer Kürze römisches, keltisches Schicksal eingraviert ist, wem sind sie mehr als bloß eine pittoreske Nuance im abwechslungsreichen Bild des Kärntner Unterlandes? Wer begreift, daß Stein im Jauntal oder der Hemmaberg mehr sind als nur topografische Hinweise? Und daß die hellfarbenen Bildstöcke, diese Beistriche Gottes, die wie eine magische Schnur das Land durchziehen oder die im Winter an gefrorene Tränen erinnern, denen der Schnee dünne Hauben aufsetzt, daß sie Teil einer Biografie sind, die von Namenlosen berichtet, von vergessenen Schicksalen und von der Unruhe, die den Menschen hier manchmal das Gefühl verwirrt?

Das Jauntal betritt man von Westen her an jenem Punkt, an dem eine Brücke über einen Fluß namens Vellach führt. Dahinter schimmerte früher einmal, als noch keine Flußkraftwerke standen, die Drau. Die Vellach selbst ist ein wüstes, völlig zerstörtes, von Industrieabfall vernichtetes Gewässer, das wie ein Markenzeichen des Untergangs die Landschaft in einem halbkreisförmigen Bogen umschließt, bevor es in die Drau einmündet, die hier schon dem nächsten Stausee entgegenstrebt, der sie bei Völkermarkt zu ungebührlicher Größe anschwellen läßt. Vor einem halben Jahrhundert noch konnten die Dichter vom sanften Geheimnis schwärmen, das sich in diesem Erlengehölz, im Augebüsch verbarg, das dort, wo die Vellach in die Drau fließt, Vogelschwärmen und Liebespaaren sichere Zuflucht bot. „Flußarme erwärmen sich darin zu lehmigen Badegewässern", schrieb Perkonig, „und immer wieder sammeln dort Kinder für den Reichtum ihrer Jugend.

Verborgene, ausgestorbene Mühlen stehen da, einige kleine Keuschen, wer mag sie mitten in das Gehölz gebaut haben... oder sind sie erst später von den Bäumen umringt worden? Viele Wege kreuzen sich in dem schütteren Dickicht..."

Aber das Zeitalter der ungestörten Idyllen ist endgültig vorbei. Neue Straßen sind entstanden. Der Fremdenverkehr hat Einzug gehalten ins Land. Die Drau ist reguliert und gezähmt. Die Vellach ist ein Industriefluß geworden, darin alles Leben erstickt. Nur die Landschaft des Jauntals, das hier beginnt, ist eine Welt der kleinen Dinge geblieben: hölzerne Kruzifixe hinter dicken grünen Büschen, das Gewölk der Bäume, die weißgekalkten Bildstöcke an den Wegkreuzungen, später ein Geviert grünbetupfter Wiesen, an die sich der dichte Pelz der Kukuruzfelder anschließt. Dahinter Möchling, das durch einen Lindenhain vom übrigen Land getrennt wird. Und dann plötzlich die Pfarrkirche mit einem tief herabgezogenen Schindeldach, der Turm rostbraun und machtvoll aufragend, davor ein halbverwitterter Pfarrhof. Die Kirche, dem heiligen Paulus geweiht, stammt aus den ersten Jahrzehnten des 12. Jahrhunderts, war ursprünglich eine Schenkung der Spanheimer Herzöge an das Benediktinerstift St. Paul und bis zum Jahre 1945 Standort eines einstmals berühmten Schreins, nämlich des Möchlinger Schreins, der das Hochgrab des seligen Herrn Alboin geschmückt hat, eine Arbeit aus Lindenholz, in Form einer gotischen Kirche geschnitzt und aus der ersten Hälfte des 15. Jahrhunderts stammend. Diese Kostbarkeit freilich verbrannte 1945.

Es ist dies die Grabkirche Alboins, Ehemann der seligen Hildegard von Stein, welche er der Untreue bezichtigte und sie, die eine fromme und standhafte Dame war, sogar durch ein Fenster seines Schlosses in die Tiefe schleuderte. Hildegard aber blieb unverletzt, was Alboin als ein Zeichen des Himmels wertete. Büßend zog er als Pilger nach Palästina, kehrte sieben Jahre später erblindet in das Jauntal zurück und erhielt sein Augenlicht in dem Augenblick wieder, als ihn seine Gemahlin gerührt umarmte.

Hinter der Kirche ein Dorfweiher, darin sich die Linden spiegeln, das dunkle und saftige Grün der Wiesen, das verfilzte Buschwerk. Vom Friedhof, der in schlingernder Bewegung die Kirche umkreist, hat man einen hübschen Blick hinüber zum grünlich verfärbten Wasser und zum kleinen Schloß, das Sitz des St. Pauler Pflegers war, der über Pfarre und Bauern mit strengem Blick und herrischer Geste zu wachen hatte. Denn was sich heute als verträumte Idylle anbietet, war früher manchmal so etwas wie ein Tal der Tränen. Und nicht selten erwuchs gerade in solchen winzigen Dörfern jene Wut, jener Haß, jene zwischen dumpfem Gehorsam und Empörung schwankenden Gefühle, daraus Unruhe wurde, Rebellion aufflackerte, zorniges Aufbegehren entstand gegen das Unverständnis von Kirche und Adel.

Aber solche Geschichten erzählt hier niemand mehr. Das Parkähnliche hinter dem Möchlinger Friedhof, das Bauwerk, das wie ein Schloß aussieht – möglicherweise war es im Kern einmal gotisch, im Jahre 1666 wurde es durch einen Brand fast völlig zerstört und dann bescheidener, gedrungener wieder aufgebaut –, das verwitterte Mauerwerk, die Balustraden, die hohen Bäume, darunter sich fließend der Schatten ausbreitet, das schabende Geräusch eines unsichtbaren Besens, der über den Boden kratzt... und hier die vielen umgestürzten oder verwahrlosten Kreuze, die Zeichen des Verfalls oder der Gleichgültigkeit, ein Schuppen voll Gerümpel, Grabsteine schief im Gras... und drüben am grasüberwachsenen Rand des Weihers einige weidende Gänse: Leben wie aus zweiter Hand oder wie hinter milchigem Glas. Die Erinnerungen abgestorben. Die Gegenwart unauffällig, das Zukünftige noch nicht erkennbar. Sogar die alten Bauernhöfe, mehr Keuschen als stattliche Häuser, wirken so, als würden sie im üppigen Grün der Landschaft ertrinken; oder als duckten sie sich vor der Zeit, die jenseits des abschirmenden Lindenhains lärmt. Und im Hintergrund der bewaldete Buckel des Koschitsch.

Später Stein im Jauntal, beherrscht vom steil abfallenden Felskegel, darauf noch Reste einer im Jahre 1458 zerstörten Burg und die seit dem frühen 13. Jahrhundert bestehende Pfarrkirche zum heiligen Laurentius, wobei eine ehemalige Burgkapelle sogar auf das 12. Jahrhundert zurückführt. Hier lebte einst, so will es die Legende, die selige Hildegard von Stein, die ein Engel an Barmherzigkeit gewesen sein muß. Zumindest hat sie im Volk das, was man einen guten Nachruf nennt. Dann Rückersdorf mit seiner Filialkirche aus dem Jahre 1154. Der süffige Most und zur üppigen Bauernjause die marinierten Pfifferlinge. Dazu ein merkwürdig mediterranes Farbenspiel an den Wänden der kleinen, manchmal winzigen Bauernkeuschen: türkisfarben und ocker, rötlichbraun, weinrot; und vor den daumennagelgroßen Fenstern mit ihren klappernden Holzläden eine auftrumpfende Blumenpracht. Vier Häuser bloß, erfahre ich eher beiläufig, seien noch unverschuldet, erstickten noch nicht an den Zinsen, die man für leichtsinnig aufgenommene Kredite bezahlen muß; und der Arbeitstag dauere hier sechzehn Stunden, weil man weder vom Fremdenverkehr noch vom Bauernstand wirklich leben könne. Es sind die Probleme, wie man sie überall antrifft im Jauntal, im ganzen Unterland, wo die neue Zeit nicht besser ist als die alte, nur vielleicht mit dem einen Unterschied, daß man sich andere, kostspieligere Gewohnheiten zugelegt hat, daß die Jungen unruhiger sind, ausbrechen wollen aus der strengen Disziplin von Bescheidenheit und Anpassung.

Unterwegs in St. Veit im Jauntal ein schindelbedeckter, mit farbigen Verzierungen geschmückter Wegweiser, eigentlich ein Wegkreuz, ein Bildstock mit slowenischen Inschriften, auf dem ein Christus mit fleischfarbenen Wangen in einen violetten, dunklen und bedrohlichen Himmel untertaucht. Dahinter die Karawanken, die wie ein riesenhaftes Gespenst aus dem Dunst des sommerlich erhitzten Nachmittags aufstehen. Die Sonne wütet in den Hohlwegen. Der Himmel ist mitleidlos. Die Farben der Bildstöcke, die hier wie Signale aus einer anderen Welt wirken, haben etwas Strenges, fast Byzantinisches.

Josef Friedrich Perkonig schrieb einmal zu diesen Bildstöcken: „So erzählt man sich von Bildstöcken, zu denen krankes Vieh getrieben wurde, und es gesundete, oder aber Wünsche, dort geäußert, gingen in Erfüllung... Doch es verblaßte immer schneller und gründlicher der idyllische Zauber um die Bildstöcke, schon sind sie oft dem nächsten Dorfe wunderlich oder fremd geworden, bald werden sie in eisiger Zeit vereinsamt sein. Einzelne von ihnen freilich, Bildstöcke und Feldkapellchen, sind noch immer das Ziel von Wallfahrten..."

Das Alte, aus vergangener Zeit Herübergewachsene, von Erinnerungen schwer behängt, traumverloren manchmal: Es verliert jetzt endgültig seine ursprüngliche Substanz. Eine neumodische Architektur zerstört die Dörfer. Gelegentlich der Neubau einer Kirche, die aussieht, als sei sie ein Lagerhaus oder ein Verwaltungsgebäude. Dazwischen Hotels, Pensionen und diese Rohbauten, die wie schlecht verheilte Wunden aussehen. Das ist eine neue Form der Barbarei, an der die Menschen allmählich zugrunde gehen. Die Landschaft, die hier im Kärntner Unterland mit bedächtiger, gelassener Geste hügelauf, hügelab wandert und sich unter einem Himmel ausbreitet, der daran denken läßt, daß er aus eines farbentrunkenen Malers kundiger Hand gefallen sei, diese Landschaft ist noch weitgehend intakt. Auch viele der alten Gewohnheiten haben sich noch nicht verflüchtigt. Geschichten aus vergangener Zeit sind noch vertraut. Aber das sogenannte Neue, der sogenannte Fortschritt... das stößt unerbittlich vor ins Gewebe dieser alten, kleinbäuerlichen Kultur und verändert sie. Unterm Gewölk der Apfelbäume, unterm grünen Dach der Linden und Kastanien findet Leben noch auf diese schöne, altmodische Weise statt, die in sich selbst ruht und deren Kraft unzerstörbar scheint. Aber wenn man tiefer eindringt in diese Welt der kleinen Dinge und beengten Verhältnisse, stößt man auf Unwillen, Unbehagen, auf nicht abgezahlte Kredite, verschuldete Bauernhöfe, auf Unruhe und Unzufriedenheit.

Dann endlich, nach den mannshohen Kukuruzfeldern, nach grünem Wildwuchs und gelben Kornreihen, der Hemmaberg und der Blick hinüber nach Südosten, wo in mustergültiger Ordnung die Karawanken sich talwärts neigen. Verkrustete Steine, die aussehen wie geschmolzene oder verwitterte, von der Natur überwältigte, zurückeroberte Kunststücke, erinnern an römische Gräber. An einer Linde, die möglicherweise aus einem solchen Römergrab herauswächst, hängt eine hölzerne Tafel mit der Aufschrift: Juenna. Daraus ist im Verlauf der Zeit der Name des Jauntals entstanden. Die Linde selbst zeigt Spuren von Blitzschlägen, ist zersplittert, eingeschwärzt. Ein Müllsack unter einem zweiten Schild „Landschaftsschutzgebiet" quillt über. Ein Schwarm Fliegen plündert den Abfall.

Früher einmal hat der Hemmaberg Jaunberg geheißen. Auf der mehr als 800 Meter hohen Bergkuppe befand sich einst eine Kultstätte der vorrömischen Gottheit Jovenat. In der Spätantike wurden hier Befestigungsanlagen errichtet, in deren Innerem man bei archäologischen Grabungen drei frühchristliche Kirchen freigelegt hat. Übrigens waren es, und zwar 1906, schwere Regenfälle und in deren Folge ein Erdrutsch, welchen man die Entdeckung dieser frühchristlichen Kultstätte und Fluchtsiedlung verdankte. In der Zeit des Slaweneinfalls dürfte

112

das alles untergegangen sein. Die Kirche, die heute nordwestlich der antiken Anlagen steht, die Filial- und Wallfahrtskirche zur heiligen Dorothea und zur heiligen Hemma, wurde Ende des 15. und zu Beginn des 16. Jahrhunderts errichtet. Am populärsten aber ist die Rosaliengrotte, die sich in einer Felswand unterhalb dieser Kirche befindet und eine Sandsteinskulptur der heiligen Rosalia von Switbert Lobisser enthält. Eine Legende berichtet, daß hier einst ein junges Mädchen vor den derben Zudringlichkeiten eines Mannes in die Tiefe sprang, aber von der heiligen Rosalia gerettet wurde. Dort, wo sich dieses Wunder ereignet haben soll, fließt heute eine Quelle aus dem Stein, deren Wasser Linderung bei Augenkrankheiten bringt. Im Juli, wenn am sogenannten Hemmatag nahezu eine Völkerwanderung auf den Berg einsetzt, quillt auch die kleine Felsengrotte vor Menschen über. Die Kapelle stammt übrigens aus dem Jahre 1681. Der Brunnentrog hingegen, darin das heilspendende Wasser der Rosalienquelle aufgefangen wird, ist antiken Ursprungs.

Manches gibt es in dieser südlichen Landschaft, das längst in Vergessenheit geraten ist. In der Gegend von Sittersdorf etwa, das wesentlich unterhalb des Hemmabergs liegt, wurde einst – wie auch in anderen Gegenden Kärntens – Wein angebaut. Eine berühmte Sorte war der sogenannte Sittersdorfer Rötel, den der Ritter Christoph Ungnad, dessen bemerkenswertes Grabmal in der ehemaligen Stiftskirche von Eberndorf steht, im Jahre 1475 aus Spanien importiert haben soll. Ein spanischer König, der an hartnäckigen Magenbeschwerden litt, soll in späterer Zeit mit diesem Kärntner Wein kuriert worden sein. Auch im Land selbst wurde der Sittersdorfer Rötel seiner herben Frische wegen bevorzugt, bis schließlich der Weinbau im vorigen Jahrhundert allmählich erlosch.

Gegenüber von Sittersdorf, wenn man, von Westen kommend, am Fuße des Hemmaberges entlangfährt, liegt Globasnitz. Das erste, was einem in diesem Dorf auffällt, sind dunkel aufragende, etwa drei Meter hohe römische Säulen, die Ernst Zenkl, ein Kaufmann und leidenschaftlicher Archäologe, im Jahre 1963 in achtzig Zentimeter Tiefe entdeckt und dann ausgegraben hat. Diese Säulen – heute im Ortszentrum aufgestellt – erinnern an jene Zeit, als hier Juenna existierte. Das war möglicherweise nichts anderes als eine Straßenstation; oder ein befestigtes Lager; oder aber doch eine kleine Stadt, wie manche Autoren meinen, die sich dabei auf die wachsende Zahl von Fundstükken stützen können. Auf der berühmten Tabula Peutingeriana, einer römischen Generalstabskarte, auf welcher nicht nur die römischen Heer- und Handelsstraßen, sondern auch alle Städte, Kastelle und Stationen eingezeichnet sind, findet sich jedenfalls im Bereich des heutigen Globasnitz ein Ort namens Vicus Iuenna eingezeichnet, welcher wohl die Aufgabe hatte, die wichtige Verbindungsstraße von der Provinzhauptstadt Virunum auf dem Zollfeld nach Südosten, nach Celeia etwa, dem heutigen Cilli, zu bewachen.

Globasnitz selbst wurde im Jahre 1143 urkundlich als Globasinvilla erwähnt, was gleichfalls auf die spätantike Bedeutung dieses Schauplatzes hinweist. In diesem Zusammenhang muß man daran erinnern, daß der Kult, wie wir ihn vom Hemmaberg kennen, älteren Ursprungs ist. Es war nämlich zweifellos eine keltische Gottheit, die hier zuerst verehrt wurde, denn jene Gottheit namens Jovenat, die sozusagen am Beginn der geschichtlichen Existenz des Jauntals steht, war bereits lange vor dem Auftreten der Römer den Menschen dieses Landstrichs wohlvertraut. Eberhard Kranzmayer führte diesen Namen auf das Indogermanische zurück, wo er soviel wie Jungfrau oder auch Jüngling bedeutete, was vermuten läßt, daß die vorrömische Bevölkerung auf dem Hemmaberg einem Symbol der Jugend kultische Verehrung entgegenbrachte. Erst in späterer Zeit, als Kärnten römisch wurde, entstand in diesem Bereich eine Ansiedlung, wobei freilich auch hier angenommen werden darf, daß es ursprünglich Kelten waren, welche hier lebten. Ein Marmorrelief, das man bei Globasnitz fand und das im Karner neben der Pfarrkirche eingemauert wurde, zeigt beispielsweise das charakteristische Porträt einer Keltin.

Sehenswert ist neben dem Karner und einer aus dem 14. Jahrhundert stammenden Totenleuchte die Pfarrkirche Mariä Himmelfahrt, deren Existenz bis ins 11. Jahrhundert zurückzuverfolgen ist. Eine Besonderheit dieser Kirche ist eine an die Nordwand des Chores gemalte Inschriftrolle aus dem Jahre 1467, die einen Herrn Balthasar von Weispriach als Stifter und den „Meister Peter, genannt Seysser, Bürger in Völkermarkt" als Maler nennt.

Mir machte auch der Karner von Globasnitz Eindruck. Im Inneren die Wandmalereien aus dem 16. Jahrhundert mit zarten, fast verweht anmutenden Farben. Und an einen Christus erinnere ich mich, dem das Blut vom Körper trieft, drüben in der renovierten Kirche, die mit der üblichen nichtssagenden Geschwätzigkeit ausgestattet ist, die manchen erneuerten, ihrer alten Geschichte mutwillig entkleideten Kirchen anhaftet. Nur dieser Christus, dessen Hände und Füße mit schweren Ketten gefesselt sind und dem man deutlich den Schmerz anmerkt, den ihm die Dornenkrone bereitet, vermittelt mit seinem Elend auch etwas von der Qual der Menschen, die hier durch die Jahrhunderte sich auf eine Weise behaupten mußten, die nicht frei von Widerspruch und feindseligem Gegensatz war. Der Karner erweckt sanfte Gefühle, ist eine schöne kulturhistorische Reminiszenz. Der geschundene Christus drüben in der Kirche steht für die Wirklichkeit.

Und dann natürlich auch noch die Bildtafeln mit den Leidensstationen des Herrn, darunter die slowenischen Inschriften, Bilder, die dem analphabetischen Volk eine dramatische Geschichte erzählten. Begriff dieses anonyme Volk eigentlich, daß es im Grunde immer nur seiner eigenen Geschichte begegnete, wenn es auf diese Bilder blickte?

Ein eindrucksvolles Epitaph auf die Geschichte dieses Landes und seiner Menschen kann man auch in Pfannsdorf entdecken, das einige Viertelstunden westlich von Globasnitz und gleichfalls im Schatten des Hemmaberges liegt und das ein beredtes Zeugnis abgibt über die historische Entwicklung Unterkärntens. Denn Pfannsdorf hieß früher Vansdorf und Banja Ves, was bedeutet, daß hier einst ein Ban residierte, ein slawischer Stammeshäuptling, was uns an die Zeit um das Jahr 700 erinnert, als slawische Stämme, bedrängt und beherrscht von den Awaren, in Kärnten eindrangen und es in Besitz nahmen. Es ist das ein Dorf, das heute wie von der Zeit verschlissen anmutet, verbraucht, abgewirtschaftet nicht in einem materiellen, sondern in einem geistigen Sinne, eine Erfahrung, die man in manchem Unterkärntner Dorf machen kann, wo die Zeit aufgehoben scheint, nachdem sie ihrer erbarmungslosen Pflicht gehorchte. Etwas völlig Erschöpftes oder Erschlafftes hat sich eingenistet. Die Last von Jahrhunderten und den dabei gewonnenen bitteren Erfahrungen liegt schwer auf den Dächern der Häuser, über die nicht selten das üppige Grün der Natur wuchert, als wollte sie das letzte Zeichen von Leben darunter begraben. Ich erinnere mich mit einem merkwürdig sentimentalen Gefühl an diese Pfannsdorfer Pfarrkirche zum heiligen Philippus, die in ihrer heutigen Form aus den zwanziger Jahren des 14. Jahrhunderts stammt, aber zweifellos auf einem romanischen Gotteshaus gründet. Wandmalereien aus der 2. Hälfte des 14. Jahrhunderts schmücken sie, eine Madonna aus hellgrauem Sandstein bewacht sie, und die Gruftkapelle der Grafen und Fürsten Orsini-Rosenberg, die in diesem Landstrich über ausgedehnten Grundbesitz verfügten, erinnert an die neuere Geschichte dieses uralten Kulturraumes, in welchem seit jenem Augenblick, als einige Jahrhunderte vor Christi Geburt die ersten Kelten hier siedelten, immer Bewegung und Aufruhr waren, immer wieder Neues entstand und von wo immer Impulse ausgingen, die für das ganze Land von Bedeutung waren.

Erst jetzt, da sich die geistigen und materiellen Schwerpunkte endgültig verlagert haben, ist diese Landschaft an den Rand gerückt. Erst jetzt spürt man, wie die Schatten wachsen. Wo einst ein awarischer oder slawischer Stammeshäuptling residierte, wächst heute Gras auf den Stufen, die zur Kirche führen; und die Grabhügel, über denen verwitterte Kreuze mit slowenischen Inschriften stehen, sinken langsam in die Erde zurück. Und wo einst einer Gottheit namens Jovenat gehuldigt wurde, quillt der Müll unserer Zeit aus überfüllten Plastikbehältern. In den Gasthöfen haben Resopal und eine sogenannte funktionsgerechte Innenarchitektur die Erinnerung an die alten Mythen endgültig zurückgedrängt. Römische Funde dienen der Werbung für den Fremdenverkehr. Und die alten Kirchen wurden manchmal erbarmungslos restauriert. Es herrscht ein neuer Ton in diesen Landstrichen. Man spekuliert mit dem Fortschritt. Zuwachsraten sind wichtig geworden, damit man aufgenommene Kredite oder zumindest deren Zinsen zurückzahlen kann. Die alten Götter freilich sind tot, die alten Bräuche vergessen. Aber es fällt niemandem auf.

Globasnitz, Schatten der Totenleuchte auf dem Karner

Rosaliengrotte am Hemmaberg

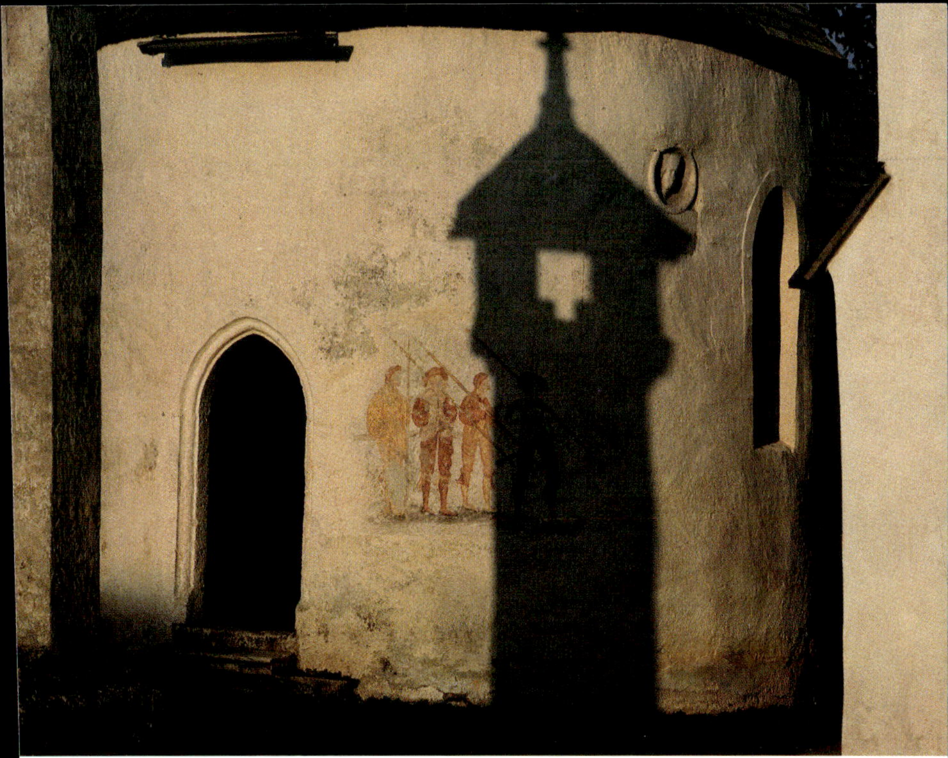
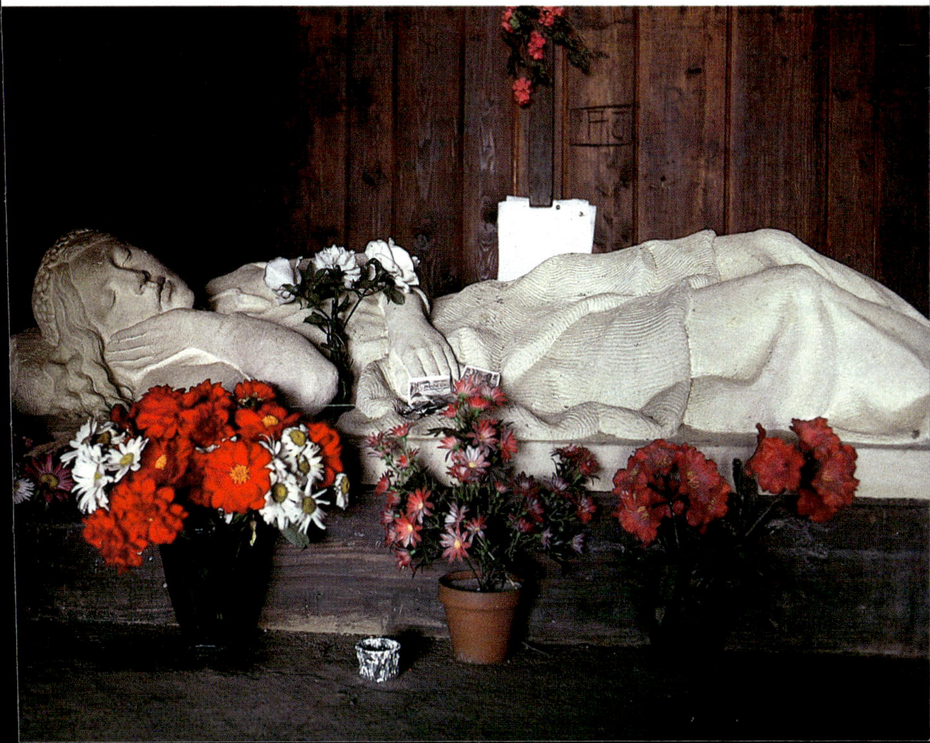

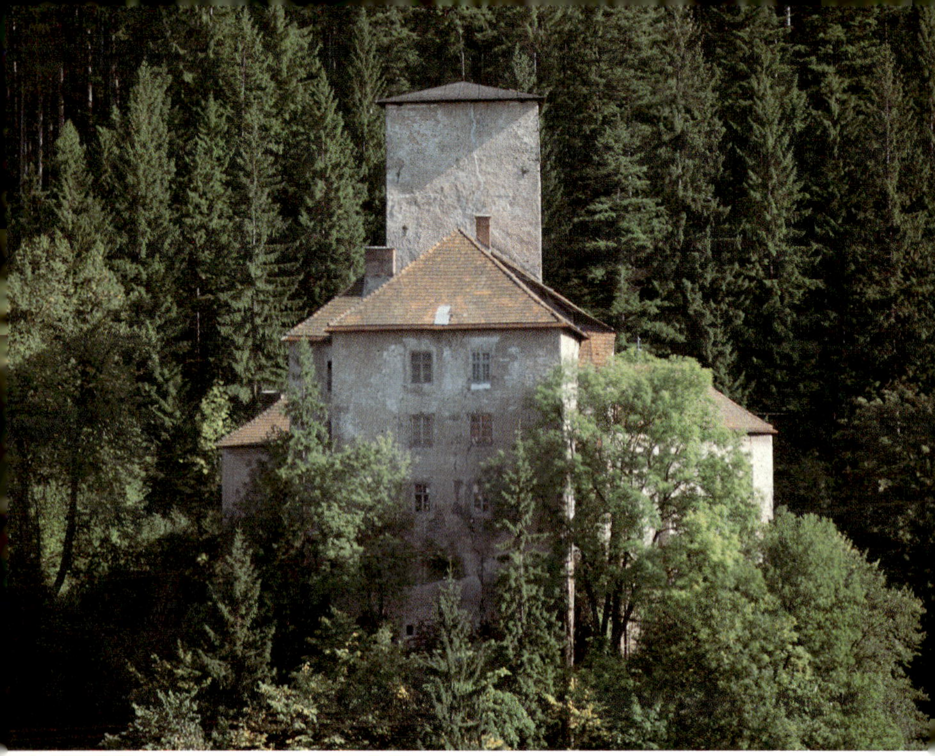

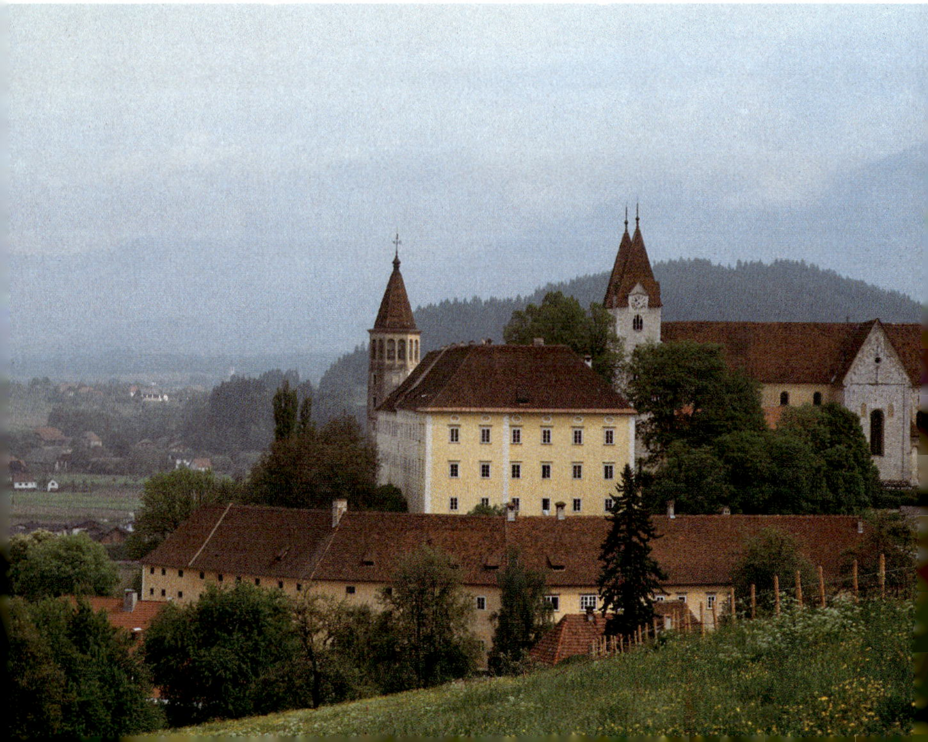

Im Lavanttal – Kärntens Garten

Etwas Dunkles, Umschattetes vor dunklem, schattenerfülltem Wald in einer schmalen Talenge: So liegt Schloß Waldenstein gleichsam am Rande Kärntens, erhebt es sich auf einem vielfach zernarbtem Felsblock, darunter ein Bach talwärts schießt und die Straße ansteigt zum Packsattel. Man könnte sich, den Blick auf das steil aufragende Mauerwerk gerichtet, Resignation und Melancholie einbilden oder aber sich an jene Beschreibung dieser Gegend erinnern, die ein heute längst in Vergessenheit geratener Arzt mit poetischen Neigungen namens Franz Sartori im Jahre 1811 abgeliefert hat. Darin heißt es unter anderem: „Es kann nicht leicht einen romantischeren Weg geben. Ruinen, Bergfesten, Eisenhämmer, Schmelzhütten bringen ihm eine Mannigfaltigkeit und eine Abwechslung bei, die man sehen und genießen muß. Die Straße zieht sich einige Stunden in die Höhe; Waldpartien wechseln mit grotesken Felsen; Luftton und Farbe der Umgebung verändern sich augenblicklich; mit jedem Schritt wird die Gegend ruhiger, bald hört man das Geläute der Glocken der weidenden Kühe und Ochsen, eine schärfere Luft verrät die Gipfel der hohen Berge, und endlich hat man die Höhe erreicht, die Kärnten von Steiermark trennt."

So empfand man derlei also vor annähernd 170 Jahren. Rund zwanzig Jahre nach Sartori, im Sommer 1834, reiste August Hoffmann von Fallersleben, dem die Deutschen die Verse zu ihrer Nationalhymne verdanken, über den Packsattel nach St. Paul, um sich in der damals noch weitum berühmten Bibliothek dieses Klosters umzusehen. Er freilich, über den Packsattel abwärts in die Tiefe der aufgesplitterten Gräben unterwegs nach Kärnten, empfand die Landschaft etwas anders als sein Vorgänger Sartori. „Stundenlang fuhr ich, dicht in Nebel gehüllt, auf dem Rücken des Gebirgszuges. Zuweilen öffnete sich das Gewölk und eine weite grüne Landschaft lag vor mir im hellen Sonnenschein. Wir fuhren nun anderthalb Stunden bergab, ehe wir im Tal anlangten. Der Weg ist beinahe immer sehr abschüssig. Viele Menschen zu Roß und zu Wagen fanden hier schon den Tod, alles zerschmetterte und stürzte in die Tiefe hinab..."

An derlei längst vergangene Tragödien wird man erinnert, wenn

Schloß Waldenstein

St. Paul im Lavanttal mit dem Benediktinerstift

man an Schloß Waldenstein vorbeikommt. Verfall habe sich, so glaubt man, hartnäckig eingenistet. Trauer, denkt man unwillkürlich, sei allenthalben spürbar. Der Wald setzt eine strenge Miene auf. Und der Himmel ist nur noch ein schmales Tuch, das dieses dunkle Tal unzulänglich bedeckt.

Aber auf diesem Schloß, das urkundlich im Jahre 1255 erstmals genannt wurde, und zwar als bambergisches Lehen, wurde 1835 die Melodie des sogenannten Kärntner Heimatliedes komponiert, also nur ein Jahr, nachdem der Autor des Textes zur deutschen Nationalhymne über den Packsattel nach Kärnten gekommen war.

Dieses Kärntner Heimatlied hat überhaupt eine recht eigenartige Biografie. Am 2. November 1822 veröffentlichte ein aus Judenburg in der Steiermark gebürtiger Jurist und Gutsverwalter sowie nachmaliger Justitiar in Wolfsberg namens Johann Nepomuk Thaurer Ritter von Gallenstein in der „Carinthia" einige jener lobpreisenden und literarisch nicht unbedingt bemerkenswerten Verse, wie sie damals den Poeten rasch aus der Feder flossen, wenn sie die reizvolle Schönheit einer Landschaft gemeinsam mit nationalen Gefühlen zu beschreiben versuchten. Diese Verse begannen mit den Worten „Da, wo Tirol an Salzburg grenzt, des Glockners Eisgefilde glänzt...". Eigentlich waren sie als lyrische Lobpreisung des Lavanttals gedacht, dem sich ihr Verfasser aus beruflichen und privaten Gründen zugetan und verpflichtet fühlte. Aber 1835 komponierte der Lavanttaler Gutsbesitzer Josef Rainer zu Harbach, der zu jener Zeit gerade Gast auf Schloß Waldenstein war, eine Melodie zu diesem Text. Wenige Jahre später war das Lied seiner hübschen Melodie wegen bereits über das Lavanttal hinaus populär geworden. Bald wurde es auch bei offiziellen Anlässen gesungen. Und 1911 und dann noch einmal 1920 während des Kärntner Abwehrkampfes wurde es zur Landeshymne, nicht zuletzt durch die Bemühungen der Kärntner Landsmannschaft.

Dieses Schloß, das am Beginn seiner Existenz eine bambergische Festung gewesen ist, enthält in seiner Biografie noch andere erwähnenswerte Details. Denn nach den bambergischen Verwaltern kamen die Ungnad nach Waldenstein, jenes Kärntner Geschlecht, das im ganzen Unterland verbreitet und bedeutsam gewesen war und das sich unter anderem in den Türkenkriegen sowie bei der Niederwerfung einiger

Kärntner Bauernaufstände besonders hervorgetan hat. Jedenfalls weiß man, daß im Jahre 1282 erstmals ein Ungnad das Lehen Waldenstein übernahm. Und um die Mitte des 14. Jahrhunderts wurde unterhalb der Burg ein Hammerwerk — natürlich von den Ungnad — betrieben, während es im Tal selbst etliche Eisenerzbergwerke gab, die jedenfalls im Eigentum dieser Familie standen. Eine der interessantesten Figuren dieses weitverzweigten und einflußreichen Geschlechts aber war zweifellos Hans Ungnad, der von 1493 bis 1564 lebte, unter anderem Landeshauptmann der Steiermark war und ein unruhiger Geist gewesen sein dürfte. So besuchte er, bewegt von den reformatorischen Ideen, Martin Luther in Wittenberg und eignete sich dort jenes propagandistische Rüstzeug an, das ihn befähigen sollte, einer der wichtigsten Vorkämpfer des Protestantismus in Kärnten zu werden. Im süddeutschen Urach gründete er eine Druckerei, wo er dafür sorgte, daß die Lehren und Meinungen seines großen Vorbilds gedruckt und als Flugschriften verbreitet werden konnten. Aber auch eine Bibel, natürlich in Luthers Eindeutschung, wurde in Urach herausgegeben, wovon dann Hans Ungnad eine slowenische Ausgabe herstellen und nach Kärnten bringen ließ. Nach seinem Tod wurde die Druckerei von Süddeutschland in das Schloß Waldenstein verlegt, so daß man mit Recht annehmen kann, daß dieses Schloß am Fuße des Packsattels zumindest für einige Jahre ein geistiges Zentrum des Protestantismus in Innerösterreich war. 1580, als die Gegenreformation mit voller Wucht eingesetzt hatte, wurde diese Druckerei, die zuvor für mindestens ein Jahrzehnt ein wichtiges propagandistisches Instrument in den Händen der Kärntner Protestanten gewesen war, den Jesuiten in Graz ausgeliefert. Später, und zwar in den dreißiger Jahren des 17. Jahrhunderts, wurde Waldenstein übrigens wieder bambergisch, dann kaufte es 1695 ein Graf Schönborn, um die Mitte des 19. Jahrhunderts übernahmen die Henckel-Donnersmark das Schloß; seit 1934 gehört es, das längst seine Stattlichkeit und auch seine strategische Bedeutung eingebüßt hat, einer Industrievereinigung, die im tiefeingeschnittenen Waldensteingraben den Abbau von Eisenglimmer betreibt. Denn die Vorkommen von Eisenglimmer in diesem dunklen Tal sollen die ergiebigsten und mächtigsten der Welt sein.

Übrigens kann man in manchen Nachschlagwerken und touristischen Handbüchern erfahren, daß Hans Ungnad auch auf Waldenstein slowenische und deutsche Lutherbibeln habe drucken und verteilen lassen. Tatsächlich aber scheint es sich so verhalten zu haben, daß erst nach dem Ableben Hans Ungnads diese Druckerei nach Kärnten gebracht und hier dann allerdings eifrig verwendet wurde.

Ein Gegenstück zu Waldenstein, und das nicht nur in landschaftlicher, sondern auch in geistiger oder, um es genauer auszudrücken, in ideologischer Hinsicht, ist St. Paul im Lavanttal. Denn das plötzlich aus einer kleinen Ebene auftauchende, rostbraune bis beigefarbene Gemäuer dieses berühmten Klosters, das einem, wenn man etwa von Süden, also aus der Richtung von Lavamünd, auf St. Paul zukommt, gänzlich unvermutet gegenübertritt, dieses Wehrhafte und Schloßähnliche der mächtigen Anlage erinnert zwar an Waldenstein, unterscheidet sich jedoch in so gut wie allem von der herabgewohnten, fast verwahrlost wirkenden ehemaligen Heimstätte des Protestantismus in Kärnten. Dort in der Waldensteiner Schlucht ist selbst der Himmel dunkel oder beinahe verdüstert, schlägt der Wald seine Wurzeln sozusagen ins Herz der Menschen und drückt eine strenge, genau akzentuierte Landschaft aufs Gemüt; und das ehemalige bambergische Schloß nähert sich dem Zustand einer Ruine. Hier, eine halbe Autostunde weiter südlich, hat sich die Landschaft längst geweitet, ist sie sanft und anmutig geworden. Eine Fruchtbarkeit, die im Frühling zur Zeit der Blüte etwas Berauschendes hat, tut sich auf. Schön gerundete Hügel stehen rundum. Der Balken der Sonne lastet warm und schwer auf diesem Teil des Lavanttals und auf dem seitab führenden Granitztal, wo die zerrissenen, aufgelichteten Wälder wie hellfarbene Wolken dahingleiten und das Gewölk am Himmel wie ein zart entflammter Widerschein der Landschaft wirkt. Alles Dunkle, Bedrängende, Beängstigende, das noch im Waldensteingraben wirksam war, erhellt sich plötzlich, zerfließt, löst sich auf. Das dunkle, strenge Grün wird duftig. Die Obstgärten sind wie von einem tänzerischen Rhythmus bewegt.Und alles fließt auf das Zentrum dieses schön gegliederten Bildes zu, auf die Klosteranlage, die sich inmitten St. Pauls oder eigentlich in der Mitte des Tals auf einem breitrückigen Felsen erhebt.

Kärntens Paradies hat man früher einmal diesen Teil des Lavanttals genannt. Auch war es gewiß kein Zufall, daß der Text des Kärntner

Heimatliedes ursprünglich als poetische Huldigung des Lavanttals gedacht war; und daß er, wie später dann die Melodie, in diesem Tal entstanden ist. Wahrscheinlich war dem gelegentlich komponierenden Herrn zu Harbach, als er auf Waldenstein die Melodie dieses Liedes erdachte, noch der schwermütige Glanz, aber auch das Sonnige, Lichtdurchflutete des ganzen Tals in Erinnerung; und gewiß war Schloß Waldenstein damals noch nicht so ärmlich, so verdüstert wie heute.

Was St. Paul angeht, das seit achthundert Jahren von den Benediktinern besetzt und erhalten wird, so existierte hier um die Mitte des 11. Jahrhunderts im Schatten und im Schutz einer wehrhaften Burg ein Dorf namens Brugga, das, als es 1184 ein Marktrecht erhielt, in St. Paul umbenannt wurde. Die Mönche selbst wurden im Jahre 1091 von einem Spanheimer ins Land geholt, wo sie sich auf der felsigen Kuppe innerhalb der damals bereits bestehenden Burg ansiedelten und ihre ersten Zellen einrichteten. Es waren Benediktiner aus dem schwäbischen Hirsau, die hier vor allem als Missionare und zu Beginn auch als eifrige Grabwächter tätig zu sein hatten, wobei man vielleicht einmal darauf verweisen sollte, daß dieser nicht viel mehr als 30 Meter hohe Felsen schon von den Römern zur Errichtung einer wehrhaften Anlage benutzt worden ist. Später dürfte hier auch ein karolingischer Wirtschaftshof existiert haben, von dem sich allerdings keine Spur erhalten hat. Im 10. Jahrhundert erhob sich dann auf dem Felsen eine Kirche, die dem heiligen Ägydius geweiht war und die bis zu ihrem Abbruch im Jahre 1618 den später entstandenen Stiftshof der Benediktiner beherrscht haben mag.

Am Anfang der Existenz von Brugga und damit St. Pauls steht eine berührende Geschichte, die fast schon zur Legende geworden ist. Der rheinfränkische Graf Siegfried von Spanheim heiratete eine Richardis von Lavant, die praktisch Eigentümerin des ganzen unteren Lavanttals war. Er, der ein frommer Mann gewesen sein dürfte, unternahm im Jahre 1065 eine Pilgerfahrt ins Heilige Land, auf deren Rückweg er verstarb. Sein Leichnam wurde in die Burg oberhalb Bruggas gebracht und dort in der Burgkapelle mit gebührendem Zeremoniell bestattet. Und es war dann sein Sohn, ein Graf Engelbert, der zu Ehren seines Vaters die Burg den Benediktinern überantwortete.

Die Geschichte des Klosters ist, wie in einem Grenzland nicht anders zu erwarten, eine recht wechselhafte. Ursprünglich Lauent oder auch Lauenda genannt, was mit dem alten Namen des Lavanttals zusammenhängt und sich erst allmählich, im 12. Jahrhundert, zum weitum berühmten St. Paul entwickelte, war es früh schon das Ziel kriegerischer Unternehmungen. Brände und andere Zerstörungen machten mehrere Neubauten notwendig. Und natürlich tauchten auch die Türken vor diesem Felsen auf, wobei sie den daruntergelegenen, so gut wie schutzlosen Markt gänzlich verwüsteten, das Kloster selbst aber nicht in ihren Besitz zu bringen vermochten. Das war im Jahre 1476.

Berüchtigt war dann zu Beginn des 16. Jahrhunderts die Mißwirtschaft unter einem Abt namens Ulrich Pfinzing, der es tatsächlich schaffte, das ehedem reiche Kloster fast an den Rand des Ruins zu bringen. Die Blütezeit von St. Paul begann dann mit dem Abt Hieronymus Marchstaller, der ein ebenso tüchtiger wie kunstsinniger Schwabe war und sich durchaus vorzustellen vermochte, aus St. Paul einen österreichischen Escorial zu gestalten. Das heutige Aussehen des Klosters geht jedenfalls auf Marchstallers Bautätigkeit und Baulust zurück, und sein Tod im Jahre 1638 war ein schmerzlicher Verlust für die Lavanttaler Benediktiner.

Im Jahre 1777 wurde hier erstmals auch jenes Internat eingerichtet, das bis auf den heutigen Tag Bestand hat und wo beispielsweise ein Hugo Wolf, Österreichs großer Liederkomponist, zur Schule ging, woran er, der ein unglückliches Dasein zu ertragen hatte, später zweifellos angenehme Erinnerungen gehabt haben mag. Denn, wie sein Biograf Ernst Descey schreibt, „wenn Hugo von den Büchern aufsah, dann lag vor den Fenstern draußen das weite Lavanttal, Kärntens Paradies, bunt, ruhig und sonnig im Lande, und an der Seite stand wie ein riesiger Wächter die dunkle Koralpe. Und zwischen den uralten Steinportalen spielten die Märchen der Geschichte, in den hallenden Bogengängen saß die Romantik und wob ihre Fäden. Geräumig laufen die offenen Gänge hin, an den Wänden hängen groß die Bilder der Äbte und Stiftsregenten, manch ernstes und streitbares Gesicht darunter, und die feierlichen Gestalten haben die Rechte auf Bücher gelegt, die lateinischen Legenden zeigen ihre Taten an. Und unten in der hochbogigen Kirche liegen Herrscher Österreichs begraben: vierzehn Habsburger, unter ihnen Rudolfs des Ersten Gemahlin und der glorreiche Leopold, der bei Sempach fiel."

Diese bedeutsame und erinnerungsträchtige Biografie hat dann freilich nicht verhindern können, daß die Benediktiner zweimal aus St. Paul vertrieben wurden. Zuerst 1782 beziehungsweise 1787, als sie sich den Reformen Josephs II. beugen und, nachdem sie fünf Jahre dagegen angekämpft hatten, schließlich nach St. Blasien in den Schwarzwald ausweichen mußten, von wo aus sie 1809 nach St. Paul zurückkehrten und den Schulbetrieb wieder aufnahmen. Und dann in der Zeit zwischen 1940 und 1945, als den mißtrauischen Nationalsozialisten die pädagogische und seelsorgerische Tätigkeit der Benediktiner subversiv zu sein schien und sie die Aufhebung des Klosterbetriebes forderten und natürlich durchsetzten.

Wenn man heute an einem stillen, von der Sonne wie in einen feurigen Rahmen gespannten Sommertag nach St. Paul kommt, mag man sich das alles nicht mehr vorstellen, was über viele Jahrhunderte hinweg gegen diesen mauerbedeckten Felsen anbrandete. Verwischte Farben schimmern durch das dichte Grün der Bäume und Büsche, die das Kloster wie ein Kranz umkreisen. Der Blick fällt durch ein schmales Portal auf einen Innenhof, darin Blumen ihre Köpfe hängen lassen und Bleiches, Verdorrtes einen Hauch von Resignation erzeugt. Man bildet sich ein, das leise Wehen braunfarbener Kutten zu spüren. Und die Zeit scheint aufgehoben. Oder hat ihren Sinn eingebüßt. Die schöne, stille Idylle, die sich an einem solchen Schauplatz entwickeln kann, tritt stärker in Erscheinung als das Laute, Zudringliche der Geschichte.

In St. Paul, heißt es, rede die Kunst aus allen Gegenständen. „Dreimal geknickt säumt der altertümliche Hofrichterbau den Südfuß des Klosterhügels und öffnet der Straße eine mit Säulen, Muschelnischen und Bogengesimsen geschmückte Einfahrt, hinter der eine kurze Serpentine am barocken Paulus-Brunnen vorbei rasch den nach Süden offenen Stiftshof erreicht. Arkadengänge gliedern hier die Massigkeit des Klosters, in denen vor allem der Torso einer um 1260 entstandenen, trotz Verstümmelung in der Haltung noch immer wirksamen Apostelfigur auffällt, die zu den bemerkenswertesten Denkmälern der romanischen Plastik in Österreich gehört." (H. Strutz) Aber wenn hier tatsächlich die Kunst aus vielen Gegenständen spricht, dann sollte man vielleicht nicht darauf vergessen, daß die Benediktiner von St. Paul über die Jahrhunderte hinweg auch nützlich waren für die „Verbreitung von Kenntnissen des Lesens und Schreibens", der griechischen und lateinischen Sprache, „durch die Pflege von Geistes- und Naturwissenschaften, durch das Lehren von besseren Arbeitsmethoden für die Bauern, durch Arbeiten von Laienbrüdern als Maurer und Steinmetze" und ganz gewiß auch dadurch, daß ihre reiche Bautätigkeit die Handwerker und Arbeiter in diesem blühenden Tal, das allerdings über keine industriellen Möglichkeiten verfügt, immer wieder mit einträglichen Aufträgen versorgte.

Zum Eindrucksvollsten, was in Kärnten an sogenannten Stifts- und Pfarrkirchen zu sehen ist, gehört die Klosterkirche von St. Paul, eine doppeltürmige, am höchsten Punkt des felsigen Hügels gelegene Stiftskirche, mit deren Bau wahrscheinlich in der zweiten Hälfte des 12. Jahrhunderts unter einem Abt namens Pilgrim begonnen worden war. Ihre Fertigstellung darf man für das beginnende 13. Jahrhundert vermuten. Es fehlen Dokumente über die Baugeschichte, was mit den unruhigen Verhältnissen jener Jahrzehnte zu tun hat, als immer wieder durchziehende Heere − darunter im Jahre 1259 ein ungarisches − für Plünderungen und Verwüstungen sorgten. Hier kann man auch vier prachtvolle Tafelbilder des Meisters Thomas von Villach bewundern sowie Figuren und Ornamente der berühmten Gebrüder Michael und Friedrich Pacher aus Bruneck.

Es sind also diese beiden Schauplätze, die, jeder für sich genommen, bedeutungsvoll für die Kultur- und Geistesgeschichte des Landes waren, von ganz unterschiedlicher Beschaffenheit. Es läßt sich, wenn der Blick, welcher St. Paul und Waldenstein umfaßt, sozusagen auf poetische Spurensuche geht, von jenem fast nur Schönes und Besinnliches sagen, während Waldenstein in seinem derzeitigen Zustand fast so etwas wie eine Metapher des Untergangs ist. Dazu kommen rund um St. Paul die adretten Zeichnungen der Landschaft, kommt das buschige Grün der Kastanien, dahinter sich wie eine hellfarbene Wolke die eindrucksvolle Klosterarchitektur erhebt, kommen die lautlosen Explosionen der Sonne in den Scheiben der Fenster und die Erinnerungen daran, daß unter der sanften Bewegung der Landschaft, die wie eine Meeresdünung wirkt, eine Geschichte sich rührt, die immer wieder imstande war, eine bedeutsame Kultur zu produzieren. Etwas von einer steingewordenen imperialen Idee vermittelt sich dem Beschauer, der hier ahnungsvoll begreift, wozu Religion fähig sein kann, wenn sie sich des Schöpferischen im Menschen fordernd annimmt.

Waldenstein vermittelt solche Eindrücke nicht, kann sie gar nicht vermitteln, weil hier das Dürftige, Zugrundegehende überwiegt. Und weil die Landschaft, obgleich in der Luftlinie nur einen Katzensprung vom südlichen Lavanttal entfernt, düsterer und auch gewalttätiger anmutet. In St. Paul ist Wohlstand vorstellbar, hat die Idylle noch Platz, weckt nicht nur das ehemalige Atelier Switbert Lobissers – der 1931 für das Kloster ein zartfarbiges Riesenfresko malte, Lobisser gehörte dem St. Pauler Konvent an – ein Gefühl für die Dimensionen dieser Schatzkammer der Kunst, die unter anderem auch noch durch ein Weltgerichtsfresko in der gotischen Rabensteiner Kapelle dokumentiert wird. Waldenstein verfügt über eine solche Ausstrahlung nicht. Daß hier der Protestantismus auf eine Weise gefördert wurde, die beispielhaft gewesen sein muß im damals unruhigen Innerösterreich; daß die aus Süddeutschland herangeschaffte Druckerei von Waldenstein eines der wichtigsten Instrumente im Kampf um neue Ideen und für humanere Formen des Einwirkens religiösen Denkens auf die Menschen war; daß den Kärntner und Krainer Slowenen durch die hier hergestellten Flugschriften und Lutherbibeln, die in ihrer Sprache gedruckt waren, ein Tor aufgestoßen wurde, dahinter Vernunft und Toleranz vorstellbar waren; und daß Waldenstein darüber hinaus auch die Kulisse bildete für eine kompositorische Spielerei, aus der sich dann allmählich die Melodie zum Kärntner Heimatlied entwickelte – das alles wird in diesem engen, dunklen Tal und angesichts dieses verfallenden Schlosses nicht mehr spürbar.

St. Paul ist ein Ort, an dem die Spur der Geschichte unübersehbar ist. Waldenstein hingegen hat sich aus seiner eigenen – und gewiß wichtigen – Biografie gleichsam davongestohlen.

Friesach, Zankapfel der Bischöfe

Wenn man von Süden auf der alten Bundesstraße nach Friesach kommt, buckelt sich vor dem dunklen, nur leicht gegliederten Strich der hier sanft abfallenden Ausläufer der Metnitztaler Alpen plötzlich etwas auf, das wie ein Fabeltier aussieht. Dreigeteilt, grün bewachsen oder eigentlich von üppigem Wildwuchs fast gänzlich zugedeckt; daraus hervortretend graue und beigefarbene Figuren. Beim Näherkommen dann erkennt man, daß es sich dabei um Ruinen handelt. Überreste von Kirchen, Burgen, Wehranlagen. Aber der vorherrschende Eindruck bleibt; daß hier ein aufgebuckelter, zernarbter Stein steht, in dessen Flanken sich etwas eingenistet hat, das an Unkraut erinnert. Und einen Augenblick lang ahnt man, wie hier über viele Jahrhunderte hinweg der Unrat der Menschen zum fruchtbaren Dünger wurde, daraus dann diese schöne, scheinbar nicht im mindesten organisierte Wildnis entstehen konnte. Manchmal, wenn ein Gewittersturm aufkommt, läuft ein Zittern durch diesen Wildwuchs, das den ganzen Buckel in aufgeregte Bewegung versetzt.

Das Bild, das man vor Augen hat, wann man von Süden her nach Friesach fährt, verändert sich nur unmerklich. Vorne an der Straße zwei Reihen von Pappeln, dünn, strähnig und angesichts der dunkelgrünen Üppigkeit im Hintergrund eher ärmlich aussehend. Zur Linken, wo einige altersgraue Warzen aus dem Fels wachsen, die Schraffur eines Waldes, der stetig hügelan strebt. Zur Rechten eine kleine Ebene, in die sich ein ziegelrotes Dach mit einem mittelalterlich anmutenden Turm schiebt. Friesach selbst ist in diesem Augenblick noch nicht erkennbar. Nur ein hellgelber Kirchturm blickt hinter den Pappeln fast kokett hervor. Und das, was zuerst wie ein Fabeltier aussah, langgestreckt, mit Höckern versehen und eingehüllt in das dichte grüne Fell unregelmäßig wachsenden Buschwerks, vereinzelter Baumgruppen und wehenden Grases, das löst sich jetzt in drei Hügelkuppen auf. Der nächstgelegene heißt Virgilienberg. Daran schließt sich die Erhöhung des Petersberges. Und zuletzt der sogenannte Geyersberg.

Näherkommend erkennt man endlich erste Einzelheiten. Kirchtürme treten auf. Die Dächer rücken heran. Ein erstes ungefähres Stadtbild bietet sich an. Es sind vor allem Kirchen oder auch Kirchenruinen, es ist klösterlich Anmutendes, Katholisches, Frommes, auch Abergläubisches, was die Bühne, vor der man nun staunend steht, zu füllen scheint. Auf dem Virgilienberg die Überreste einer gotischen Propsteikirche; ehedem, wie man weiß, eine befestigte Anlage aus dem frühen 13. Jahrhundert, jetzt längst durch Brände, Erdbeben und Verwahrlosung zur ärmlichen Ruine geworden. Aber der Blick durch die hohen leeren Bögen des ehemaligen Chores auf den dahinter aufragenden Wald hat etwas Herzbewegendes. Namen, Geschichten, Schicksale fallen einem ein, denen diese überwachsene Ruine einst ein feierlicher Schauplatz gewesen ist. Ein Geschmack nach Weihrauch liegt in der Luft. Und einige altmodische Villen oder Landhäuser mit putzig nachgeahmten romantischen Laubengängen und ernsthaften Statuen verstärken den Eindruck des Doppelbödigen, Unglaubhaften oder auch Unwirklichen, den man hat, wenn man endgültig diese älteste Stadt Kärntens betritt.

Ist es statthaft zu sagen, daß alles, was man nun erblickt, wie eine abgenützte und verwitterte Kulisse für ein Spiel aussieht, das vor langer Zeit schon abgebrochen wurde?

Da ist der Hauptplatz, der sich leicht hangaufwärts unterhalb des Petersberges erstreckt, in seiner Grundform annähernd rechteckig, dem ersten Eindruck nach so etwas wie eine stattliche Bühne, auf der freilich die Menschen fehlen, die sie mit Leben, Lärm, Sinnlichkeit erfüllen sollten. Im Sommer ein halbes Dutzend geparkter Autobusse und die abgestellten Autos der Touristen; während der übrigen Jahreszeiten eine leere Fläche, die von schönen Fassaden umstanden wird. An manchen stillen Herbsttagen tropft hier das schwere Licht der Sonne wie Wachs auf die Dächer der Häuser, deren Mauerkern fast durchwegs aus dem 16. Jahrhundert stammt.

Es ist heute nur noch schwer vorstellbar, daß diese stille, gleichsam in sich selbst zurückgezogene Stadt einmal bedeutsam genug war, um innerhalb weniger Jahre dreimal angegriffen, erstürmt und verwüstet zu werden. Das war im 13. Jahrhundert. Friesach war damals salzburgisch. Zuerst, 1263, drangen die böhmischen Truppen des Königs Ottokar in die Stadt ein, wo sie zwei Jahre lang blieben und die Stadt auf schreckliche Weise verheerten. 1289 kam es zur neuerlichen Zerstö-

rung, diesmal durch die Soldaten des Herzogs Albrecht von Österreich, die drei Jahre später wiederkamen und sozusagen den schlim-
men Rest besorgten.

1480 die ungarischen Truppen des Matthias Corvinus. Dann die
Türkeneinfälle in den siebziger und achtziger Jahren des 15. Jahrhunderts. Die schändliche Judenvertreibung von 1498. Und 1797 schließlich wird Friesach von den Franzosen besetzt. Der Schutt quoll damals
von den niedergebrochenen Mauern der Burgen und Wehranlagen
oben auf den drei Hügeln in die verlassene, verarmte Stadt hinunter,
die erst im Jahre 1803 habsburgisch wurde.

Was für ein Ende nach so glanzvollem Beginn! Es war Ludwig der
Deutsche, der fromme Kaiser aus Baiern, der um das Jahr 860 an das
Erzbistum Salzburg einen Gutshof namens „friesah" – was slawischen Ursprungs war – als brauchbares Geschenk abtrat. Auf dem
Petersberg, dessen Schatten auf den rechteckigen Hauptplatz fällt, gab
es zu jener Zeit vermutlich schon eine befestigte Zufluchtsstätte, deren
Grundmauern noch auf ein römisches Wachkastell zurückgingen, das
hier einst gestanden haben mag. Man weiß, daß 898 Kaiser Arnulf von
Kärnten einem Adeligen namens Zwentibolch in dieser Gegend Grund
und Boden überantwortete. Im Jahre 927 scheint der Name „friesah"
noch einmal in den alten Urkunden auf, als ein salzburgischer Erzbischof den gleichnamigen Gutshof und den Petersberg gegen andere
Besitztümer eintauscht. Und 982 schließlich bestätigt Kaiser Otto II.
nachdrücklich den Friesacher Hof als Eigentum der Salzburger Erzbischöfe.

Geschichten, Jahreszahlen, Namen, die heute kaum noch etwas bedeuten. In der heutigen Stadtpfarrkirche St. Barthlmä, der etwas
Unordentliches oder Unaufgeräumtes anhaftet und die zu groß, fast
riesig wirkt im Verhältnis zur kleinen und beengten Stadt, vermag
man mit ein paar aufmerksamen Blicken die Vergangenheit noch einmal einzufangen. Draußen vor der Kirche, die in den Jahren zwischen
1130 und 1167 entstanden ist und die bis in das Jahr 1785 von einem
Friedhof umgeben war, stehen zwei Judensteine im grünen Gras und
im Schatten des Abhanges, der auf den Petersberg hinaufführt. Es
sind verwitterte Erinnerungen an die jüdische Gemeinde, die einst in
Friesach beheimatet und deren Friedhof bei Judendorf gelegen war,

einem kleinen Weiler nördlich der Stadt, der seinen Namen also nicht zufällig trägt.

Gegenüber diesen beiden Denkmälern an eine Vergangenheit, die nicht frei von Schuld und niemals getaner Sühne ist, ein römisches Grabmedaillon aus dem 2. nachchristlichen Jahrhundert. Und in der Kirche nicht nur die beeindruckende Farbigkeit eines Epitaphs mit zwei Wappen in Gold und Beige und Rostbraun und Dunkelgrau, sondern auch zahlreiche Grabsteine und Grabinschriften aus dem 17. und 18. Jahrhundert, als der Niedergang Friesachs bereits eingesetzt hatte, ohne daß das damals den edlen Reichsrittern und wohlgeborenen Angehörigen altbekannter Kärntner Geschlechter, die in diesen Steinen fortleben, zu Bewußtsein gekommen wäre. Sie blicken einen immer noch mit strengen Augen an. Und nehmen über den Tod hinaus nach wie vor jene Haltung ein, die heute ein wenig lächerlich anmutet und die doch über so viele Jahrhunderte hinweg fast eine Art Glaubensbekenntnis war.

In dieser Kirche nistet ein seltsamer Widerspruch. Die Geräumigkeit erinnert an vergangene Größe und Bedeutung der mittelalterlichen Stadt und ihres intellektuellen wie politischen Anspruchs. Der gegenwärtige Zustand, dieses Unaufgeräumte, Zufällige oder Beiläufige mit den leeren Marmorblicken vergessener Ritter und den etwas schwülstigen, pathetischen Inschriften, die keine Bedeutung mehr haben, dieses ganze Pathos mit seiner verstaubten Feierlichkeit: Es hat längst schon keine Bedeutung mehr. Das ist eine Friedhofskirche, der man den Totenacker genommen hat. Und damit eine der Wurzeln, die solche Gotteshäuser gleichsam am Leben erhalten.

Aber auf Widersprüche stößt man überall in Friesach. Das heftige, fast schreiende Zuckerlrosa des kleinen Bahnhofs am Rande der Stadt zum Beispiel, ein Gebäude, das aussieht wie ein vergessenes Wirtshaus in irgendeiner entlegenen Heidelandschaft. Alles wirkt zu groß geraten, zu aufdringlich; selbst die grüne Bierreklame ist zu lärmend. Dafür draußen auf dem Vorplatz ein Haus in diesem altmodischen Schönbrunnergelb, Jahrgang 1896, während sich gegenüber die sogenannte moderne Architektur angesiedelt hat, gesichtslos und dennoch oder vielleicht gerade deshalb häßlich und unbegreiflich angesichts der mittelalterlichen Stadt, die hinter Obstbäumen und Buschhecken verborgen liegt. Auch das langgestreckte Dominikanerkloster, das 1217 eine erste urkundliche Erwähnung findet und jedenfalls die erste Niederlassung dieses militanten Predigerordens im deutschen Sprachraum war, etwas, das einige seinerzeit aufsehenerregende Ereignisse nach sich zog wie beispielsweise 1221 die Ankunft eines heute längst vergessenen, damals jedoch weitum berühmten Heiligen namens Hyazinth von Oppeln, der ein besessener Prediger und unnachsichtiger Gottesmann war, oder 1238 ein sogenanntes Blutwunder, was zweifellos tiefen Eindruck gemacht haben muß auf die fromme Gemeinde, auch dieses Dominikanerkloster also mit der benachbarten Ordenskirche – deren Bau 1268 vollendet worden war – läßt Verwirrung und Resignation aufkommen. Da wuchert Unkraut im Vorhof, im daran anschließenden Garten, der hoffnungslos verwildert wirkt. Überquellende Müllcontainer stehen scheinbar planlos umher. Parkende Autos verstellen den Blick auf allmählich verwitternde architektonische Schönheit. Ein Holzschuppen, längst baufällig, bietet Autowracks Obdach. Und die ganze Zeit riecht es streng und bitter nach ausgeronnenem Motorenöl.

Vielleicht ist das Gegensätzliche, das heute noch bemerkbar ist, in der Biografie der Stadt begründet? Denn einst lagen hier einander zwei Märkte gegenüber, der salzburgische und der Gurker Markt; beide hießen Friesach; aber beide gehorchten naturgemäß der einander widersprechenden Politik ihrer hohen bischöflichen Herren. Und immer war Unruhe, war militantes Auftreten die Regel. 1072 zum Beispiel stürmte der erste Bischof von Gurk, Günther von Krappfeld, den salzburgischen Markt. Sechs Jahre später griff ein karantanischer Markgraf den Petersberg an. Und 1106 ging Friesach deshalb in das Eigentum der Spanheimer Herzöge über, weil sich zwei rivalisierende Salzburger Erzbischöfe wieder einmal nicht zu einigen vermochten.

Dafür wird bereits 1122 ein Hospital für Pilger und Arme am Fuße des Petersberges gegründet. Es ist natürlich ein Erzbischof, der diese beispielhafte Geste setzt. Die Kirche denkt nämlich nicht daran, Friesach den Spanheimern zu überlassen. Und so einigt man sich, weil man sich zwischen Gurk und Salzburg nicht zu einigen vermag, zumindest auf eine ordentliche Teilung Friesachs in einen Gurker und in einen Salzburger Bereich. Zu diesem Zweck zieht man in den zwanziger Jahren des 12. Jahrhunderts eine Trennlinie durch den Markt, übt sich auch in getrennter Rechtssprechung und Verwaltung und hält an solcher Komödie selbst dann noch fest, als 1149 Kaiser Konrad III. und 1170 Kaiser Friedrich I. Aufenthalt in Friesach nehmen. Erst zehn Jahre nach dem Besuch des legendären Barbarossa löst man den Gurker Teil auf und wird Friesach 1180 zur Gänze salzburgisch, woran sich die Blütezeit der Stadt schließt. Kirchen werden erbaut, Klöster gegründet, eine eigene Münzprägung entsteht. Und 1224 kommt es anläßlich einer von Herzog Leopold VI. einberufenen Fürstenversammlung zu jenem sagenhaften Turnier, durch das Friesach im ganzen christlichen Abendland berühmt wurde.

In der Dominikanerkirche findet sich auf einer Grabplatte aus rotem Marmor ein Epitaph, darauf ein berühmter Name verewigt ist, nämlich jener eines Balthasar von Thanhausen, der zu Beginn des 16. Jahrhunderts in Friesach als Burghauptmann tätig gewesen ist. Dieser Herr von Thanhausen könnte durchaus ein Nachkomme jenes Tannhäuser gewesen sein, des legendären Minnesängers und berüchtigten Raufboldes, der anläßlich des großen Turniers von Friesach mehrfach und stets recht gewalttätig in Erscheinung getreten war. Denn Kärntens Poeten und ihre von weither gekommenen Dichterfreunde standen damals nicht nur im Umgang mit dem Wort ihren Mann, sondern traten auch als gut gerüstete und vortrefflich ausgebildete Kämpfer in Erscheinung. Man könnte auch sagen, daß sie wie die hohen Herren, die politischer Geschäfte wegen nach Friesach gekommen waren, einander die Schädel einzuschlagen versuchten. Man kann in Ulrich von Liechtensteins Tagebuch darüber Genaueres nachlesen.

Übrigens birgt die Dominikanerkirche noch eine andere interessante Erinnerung. Angeblich soll hier Thomas von Aquin, Großneffe des Kaisers Barbarossa und bedeutendster Scholastiker des Mittelalters, gepredigt haben. Es ist jedenfalls eine erregende Vorstellung, sich diesen Mann, der ein Zeitgenosse des Staufers Friedrich II. war, in dieser Kirche zu denken, wie er einem aufmerksam lauschenden Publikum eine seiner berühmten Predigten hielt. Er, der Schöpfer einer „Summa theologica", in welcher er das bis heute fortwirkende christliche Weltbild erläuterte, Universitätslehrer in Paris und Neapel, Vorkämpfer für eine mediterrane Kultur, in welcher auch das arabische und jüdische Element als befruchtende Anregung für die abendländische Kultur einen festen Platz hat, Thomas von Aquin also, einer der großen Heiligen der katholischen Kirche, hätte durch sein Auftreten in Friesach, wäre es dokumentarisch belegbar, der Biografie dieser Stadt einen beachtlichen Akzent geschenkt.

Aber vergangene Größe und der Nachhall einer Geschichte, die uns zumindest ansatzweise die kulturelle und politische Bedeutung dieser Stadt im Mittelalter begreifbar machen könnten, haben so gut wie keine Wirkung mehr auf die Gegenwart. Es sind zu viele Widersprüche, welche den Blick auf Friesach verwischen oder sogar verstellen. Es ist aber auch das Eingeschnürtsein in provinzielle Dürftigkeit, die diesen schönen Kulissen ihren immer noch vorhandenen historischen Glanz raubt. Und es waren natürlich auch die vielen Unwägbarkeiten der Geschichte, die aus dieser Kapitale eine verschlafene Kleinstadt gemacht haben. Allein von dreizehn großen Feuersbrünsten zwischen 1215 und 1895 berichtet die Chronik; drei verheerende Pestepidemien suchten sie heim. Belagerungen, Sturmangriffe, Plünderungen waren annähernd drei Jahrhunderte lang ihr Schicksal, törichter politischer Streit ihr tägliches Brot. Und in dieser Aufzählung sind immer nur die großen Katastrophen enthalten, die wirklich einschneidenden Veränderungen, die tatsächlich gravierenden Zerstörungen. Derlei prägt. Und verändert. Und nivelliert.

Vielleicht ist es ungerecht, sich dem melancholischen Zauber einer verfallenden Stadt zu verschließen, die über ein einzigartiges Stadtbild verfügt. Aber die Gleichgültigkeit ist bestürzend, mit der man in Friesach etwa der abbröckelnden, nach schweren Gewitterregen niederbrechenden mittelalterlichen Stadtmauer und dem Stadtgraben begegnet. Architektonische Einschübe von niederdrückender Häßlichkeit und absurder Banalität tragen zur fortschreitenden Verwüstung bei. Auch der Petersberg, auf welchem sich die mächtigen Überreste der ehemaligen Residenz der Salzburger Erzbischöfe allmählich wieder an die wuchernde Üppigkeit der Natur verlieren, kann diesen Eindruck von Verfall und unaufhaltsamem Niedergang nicht mehr verwischen.

Allerdings kann man hier tatsächlich, wie das Otto Maria Polley einmal ausführte, die frühe Geschichte Kärntens sich deutlich einprägen, denn „karolingischer Geist haucht uns hier an", und „was zum Teil leidlich erhalten, zum Teil nur dem fortgeschrittenen Verfall entrissen,

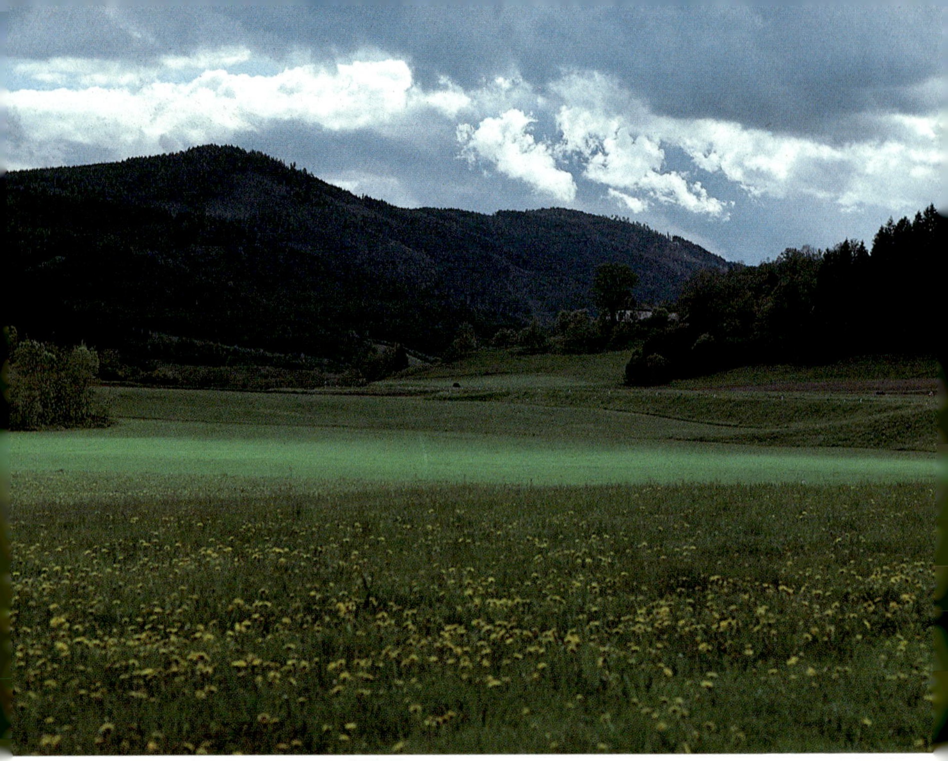

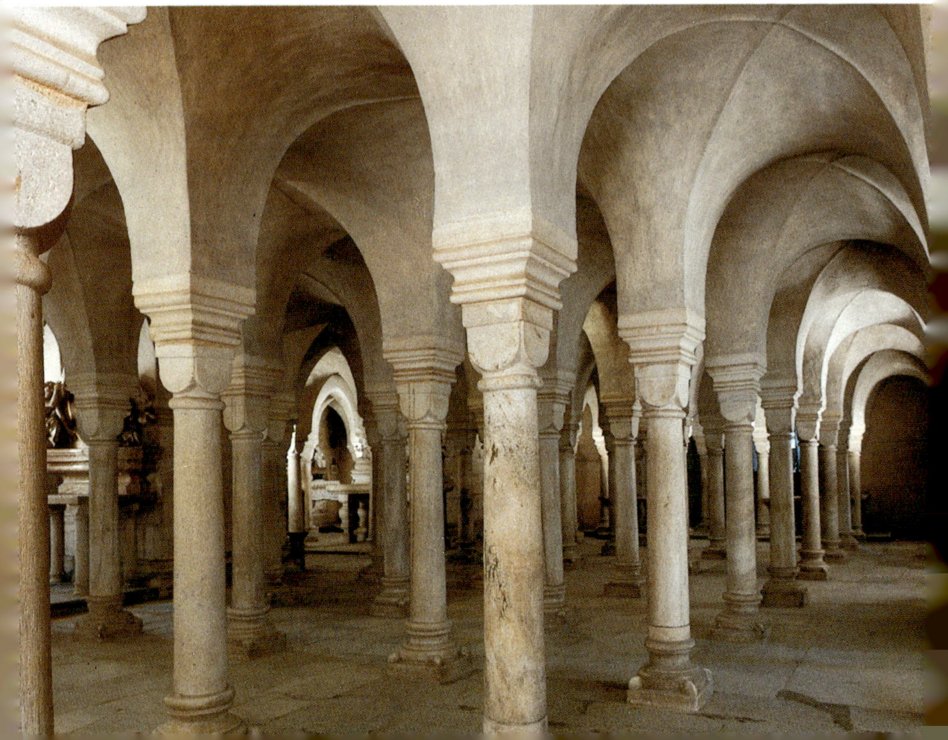

zum Teil ihm unrettbar anheimgegeben" ist, stellt immer noch eine ungemein dekorative Bühne dar, auf welcher man sich ein farbenprächtiges historisches Schauspiel vorstellen darf. Ein wesentlicher Abschnitt der Geschichte Kärntens begann auf diesem Petersberg und in seinem Schatten; und in der Tat „gingen Geistessignale von hier aus über das ganze Land". Um sich diesen Umstand zu vergegenwärtigen, braucht man sich nur einige Daten und Fakten in Erinnerung zu rufen. Die spätkarolingische Kirche, die einst den Petersberg krönte, entstand in den ersten Jahrzehnten des 10. Jahrhunderts; es war eine kleine Kirche mit offener Pfeilervorhalle, die später durch gotische und barocke Zubauten erheblich verändert wurde. Die erste gesicherte Burganlage, von der wir wissen, entstand dann unter einem Erzbischof Gebhard in der zweiten Hälfte des 11. Jahrhunderts. Die Burg auf dem gegenüberliegenden Geiersberg ist dagegen urkundlich erst auf das Jahr 1271 datierbar.

Aber die Jahreszahlen allein erklären noch nicht die tatsächliche Bedeutung dieser Anlagen. Man muß sich auch das dazugehörende historische Personal vorstellen: Erzbischöfe, Burgverwalter, den Adel, das selbstbewußte Bürgertum, die Vielzahl der Priester und Mönche, die hier wirkten; und schließlich die Bauern, die freilich immer eine eher untergeordnete Rolle gespielt haben. Die Spanheimer haben sich hier festgesetzt. Die Gurker Bischöfe haben in und mit Friesach ihre besondere Art von Politik betrieben, die allerdings nicht immer erfolgreich gewesen ist. Hochpolitische, gewichtige Konferenzen, in denen über das weitere Schicksal des heute vielzitierten Alpen-Adria-Raumes entschieden wurde, fanden hier statt. Und im Schatten wuchtiger Kirchen entwickelte sich bürgerlicher Wohlstand.

Heute ist Friesach nur noch ein Anlaß für besinnliche Kunstwanderungen. „Am Hauptplatz fesselt das klassizistisch gefaßte ehemalige Rathaus mit dem Medaillon eines römischen Paares den Blick. Im Fürstenhof ist es das mittelalterliche Kastengebäude, das einen seltsam anredet. In die Heiligenblutkirche vor dem Rotturm... lockt ein prächtiger barocker Hochaltar." (H. Strutz) Und hätte man aus den niederstürzenden Trümmern des uralten Bergfrieds auf dem Petersberg rechtzeitig die romanischen Fresken geborgen, so würde man in Friesach heute über eines der hervorragendsten mittelalterlichen

Kunstwerke ganz Europas verfügen. Ähnliches gilt vom älteren Fresko des Gurker Bischofs Roman I., das einst eine Außenmauer schmückte, bis es, schutzlos dem Wetter preisgegeben, fast völlig zerstört wurde. Die Größe von einst ist abgebröckelt. Was blieb, ist Erinnerung, sind Spuren, die heute freilich auch schon gefährdet sind. Denn Gleichgültigkeit, Unvermögen und manchmal auch die fehlenden Geldmittel für die Restaurierung und Sanierung bedeutsamer Kulturdenkmäler sind eine Gefahr, der man in Friesach nicht immer wirkungsvoll zu begegnen versteht.

Gurk und das Gurktal

Es war in Lieding, das sich auf einem regelmäßig geformten Hügel im Gurktal genau gegenüber der Straßburg erhebt, und ich war die steile Anhöhe hinaufgefahren, weil aus den Schallfenstern des Kirchturms Fahnen hingen, weil ich neugierig geworden war, was die farbenfrohe Aufregung bedeuten sollte, und ich kam gerade zurecht, um die Prozession zu sehen, wie sie langsam und schwankend, als würde sie von einer unsichtbaren Hand bewegt, ins stürmische Grün der Wiesen eindrang, vorbei an einer großen Scheune, vor der ein Misthaufen dampfte, und dann eine Gruppe von fahlfarbenen Kühen zersprengend, die wiederkäuend am Rand der kleinen Hochfläche standen und mit gelassenem Blick den feierlichen Aufzug beobachteten. Der Himmel war bewölkt. Sein heller Schatten fiel mit strengem Ernst auf die Frauen und Männer, die im Sonntagsstaat dem Allerheiligsten folgten, während im Hintergrund das Glockengeläut' der Liedinger Kirche einen dünnen, fast klagenden Ton produzierte. Und die ganze Zeit, während ich in einigem Abstand der Prozession folgte, saß in mir der Stachel eines Widerspruchs, den ich mir lange nicht erklären konnte. Da war das bäuerliche Volk, gedrungen, wie verwittert bei aller Breithüftigkeit und Knorrigkeit, kleinwüchsig vor dem dunkel aufragenden, die tief eingeschnittenen Gräben – die vom Gurktal aus nordwärts und südwärts wie schmale Abflußröhren oder wie Windkanäle verlaufen – genau akzentuierenden Wald, da waren diese mir in diesen Augenblicken seltsamen und doch so vertrauten Menschen, auf deren Gesichtern der Widerschein eines bewölkten, winderfüllten Frühlingstages lag ... und dann wußte ich plötzlich, was diesen Widerspruch erzeugte. Es war die Kirche. Es war der Gegensatz zwischen dieser hochaufragenden, wuchtigen und ungeachtet ihrer eher derben Proportionen doch fast zart anmutenden, trotz ihrer vermeintlichen Wehrhaftigkeit beinahe verletzlich anmutenden Kirche und den betenden Menschen, deren Köpfe hinter wucherndem Gras auf und nieder wippten, während das Allerheiligste und die Fahnen, die von den Fahnenträgern würdevoll himmelwärts gehalten wurden, als farbige Signale hinter den Wiesenrändern leuchteten.

Es war die Kirche. Ich hätte es wissen müssen. Sie ist so auffallend und wirkt so ungestüm, daß sie einem, wenn man durch das Gurktal über Straßburg in Richtung Gurk kommt, nicht mehr aus dem Blick geht. Auf diesem Hügel gelegen, der von unten, von der Straße aus, wesentlich höher, auch gewaltiger aussieht, als er tatsächlich ist, ragt sie wie ein Denkmal in den Himmel. Dazu die dunkle, schwärzlich braune und scheinbar wuchtig das kleine Plateau beherrschende, es kräftig einschnürende Friedhofsmauer, die aus einiger Entfernung so lebendig oder so ungestüm anmutet, daß man sich nicht vorzustellen vermag, dahinter nur einen kleinen, leicht abschüssigen Totenacker zu entdecken. Diese Friedhofsmauer setzt sozusagen einen Akzent, den man nicht mehr vergißt. Im Hintergrund die üppige Dekoration des Waldes; in diesen hineingeschnitten das duftige Wiesengrün. Und vor der Kirche, vor der schwärzlich braunen Mauer das buschige Gewölk eines riesigen Baumes. Das alles ergibt ein auf unerhörte Weise bewegendes Bild, das die ganze Szene mit der gegenüberliegenden Straßburg, mit dem Tal, den steil ansteigenden Wiesen und den bläulich schimmernden Bergen dahinter beherrscht. Und ein wenig ist man darüber betroffen, daß die Liedinger Pfarrkirche zur heiligen Margaretha den einheimischen Poeten nie ein besonderer Anlaß war, sich dieses Schauplatzes und seiner bemerkenswerten Geschichte anzunehmen. Herbert Strutz beispielsweise, der mit ebensoviel Liebe wie Aufmerksamkeit vor einem halben Menschenalter Kärnten beschreibend erfahren hat, widmete ihr nicht viel mehr als eine Zeile, darin sie lediglich reizvoll genannt wird und daß sich in ihr Gotik und Rokoko „auf wundervolle Weise verbinden", was allerdings nur recht unzulänglich die tatsächliche Situation darstellt. Aber vielleicht hat diese Gleichgültigkeit der Autoren einem geschichtlich wie kunsthistorisch so ungemein wichtigen Schauplatz gegenüber damit etwas zu tun, daß hier im Gurktal auf verhältnismäßig engem Raum mit Altenmarkt, Weitensfeld, Zweinitz, Gurk, Straßburg und Böckstein zuviel an Wichtigem, Aufsehenerregendem und sogar Berühmtem sich anbietet, zuviel an schöner Ablenkung den Blick ermüdet für jene Details, die nicht minder wertvoll und zudem sehenswert sind, so daß etwas scheinbar Nebensächliches dann übersehen wird.

Nun ist Lieding allerdings nicht im mindesten nebensächlich. Es ist nur, weil es in einem entfernten Tal und auf einem scheinbar unbedeutenden Hügel liegt, auf einem Allerweltshügel, wie es sie in Kärnten zu Hunderten gibt, auch wenn sich dieser eine Hügel mächtig aufbläht zu einem eindrucksvollen Buckel, es ist nur, daß Lieding in Vergessenheit geriet, weil Straßburg und Gurk im Verlauf der Jahrhunderte zu größerer Bedeutung emporstiegen. Nebensächlich oder unbedeutend ist an Lieding nämlich gar nichts.

Es war im Jahre 975, daß Kaiser Otto II. einer Kärntner Adeligen namens Imma das Marktrecht für Liubedinga zuerkannte, wie Lieding in jener Frühzeit geheißen hat. Dazu kam das außerordentliche Privileg, Zoll einzuheben und eine eigene Münze zu schlagen. Das alles bedeutet, daß es auf diesem steil aufragenden Hügel, den heute die Pfarrkirche zur heiligen Margaretha krönt, spätestens seit der Mitte des ersten Jahrtausends eine Ansiedlung gegeben haben muß, die einerseits mit dem gegenüberliegenden Straßburg – das urkundlich erstmals im Jahre 864 erwähnt wird – und andererseits mit jenem Kloster in Verbindung gestanden haben muß, das von Imma erbaut worden war und dessen ehemaliger Standort unbekannt ist. Hier auf diesen Hügeln, auf denen heute eine Pfarrkirche und, dieser gegenüberliegend, die Wehranlage der ehemaligen bischöflichen Burg von Straßburg die wesentlichen architektonischen Akzente in dieser Landschaft setzen, gab es also zu einer Zeit, da Klagenfurt noch gar nicht existierte und die Herzogstadt St. Veit – um nur diese beiden Beispiele zu erwähnen – erst in einigen Generationen gleichsam die Eischalen seiner eigenen Legende würde abstreifen müssen, bedeutende Zentren bäuerlichen und kirchlichen Lebens. Die Historiker nehmen übrigens an, daß dieses verschollene Kloster von Liubedinga gemeinsam mit der dazugehörenden und der Muttergottes geweihten Klosterkirche die erste Station war auf dem Weg zum nachmaligen Kloster von Gurk und dessen prachtvollem Dom. Ebenso ist die Vermutung angebracht, daß jene Dame namens Imma, die hier als Gründerin in Erscheinung getreten ist, eine Großmutter der heiligen Hemma von Gurk gewesen sein könnte. Manche Autoren neigen sogar zur eher unwahrscheinlichen Annahme, es könnte sich um die Mutter Hemmas gehandelt haben.

Aber wie immer die verwandtschaftliche Situation auch gewesen sein mag: Hier und auf dem gegenüberliegenden Hügel der Straßburg hat jenes kulturelle Selbstbewußtsein, das Kärnten nach den Stürmen der Völkerwanderungszeit und nach der slawischen Invasion von neuem entwickeln mußte, einen seiner kraftvollsten Ansatzpunkte gehabt.

Die heutige Pfarrkirche, Nachfolgerin der ehemaligen Klosterkirche, dürfte in den ersten Jahrzehnten des 11. Jahrhunderts erbaut worden sein. Ein namentlicher Hinweis findet sich in einer Urkunde aus dem Jahre 1043, wobei man immer davon ausgehen muß, daß davor schon auf diesem Hügel ein anderes Gotteshaus existiert hat. Bemerkenswert sind das gut erhaltene Langhaus des ursprünglich romanischen Baues, eine aus der Spätantike stammende Grabinschrift für ein einheimisches Ehepaar, ein Bogenrelief oberhalb des Stufenportals mit einer mittelalterlichen Darstellung von Engel, Mensch, Drache und Löwe, Überreste ehemaliger Fresken aus der ersten Hälfte des 14. Jahrhunderts sowie die großartigen spätgotischen Glasmalereien aus der Mitte des 14. Jahrhunderts. An den Außenwänden findet man noch Spuren einstiger Freskenherrlichkeit, und es bedarf keiner besonderen Phantasie, um sich die leuchtenden Farben und auch die plakativen religiösen Darstellungen vorzustellen, die einst diese Kirche buchstäblich zu einem Bilderbuch Gottes gemacht haben. Sehenswert ist auch die aus dem 15. Jahrhundert stammende Totenleuchte auf dem Friedhof, deren spitz zulaufender, schindelgedeckter Helm eine eigenartige Stimmung verbreitet.

Entzündet sich an solchen Bildern der Glaube? Ist die verhaltene Fröhlichkeit der Liedinger Pfarrkirche, sind die auf und nieder wippenden Köpfe hinter dem Wiesengrün, das die feierliche Prozession halb verdeckt, ist das dünne Glockengeläut ein gleichsam idyllischer Beweis für das Zusammenwirken von Geschichte und Kult?

Der Gurker Dom ist im Vergleich dazu von düsterer Eindringlichkeit, vermittelt den Eindruck einer dumpfen Trauer, die übrigens die meisten alten Kirchen in diesem Land ein wenig fremdartig und wie im Schlaf versunkene Geschöpfe aussehen läßt, die einer fernen Zeitenwende entgegendämmern. Das ist vielleicht auch der fundamentale Unterschied zum Schauplatz des Glaubens in der freien Natur wie in Lieding. Im Dom ist die Verführung zu diesem Glauben eine strenge Sache, beinahe etwas Kunstvolles, das mitunter ins Künstliche abgleitet.

An einem kalten, unfreundlichen Jännermorgen mit leichtem Schneetreiben und dem lautlosen Aufstand der schwarzen Fichten am Waldrand, aus dem der Schnee, der von zahllosen Tierfährten übersät war, herausbrach wie eine Sturzwoge, die sich dann im schmalen Tal schäumend überschlug, war ich wieder in Gurk und im Dom, dessen dunkles Kirchenschiff im Winter allerdings abgeschlossen ist. Ich war früh genug gekommen, um noch die Lampen hinter den kleinen Fenstern des großen Klostergebäudes brennen zu sehen, wo heute private und öffentliche Institutionen ihre Bürozimmer haben. Eine schlanke Mariensäule aus der Mitte des 19. Jahrhunderts, die an die Unbeflecktheit der Muttergottes erinnern soll, stand vor der Friedhofsmauer frierend im Schnee. Auf dem Friedhof selbst, der die Kirche umgibt, wuchsen die Schneekappen auf den Kreuzen und Grabmonumenten. Es hatte einen Augenblick lang den Anschein, als ob der Tod vom sanften Niedergleiten des Schnees, von der Lebendigkeit der Natur besiegt worden wäre.

Über allem aber erhob sich das bleiche Mauerwerk des Doms. Es war, als wollten sich die beiden grünen Kuppeln der Türme – es ist ein absurdes Grün, das weder dem Charakter der romanischen Kirchenarchitektur noch dem Charakter der Landschaft entspricht – in den verhängten Himmel verlieren. Mir ist dieses ehrgeizige Emporwachsen immer ein wenig verdächtig gewesen, weil es die Menschen zu einer übergroßen Demut herausfordert. Dabei gibt es in der Krypta des Doms einen prachtvollen, scheinbar organisch gewachsenen Säulenwald, der mich an die Wurzeln erinnert, die alle Dinge haben sollten, die himmelwärts wachsen und doch nicht den Boden unter den Füßen verlieren wollen. Dieser dem Eindruck nach maurisch-islamische und in Wahrheit natürlich romanische Säulengarten, dieses aus Menschenhand entstandene Wurzelwerk eines großen sakralen Gebäudes, das in ein geheimnisvolles Dämmerlicht eingebettet liegt, hat meines Erachtens nichts Vergleichbares außerhalb der italienischen Kulturwelt, die ja erst anderthalb oder zwei Autostunden südlich von Gurk beginnt. Es kann auch kaum ein Zufall gewesen sein, daß das siebenfach gestufte Innenportal der Kirche um das Jahr 1200 von lombardischen Künstlern und Handwerkern geschaffen wurde. Denn vieles an dieser dreischiffigen Pfeilerbasilika, die in einem schmalen und dunklen Kärntner Tal steht, ist fremdländisch, projiziert mediterrane und sogar levantinische Bilder aufs Aug' des Betrachters. Und die slowenischen Bauern aus dem Krainischen, die bis in die Zeit vor dem letzten Weltkrieg den Gurker Dom als einen ihrer wichtigsten Wallfahrtsplätze regelmäßig aufsuchten, diese einfachen und in dürftigen sozialen Verhältnissen lebenden Waldmenschen, die zwischen Gebirge und Meer angesiedelt waren und eigentlich dem italienischen oder mittelmeerländischen Einfluß viel stärker ausgesetzt gewesen sind als irgendeiner geistigen Strömung, die aus dem Norden kam, diese wallfahrenden Bauern, Hirten und Waldarbeiter, die unter großen, teilweise selbstauferlegten Mühen nach Gurk gekommen sind, mochten hier eine allerletzte und gerade deshalb bedeutende Bastion jener schönen Luzidität instinktiv erahnt haben, nach der die Sehnsucht der gläubigen Menschen im Hinterland der mittelmeerländischen Küsten immer schon ausgerichtet war.

Ich habe ein paar Beweise für diese Behauptung. Da sind die Kalksteinquader, die an versunkene istrianische Kathedralen erinnern. Da gibt es die beeindruckende, den Glauben demütigende und zugleich herausfordernde Höhe der Türme, wie man sie erst wieder an den Küsten der Adria im Bereich der venezianischen Kirchenarchitektur findet. Und da ist die mittelalterliche Ornamentik, die aus italienischen Vorbildern entstanden ist. Im Gegensatz dazu spürt man die herbe Zurückhaltung einer hügeligen Landschaft, die sich allmählich zum hochaufragenden Gebirge der Tauern aufschaukelt, waldreich, zerklüftet, schon von steilen Felsen durchsetzt, aus denen klare kalte Sturzbäche hervorschießen. Ein größerer Kontrast als der zwischen der Basilika und der Natur rundum wäre kaum vorstellbar.

Allgemein nimmt man an, daß Kärntens Landesheilige Hemma, die aus der historisch nachweisbaren Figur einer Gräfin von Zeltschach und Friesach hervorgegangen ist und die um die Mitte des 11. Jahrhunderts gelebt hat, daß also die heilige Hemma für die Existenz dieses Gurker Doms verantwortlich gewesen sein soll. Das ist so falsch wie die weitverbreitete Annahme, daß beispielsweise der uralte Vier-Berge-Lauf sich jemals – und gerade jetzt wieder im Dienste des Fremdenverkehrs, dieses Zerstörers aller traditionellen Substanz – in eine geschmäcklerische und folkloristisch außerdem völlig verfälschte

Unterhaltungsmöglichkeit für neugierige Zaungäste umfunktionieren läßt. Andererseits haben die Krainer, die südlich der Karawanken leben – eines vielfach gegliederten Kalksteingebirges, das den deutschen Sprachraum von den Küstenlandschaften der Adria trennt –, einige Jahrhunderte lang regelmäßig am sogenannten Krainer Freitag – das war stets der vierte Freitag nach Ostern – sich zu Hunderten und mitunter zu Tausenden im Gurker Dom eingefunden, um im Namen und zu Ehren der heiligen Hemma eine Form der Religiosität zu demonstrieren, die eine einzigartige Mischung aus ältesten, noch aus illyrischen Traditionen übernommenen Mythen und strengem katholischem Ritus war.

Man vergißt und übersieht solche Dinge, solche halbverschollenen Zusammenhänge allzuleicht in einer Zeit, da vor jedem Bauwerk von einiger historischer oder kultureller Bedeutung Sprechapparate angebracht sind, deren Hörer man nur abzunehmen braucht, um Baugeschichte und künstlerische Gestaltung sachgerecht erzählt zu bekommen. Aber daß die Krainer Bauern einmal vor vielen, vielen Jahren diese Gräfin Hemma, die in ihrer Gegend reiche Besitzungen gehabt haben soll, brutal verjagt haben, nur weil sie in Bischoflack, dem heutigen Škofja Loka, eine katholische Kirche errichten lassen wollte, und daß daraufhin so lange keine Saat mehr aufging und keine lebendgeborenen Kälber mehr aus den Bäuchen der Kühe schlüpften, bis sich das wüste, steinewerfende Waldvolk zur alljährlichen Wallfahrt nach Gurk bereit erklärte, das ist so wenig bekannt wie der geheimnisvolle Umstand, daß es neben dem Hauptaltar einen gemauerten Schacht gab, durch den zahllose schwangere Frauen gekrochen sind, weil sie sich dadurch eine gefahrlose Geburt erhofften. Aber auch die beiden lebensgroßen Wachsfiguren, die von den Krainern vor dem reichlich mit Gold geschmückten Hauptaltar aufgestellt worden waren und stets eine bedeutsame Rolle im Ablauf der Wallfahrt gespielt hatten, sind aus fast allen neueren Beschreibungen des Gurker Doms ersatzlos gestrichen worden. Es hat beinahe den Anschein, als ob man die alten Geschichten einer sanften und dennoch unnachsichtigen Zensur unterzöge.

Diese Wachsfiguren, die natürlich die Heilige und deren Ehemann namens Wilhelm darstellen sollten, waren in einem ganz bestimmten

Sinn sogar das Zentrum dieser sonderbaren Wallfahrt. Man rutschte auf Händen und Knien um sie herum. Man setzte ihnen Mützen und Hüte auf, die man nach einer gewissen Zeit voll feierlicher Andacht wieder auf den eigenen Kopf drückte, was angeblich gegen alle Arten von Kopfleiden half. Man berührte Augen, Ohren und das ganze Gesicht der wächsernen Statuen, tastete es behutsam und nachdrücklich ab und drückte die solcherart geweihten Hände gegen die eigenen Ohren, die eigenen Augen, das eigene Gesicht; auch das ein frommes oder vielleicht abergläubisches Vorbeugemittel gegen Krankheit und Siechtum. Man schleppte dann die Statuen im Prozessionszug mit, und überall dort, wo man sie für einen kurzen Augenblick abstellte, um zu beten oder eines der ebenso wehmütigen wie tiefempfundenen Lieder zu singen, für die diese Menschen berühmt waren, schaufelte man die Erde in vorsorglich mitgebrachte Säcke, die man später in der Heimat über die eigenen Äcker ausschüttete. Das sollte den Reichtum künftiger Ernten garantieren. Und auch das Wasser aus dem Hemmateich, einem kleinen Weiher hinter dem Dom, wurde in Flaschen abgefüllt und mitgenommen, weil es einen scharfen Blick und Heilung von allen Augenkrankheiten versprach.

So war das alljährlich in der Zeit nach Ostern viele Jahrhunderte lang. So spielte sich das im kleinen Bauerndorf Gurk ab, als noch die krainischen Wallfahrer über den Loibl- und Wurzenpaß herüberkamen nach Kärnten, so war das immer mit dem Beginn am legendären Krainer Freitag. Und es läßt sich aus den verschiedenen Bräuchen unschwer eine Brücke zwischen volksnaher Frömmigkeit und kultischer Erinnerung feststellen, die bis in jenes Zeitalter zurückreicht, als es noch Mutterkult und Fruchtbarkeitsriten gab, als es noch überall im Mittelmeerraum Höhlen und gemauerte Gänge gab, durch die schwangere oder auch unfruchtbare Frauen hindurchkriechen mußten, oder als es noch völlig selbstverständlich war, daß man das primitiv nachgeahmte Abbild ältester Muttergottheiten auch als mythische Medizin verwendete gegen die eigenen Krankheiten und seelischen Leiden.

Die historisch gesicherten Fakten, Gurk betreffend, sprechen im Vergleich zur Überlieferung, in welcher das Volk eine Rolle spielt, eine verhältnismäßig nüchterne Sprache. Ein Fluß namens Gurk wird zum Beispiel im Jahre 831 erwähnt. Das nächste Dokument bezeugt, daß ein Hof Gurk existiert und zu Salzburg gehört. Und im Jahre 898 bestätigt Kaiser Arnulf – der ein Kärntner war, einem einheimischen Herzogsgeschlecht entstammte und nachweisbar zu Karnburg Hof gehalten hat – einem gewissen Zwentibolch das Eigentum des Gurker Hofes und anderer Güter im Gurktal. Dieser Zwentibolch war übrigens ein Vorfahre der heiligen Hemma, von der wir annehmen dürfen, daß sie um die Mitte des 11. Jahrhunderts jenes Kloster von neuem gründete, und zwar in Gurk, das zuvor schon in Lieding bestanden hatte. Jedenfalls ist in den sechziger Jahren des 11. Jahrhunderts von einem Monasterium Gurk dokumentarisch die Rede. Das Bistum selbst wurde 1072 von Salzburg aus gegründet. Der erste Bischof war ein gewisser Günther von Krappfeld, also ein Kärntner. Schwere und langanhaltende Kämpfe zwischen Gurk und dem Erzbistum Salzburg führten schließlich zur Eigenständigkeit des Gurker Bistums, zumindest, was gewisse weltliche Privilegien betraf. So etwa erhielt man zu Gurk unter Bischof Roman I., dem Erbauer des Doms, im Jahre 1144 die Ermächtigung zur Einhebung des sogenannten Zehnten, der wichtigsten und ertragreichsten Steuer. Das entscheidende Vorrecht der Bischofswahl blieb jedoch bei Salzburg.

Was die Baugeschichte des Gurker Doms angeht, ist soviel gewiß, daß unter Roman I. um die Mitte des 12. Jahrhunderts mit dem Bau begonnen wurde, also verhältnismäßig lange nach dem Tod der heiligen Hemma. Ihre sterblichen Überreste wurden, wie wir aus Urkunden wissen, 1174 in die Krypta umgebettet. Einige Jahre später kam es zu einer Bauunterbrechung. Und im Jahre 1200 schließlich wurde der Hochaltar eingeweiht, während Dom und Stift bis spätestens 1220 fertiggestellt waren, was aber nichts an der über die folgenden Jahrhunderte sich erstreckenden Ausgestaltung, an diversen Um- und Neubauten änderte.

Weitensfeld

Immer müßten es – dachte ich einmal, als ich mir über den Gurktaler Marktflecken Weitensfeld eine Meinung zu bilden versuchte – die ersten Eindrücke sein, die dann alles Nachfolgende beeinflussen. Und stets ist es zuerst ein Blick, eine Geste, eine scheinbar zufällige Begegnung, was später die Erinnerung prägen wird.

Aber als ich jetzt wieder an Weitensfeld vorbeikam, vor mir ein heftig entflammter, wie in schmelzendes, rötliches Gold getauchter Abendhimmel, der sich irgendwo über Deutsch-Griffen, über dem Zammelsberg oder über dem Albeck in gelblich- und bräunlichfarbene Schwaden hüllte, durch die diese übermäßig erhitzte Wintersonne rollte, die das ganze Gurktal in Aufregung versetzte... als ich jetzt also wieder an Weitensfeld vorbeikam, sah ich nur einige Schatten, ein paar tief übers dunkle Mauerwerk herabgezogene Schindeldächer, von denen zögernd der Schnee herabrutschte. Und während ich mit blinzelndem Blick der untergehenden Sonne nachfuhr und mißtrauisch die Wolken beobachtete, die sich nun, da die Dämmerung das Abendrot schluckte, wie ein rasch anschwellender Wildbach über das Gurktal ergossen, bröckelte Weitensfeld oder das, was davon an der Durchzugsstraße existiert, unaufhaltsam ab, verlor es sich an die aufsteigende Dunkelheit, durch die der tagsüber schmelzende Schnee schimmerte.

Weitensfeld: Das war in jenem vergangenen Sommer vor allem anderen dieser aus dem dampfenden Grün der Wiesen sich plötzlich erhebende Kirchturm, wenn man, von Gurk und Zweinitz kommend, die Schatten der waldbedeckten Hügel noch als eine Art Halskrause empfand, die einem fast den Atem abschnürte. Das beinah ins Schwärzliche eintauchende Grün des Waldes; das hellere Grün der Wiesen, denen die rasch hochsteigende Sommersonne den Tau trocknete. Und dann dieser Kirchturm, der zuerst wie ein derber Knotenstock und ein paar Augenblicke später wie ein dicker, unmäßig aufgequollener Baumstamm aus dem Talgrund emporwuchs... Einige Tage lang würde ich diese spätgotische Pfarrkirche von Weitensfeld ergebnislos umkreisen, niemals vordringend bis zum angeblich prunkvollen Hochaltar aus dem Jahre 1720, weil das Kirchentor fest verschlossen und

Hochwürden, den ich mir als strengen Diener seines Herrn vorstellte, unauffindbar war. Nicht überprüfbar würden mir also der gotische Chor aus der ersten Hälfte des 14. Jahrhunderts, die umfangreiche Freskoausstattung aus den Anfängen des 15. Jahrhunderts und das sehenswerte Kreuzrippengewölbe aus dem 14. Jahrhundert sein. Und das älteste erhaltene romanische Glasgemälde Österreichs, das aus der kleinen Filialkirche der heiligen Maria Magdalena stammt, die außerhalb des Marktes und schon jenseits der Gurk ein abgeschiedenes Dasein fristet, würde ich in jenem Sommer erst im Diözesanmuseum in Klagenfurt zu Gesicht bekommen.

Weitensfeld, so schien es, verschloß sich mir. Weitensfeld, so dachte ich mit einem Anflug gekränkter Eitelkeit, wollte nichts zu tun haben mit mir. Und ein paar winzige Augenblicke lang und immer noch unter diesem merkwürdig entflammten und schon wieder verblassenden, sich eindunkelnden und hinter Wolken verbergenden Winterhimmel versuchte ich, mir den sogenannten Wildschütz-Jackl vorzustellen, der im vergangenen Jahrhundert wie einige andere Landstörzer und Halsabschneider nicht nur die Kärntner Landstraßen unsicher gemacht, sondern auch einigen fragwürdigen Ruhm erlangt hat. War er, der seine traurige Karriere hier in Weitensfeld als Wilddieb begonnen hatte, an Weitensfeld gescheitert? Hatte er keinen Zutritt gefunden zu den stattlichen Bürgerhäusern aus dem 15. und 16. Jahrhundert, an denen noch manche hübsche Biedermeierfassade von vergangenem Glanz erzählt? Oder war er bloß ein getriebenes, schuldlos-schuldiges Geschöpf dieser Waldlandschaft, die ihn zuletzt mit Haut und Haaren verschlang?

Gesichter fallen mir ein; und diese andere Kirche, die im Gegensatz zu jener in Weitensfeld offenstand, die mich einließ in die dunkle Wölbung ihres frommen Bauches; und die Zeichnungen in der Landschaft hoch oberhalb des Gurktalbodens, dort, wo alles angefangen hat, wo einmal Weitensfeld war, als Weitensfeld noch gar nicht existierte... Kurz nach dem Wiesengelände, das jetzt schneebedeckt war, in das der idyllische Graben aus dem Zauchwinkel mündet, steht an der Gurktalstraße zwischen Weitensfeld und Kleinglödnitz ein Holzkreuz, so schilderte einmal Herbert Strutz die Abzweigung des Fahrwegs hinauf nach Altenmarkt, nur einige Autominuten nach Weitensfeld. Gegenüber dem Holzkreuz gibt es auch immer noch dieses „aus dünnen, kantigen Stäben geschmiedete Wegzeichen, das sozusagen mit wenigen Strichen eine Kirche in die Luft stilisiert". Dem Wegzeichen folgte ich. Und fand die schattenspendende, breite Linde, die jetzt winterlich kahl war und zu frösteln schien; ich sah auch diese Art Festungsturm, der ein Karner war, und dahinter den stattlichen Kirchturm. Durch knirschenden Schnee ging ich zur Kirche. Der Himmel war eingedunkelt. Wolken flogen durch die aufziehende Nacht. Vom gegenüberliegenden Gasthof, wo ich später einkehren und manches Erstaunliche erleben würde, glomm ein gelbes Licht herüber. Irgendwo in der Ferne, die hier doch ganz nah' schien, knurrte ein Hund.

Hier also hat alles angefangen, was mit Weitensfeld zu tun hat, hier in Altenmarkt, wo einst die Heer- und Handelsstraße von Virunum hinauf nach Norden verlief und die Römer eine Straßenstation eingerichtet hatten, über deren Schicksal man nur Vermutungen anstellen kann. Beliandrum soll sie geheißen haben, meinen einige Autoren. Andere erwähnen den Namen Mutacaium. Geschichte, darin unser Dasein wurzelt, verbirgt sich manchmal hinter Widerspruch und rätselhaften Zeichen. Aber sie hört nie auf, wirksam zu sein.

Im 12. Jahrhundert jedenfalls – als Jahreszahlen mag man 1131, 1152 und 1164 in Erinnerung behalten – wuchs auf diesem unregelmäßig gegliederten Plateau oberhalb der Gurk und gleichsam im Schatten der alten römischen Straße ein Gemeinwesen, das man als das „Feld des Witin" bezeichnete. Zu jenem Zeitpunkt existierte hier, urkundlich erstmals im Jahre 1043 genannt, eine Pfarre, gab es eine Pfarrkirche, die man als Vorläuferin der heutigen Pfarrkirche von Altenmarkt ansieht. Zweihundert Jahre später gab es auf dem sogenannten Aichhof nordwestlich des Dorfes einen Stützpunkt der Gurker Ministerialen. Und da war das „Feld des Witin" gerade umbenannt worden, war der Name Weitensfeld, der hier oben auf dem Plateau oberhalb der Gurk in der Nachfolge einer römischen Straßen- und Poststation entstanden war, hinab ins Tal gewandert, wo man, wahrscheinlich um das Jahr 1211, Weitensfeld neu gegründet hatte. Zurück blieb das hochgelegene Dorf, das nun den Namen Altenmarkt annahm. Zurück blieb jene Kirche, die einst von einer frommen und gewiß auch vermögenden Frau namens Imma gestiftet worden war. Bei Herbert Strutz kann man nachlesen, daß es sich dabei um die Mutter oder Großmutter jener Hemma von Gurk gehandelt haben könnte, die in Kärnten als Gründerin des Gurker Doms und als Heilige verehrt wird. Aber unwiderlegbar zu beweisen ist das alles nicht. Geschichte ist manchmal nichts anderes als eine Abfolge von Vermutungen, ist etwas, mit dem sich die Phantasie beschäftigen muß. Geschichte ist Spurensuche und hat manchmal auch mit Irrweg und Irrtum zu tun.

Auf Weitensfeld, das jetzt Altenmarkt hieß, begann sich die Patina einer großen Vergangenheit herabzusenken. Es entstand im 15. Jahrhundert die Kirche in ihrer heutigen spätgotischen Form; es kam der wehrhafte Rundkarner dazu; und es kamen, man schrieb den 4. August 1478, die Türken, gegen die man die Kirchenfestung, darin die Bauern mit ihrem Hab und Gut Unterschlupf gefunden hatten, „heldenmütig und mit Erfolg verteidigte". Das dunkelgraue, verwitterte Mauerwerk eines Wehrgangs, der beim Karner noch einen Teil des Friedhofs umschließt, erinnert an diesen dramatischen Tag.

Im Inneren der Kirche, die dem heiligen Ämilian geweiht ist, obgleich da irgendwann einmal einem hochwürdigen Pfarrherrn oder vielleicht auch sogar einem zerstreuten Bischof ein Irrtum passiert sein muß, weil dieser Ämilian hier – und das gleich zweimal – mit den Attributen eines anderen Heiligen dargestellt wird, nämlich mit jenen des heiligen Blasius, eines Märtyrerbischofs, der die mehrzinkige Gabel trägt, mit welcher er geschunden wurde... im Inneren der Kirche, die also eine der vertauschten Heiligen ist, eine Triumphbogenwand, an deren linkem Teil ein Fresko mit einer Schutzmantelmadonna prangt, das dem Meister Thomas von Villach zugeschrieben wird. Das wäre demnach in den fünfziger und sechziger Jahren des 15. Jahrhunderts entstanden, „voll inniger Süße, ungemein fein in der linearen und farbigen Behandlung. Die Madonna steht mit dem Kind am Arm unter einem Kielbogen. Engel im Hintergrund umkreisen sie und lüpfen ihren Mantel hoch, der zahlreiche Vertreter geistlicher und weltlicher Stände wie unter einem Baldachin birgt. Unsagbare Anmut strahlt von der schlanken, durch das hochgegürtete Kleid durchaus zart, fast mädchenhaft wirkenden Gestalt der heiligen Jungfrau aus..." (Herbert Strutz).

Vorstellen muß man sich, während man dieses und das am rechten

Triumphbogen angebrachte Fresko betrachtet, das aus dem letzten Drittel des 15. Jahrhunderts stammt und in farbig gedämpfter Tönung und mit einer etwas härteren Linienführung die Madonna zwischen den beiden Aposteln Petrus und Paulus zeigt, wie über die Jahrhunderte hinweg die Bauern dieser Gegend die Farben, die Komposition, die Inhalte bestaunt haben, andachtsvoll und mit dieser selbstverständlichen Demut angesichts eines letztlich doch unbegreiflichen Kultes, der durch diese Kirche, durch diese Bilder, durch das strenge und feierliche Zeremoniell der Messen immer wieder von neuem Gestalt annahm. Und wie sie, deren Dasein aus nichts anderem als Plackerei und einem unaufhörlichen Seiltanz über die Abgründe der Armut bestand, in diesen Fresken etwas erblickten, das edel war, schön, anmutig, das einen süßen Glanz warf auf ihr hartes, entbehrungsreiches Leben.

Vertrauter wird ihnen wohl der Umgang mit dem sogenannten Schalenstein gewesen sein, der immer noch − jetzt freilich völlig unbeachtet − in irgendeinem verstaubten Winkel der Kirche liegt. Das ist eine etwa tellergroße, kreisrunde Steinplatte mit etlichen Löchern darin, die dem Stein ein recht eigenartiges Aussehen verleihen. In diese Vertiefungen, hier sind es genau sieben an der Zahl, füllte man früher, und zwar über das Mittelalter hinaus, Wachs, Öl oder Unschlitt, steckte selbstgefertigte Dochte hinein und entzündete diesen eher primitiven, jedoch originellen Kerzen- oder Totenstein zum Gedenken an einen Verstorbenen. Das muß dann ein ebenso düsterer wie feierlicher und vielleicht auch gespenstischer Anblick gewesen sein, wenn im Halbdunkel der Kirche das siebenfach wabernde Feuer aufglomm und sein zuckendes Licht über die Wände warf, während beißender Qualm aufstieg und draußen der Wind über die Hochfläche fuhr, der durch hundert Löcher und Risse ins Kirchenschiff eindrang und die Flammen auf dem Totenstein in heillose Unruhe stürzte.

Im gegenüberliegenden Gasthof, beim Leutgeb, wie sie hier sagen, obgleich sein Besitzer längst schon einen anderen Namen trägt, am Abend die Männer beim Bier und bei ihren Erinnerungen, die ihnen hexenhaft die Seele verwirren. Das hat mit dem Krieg zu tun, mit den Zeiten der Arbeitslosigkeit, mit verfallendem Holzpreis und manchmal auch mit Mädchen, deren Lachen glockenhell, deren Blicke verführerisch und deren Liebeskünste unvergeßlich gewesen sein müssen.

Die meisten von ihnen liegen allerdings schon drüben auf dem Friedhof, über den der bleiche Schatten des Altenmarkter Kirchturms fällt. Später am Abend dann wird ein fleißiger Kanonikus, der seit vielen Jahren schon als Pfarrherr von Altenmarkt wirkt und zugleich landauf und landab „etwas von der Kultur dieses Landes unters Volk bringt", wie er sagt, im Extrazimmer Gedichte des Kärntner Lyrikers Johannes Lindner aufsagen. Die Zuhörer, etwa zwanzig Gurktaler aus der näheren Umgebung, lauschen andachtsvoll und begreifen, daß manchmal die Sprache, als ob ein Zauber sie berühre, die Wirklichkeit einfangen kann. Und die Verse des Johannes Lindner erfüllen das rauchgeschwängerte Extrazimmer mit einer Welt, die ursprünglich ist, voll von Dämonen und erfüllt mit Wahrhaftigkeit.

So war das in Altenmarkt, das vor Zeiten einmal Weitensfeld gewesen ist. Die Kirche offen, der Blick in die Tiefe des alten Beinhauses unbehindert, die Stimmen aus der Vergangenheit hörbar. Ganz anders dann die Dinge in Weitensfeld unten im Tal. Da war die Kirche in jenem Sommer stets verschlossen, sooft ich auch vorzudringen versuchte zur angeblich hochbarocken Einrichtung, die in den Kunsthandbüchern gerühmt wird, zu den polygonalen Wandpfeilern, zum Hochaltar mit seinen Säulen und sogenannten Fruchtgehängen oder zu den Bildern der Vierzehn Nothelfer, die einen Seitenaltar schmücken.

Nur den Blick über den Friedhof konnte mir niemand verwehren. Und was für ein Friedhof das ist! Als ob ein pedantischer Sensenmann immerzu darum besorgt sei, die adretten Grabhügel und Grabsteine bloß nicht wieder zurückzuverlieren an die unmäßig lebendige Natur, wie sie außerhalb des gerundeten Friedhofs und des Marktfleckens noch aufs üppigste existiert. Da wölbt und buckelt und rundet sich das, was einst das Leben von Weitensfeld ausgemacht hat. Und da wirkt alles ein wenig verniedlicht und auf eine merkwürdige Art neutral oder unbeteiligt, als ob alle jene, die hier auf ihre Auferstehung warten, nichts mehr zu schaffen hätten mit der Existenz einer Gurktaler Bauerngemeinde, aus der sich das Leben langsam, unauffällig und doch unaufhaltsam zurückzieht.

„Lieber viel fressen und saufen, als ausgerechnet einen Bauernhof auf dem Buckel zu haben", wird einmal spätnachmittags ein dürres, knochiges, wie ausgetrocknet wirkendes Männlein sagen, das alterslos aussieht mit seinen eisgrauen Haaren und den schlenkernden Bewegungen, mit denen es den Bierkrug zum fast zahnlosen Mund führt. Und ich werde mich, mitten in einer verrauchten Gaststube und umgeben von seufzenden Biertrinkern, ratlos fragen, weshalb ich stundenlang völlig allein war draußen auf dem langgestreckten Marktplatz, der wie ein allmählich versandender, zuwachsender Bach die Häuser voneinander trennt. Am Abend, es war an einem Freitag, werden dann plötzlich die Autos kommen. Aus den Autos werden junge Leute aussteigen und in diesen Häusern verschwinden. Und manche Autos werden Klagenfurter, St. Veiter oder Feldkirchner Nummern haben. Das dürre, knochige, alterslose Männlein wird mir, weil ich es immerzu bedränge und aushorche, ein paar wortkarge Erklärungen geben. Eigentlich hätte ich es selber wissen sollen, weil das, was in der Bauerngemeinde Weitensfeld passiert, schließlich schon längst nichts mehr Neues oder Aufregendes ist, weil das im ganzen Land, wo aus den Bauernkindern Handwerker und Facharbeiter und Büroangestellte werden, die Regel geworden ist. Man pendelt zur Arbeit aus. Irgendwann bleibt man endgültig fort. Und noch später verlieren sich auch die letzten Wurzeln, die einen mit der alten Heimat verbunden haben. Ein ehemaliger Bauernsohn, Holzknecht und Zimmermann, der jetzt „schon jahrelang bei den Treibachern arbeitet, weil man dort ganz gut verdienen kann", erklärt nüchtern das, was Politiker und Soziologen als das Phänomen der Abwanderung aus dem bäuerlichen Raum beschreiben. „Allein das Benzingeld", sagt der Mann und schüttelt unzufrieden den Kopf. „Und im Winter das Glatteis. Manchmal trinkt man einen Schluck zuviel... Man muß dort leben, wo man Arbeit hat."

Eine steirische Marktgründung sei Weitensfeld ursprünglich gewesen, lese ich in einem Reisehandbuch. Ein gewisser Otto von Teufenbach habe im Jahre 1202 das ganze Gebiet dem Domstift Gurk zum Geschenk gemacht. Einige Jahrhunderte später – genau war das im Jahre 1478 – verwüsteten die Türken das Tal. Auch die Pest mag hier gewütet haben, was später den Anlaß bot für eine hübsche Sage, die erklären sollte, was aus dem Gedächtnis der Menschen beinah schon zur Gänze verschwunden war. Denn das sogenannte Kranzelreiten, ein zu Pfingsten geübter Brauch, der immer mehr zur Fremdenverkehrsattraktion wird, hat im Grunde gar nichts mit dieser hübschen Legende zu tun, derzufolge nach dem Abklingen der Seuche nur ein Burgfräulein (vom Zweinitzer Schloß Thurnhof) und drei junge Burschen überlebt hätten, die nun in einem sportlichen Wettkampf darüber entscheiden sollten, wer die Hand des Burgfräuleins für sich gewinnen dürfe. In Wahrheit geht dieses Kranzelreiten auf ältestes kultisches Brauchtum zurück, spielt hier des Volkes instinktiver Glaube eine bedeutende Rolle, daß gerade in der vorsommerlichen Zeit, wenn die Natur ringsum sich kraftvoll zu entfalten beginnt, dem Wasser eine besondere Kraft innewohne, was, vermengt mit der noch wesentlich älteren kultischen Handlung des germanischen Brautlaufes, schließlich zur heutigen Form dieses Volksfestes führte.

Den Marktbrunnen auf dem Weitensfelder Marktplatz krönt demnach ein etwas steifes, in lieblicher Pose erstarrtes Burgfräulein, wie das eben der volkstümlichen Phantasie eines heutigen Bildhauers entsprechen mag. Ein dünner Wasserstrahl, dem nichts Urtümliches, Saftiges, prachtvoll Gewaltsames mehr anhaftet, plätschert in den Brunnentrog. Und jedes Jahr am Pfingstmontag wird hier gelaufen und geritten und gesungen und getrunken und gelegentlich wohl auch krakeelt... Drinnen im sogenannten Brauchtumsmuseum, das gegenüber dem Marktbrunnen in einem winzigen Zimmerchen untergebracht ist, steht in einem Winkel noch die hölzerne Statue der Weitensfelder Jungfrau, geschaffen einst vom Holzbildhauer Othmar Jaindl, abgelehnt von den Weitensfeldern aus Gründen, die sie selbst nicht so genau beschreiben können, bis eben schließlich die neue Statue kam, die jetzt wohl allen gefällt.

Übrigens ist die „Urmutter" aller Weitensfelder Frauenstatuen vor vielen Jahren schon spurlos verschwunden. Das sei ein Prachtweib gewesen, schwärmen die Alten heute noch von ihr, die farbenprächtig bemalt, ausdrucksstark und „fast wie lebendig" gewesen sein soll. Wohin diese älteste Statue verschwunden ist, wessen ungestüme Leidenschaft sie erweckt hat, durch wessen Hände sie inzwischen wanderte... niemand weiß es.

Die Wälder rauschen rund um den Marktflecken, der zu mancher Stunde, wenn die Dämmerung herabfällt voll lautloser Melancholie, buchstäblich zu ertrinken scheint in Erinnerungen, die wertlos geworden sind. Das schwere Klingen der Goldstücke, die einst über die Holztische schepperten, wenn ein reicher Holzbauer die Zeche für alle zahlte... vorbei und verweht. Der dumpfe Ton zuschlagender Äxte, das Kreischen der Sägen, das krachende, knirschende Hinstürzen gefällter Baumriesen... Jetzt röhren Motorräder über die Straßen, die durch die Tiefe des Waldes führen. Und dort, wo der Marktplatz von Weitensfeld sich verengt, krümmt, an die Gurk verliert und schließlich im hangaufwärts stehenden Wald gleichsam untertaucht, endet auch die eher dürftige und wie verbraucht oder herabgewohnt wirkende Existenz eines Marktfleckens, der nicht mehr nur bäuerlich und auch nicht mehr holzhändlerisch und noch nicht fremdenverkehrsgemäß oder gar gewerblich zu überleben weiß. Immer wieder höre ich den Satz, daß die Abwanderung das große Problem sei. Und manchmal ein böses Wort über die Politiker. Und gelegentlich, wenn der Abend im Gasthaus schon mürbe, verraucht und vom Bierdunst gänzlich eingehüllt ist, Erinnerungen an früher... als man hier noch illegal war und Waffen hatte und damit auch umzugehen wußte. „Auf den Hitler haben wir gewartet wie auf den lieben Gott", sagt einer, der ein schmales Gesicht hat und böse Augen macht, als er hinzufügt: „Aber er hat uns auch nur enttäuscht..."

Streng und dunkel steht der Wald. Etwas Wind bewegt die Wipfel der Bäume. Und bläst jetzt über den Marktplatz. Bleich schimmert dort die Statue am Brunnen. Und das Wasser... nein, es rauscht nicht; es tröpfelt nur; fast wie das Leben, das sich langsam, unauffällig und doch unaufhaltsam zurückzieht.

Verschwundener Glanz –
Kulturzentren am Ossiacher See

Der erste und noch etwas ungenaue Eindruck, an den man sich in Ossiach erinnert, sind Farben. Oder dieser Eindruck hat mit einer Farbigkeit zu tun, die man nicht realistisch oder eigentlich nicht bloß mit den Augen wahrnehmen kann, sondern die durch den Kopf geht, das Gefühl beeinflußt und die Sinne schärft für das, was sich hinter diesen Farben verbirgt. Das protzige Goldgelb, das Gleißen und Schimmern etwa in der ehemaligen Stiftskirche. Das Rosa und Beige im sogenannten Ritter- oder Fürstensaal des aufgelassenen Benediktinerklosters. Dazu ein verwischtes, verstaubtes Blau, auch etwas Ocker und Violett, das hier den Fresken Fromillers immer noch eine Leuchtkraft verleiht, die fast die Geschichten zudeckt, die diese Fresken erzählen. Oder das strahlende Weiß im Barocksaal, daraus einige verwitterte, kaum noch entzifferbare, vom Alter und der Zerstörung eingedunkelte Bildinhalte hervortreten wie Tränen oder auch wie Schweiß. Und dann das strahlende Weiß im Innenhof des Stiftes, dieses Blenden und Flirren, nur unterbrochen von der dezenten Farbigkeit zweier Sonnenuhren und den überall spürbaren Anzeichen einer Verwahrlosung, die zuweilen, wenn Regen in den Innenhof fällt, an Fäulnis denken läßt. Draußen das dunkle, glänzende Grün der Landschaft mit buschigen Baumkronen und wehendem Gras in breit hingelagerten Wiesen. Und die fast hellgrüne bis gänzlich farblose, aber stets kompakte Masse des Sees, dahinter sich die wie von einem Weichzeichner geformten Hänge der Gerlitzen erheben, während die Ossiacher Tauern, die vom diesseitigen Ufer gemächlich ansteigen, als beinahe schwarzer Scherenschnitt himmelwärts ragen.

Ossiach ist heute eine Stätte unbegreiflicher Verwahrlosung, daran auch für einige Sommerwochen nichts ändern kann, wenn sich hier lebhafte, lärmende Geschäftigkeit umtut. Wieder sind es Bildausschnitte, an die man sich erinnert. Im geräumigen Fürstensaal etwa unter den Fresken Fromillers, die um 1739/1740 entstanden sind und auf denen die Erbhuldigung der Kärntner Landstände vor Karl VI., das Zeremoniell der Einsetzung des Kärntner Herzogs auf dem Karnburger

Fürstenstein oder die Überreichung des Schenkungsbriefs durch Maximilian I. an die Vertreter der Landstände, die Erhebung Klagenfurts zur Hauptstadt betreffend, sowie die lebensgroßen Figuren von vierzehn Habsburgern gezeigt werden, unter diesen Fresken also, die zweifellos zum Schönsten und Bemerkenswertesten gehören, was Kärnten an kunsthistorischen Kostbarkeiten vorzuweisen hat, sitzen manchmal gelangweilte oder verunsicherte Gäste eines hier untergebrachten Restaurants über Suppe und Braten gebeugt, den Blick auf fleckige Tischtücher geheftet und unbeeindruckt von der Farbigkeit, die sie umgibt. Draußen im Korridor häuft sich schmutzige Bettwäsche, und schmutziges Geschirr stapelt sich auf den Tischen. Aus der Tiefe, wo sich, und zwar genau unterhalb dieses Traktes, die Toiletten des Restaurants befinden, steigt Geruch nach Urin und Kot nach oben. Und durch halbgeöffnete Türen blickt man in unaufgeräumte Zimmer, in denen irgendwelches Personal oder irgendwelche Gäste des Carinthischen Sommers, der in diesem ehemaligen Stift einquartiert ist, übernachten.

Durch ein geöffnetes Fenster, das die blühende Landschaft wie mit einem Rahmen umgibt, betritt zögernd die Natur dieses schöne und schreckliche Chaos. Ein Ausschnitt des Himmels hängt in diesem Fenster und ist mit fast durchsichtigen Wolken bedeckt, als wären es zerrissene Spinnweben.

Manchmal, an Sonntagen etwa, vor der Stiftseinfahrt eine lärmende Musikkapelle. Und drinnen im Stiftshof der Widerhall eines Konzertes, das gerade im Barocksaal stattfindet. Draußen der Radetzkymarsch und das fröhliche Geschrei der Biertrinker und Schnapskipper. Drinnen etwas Bach oder Brahms. Und dazwischen und durcheinander und ständig hin und her die Menge der Besucher und Betrachter, die sich an Verkaufsständen drängen, in Gewölben mit Kunsthandwerk beschäftigen, eine gleichfalls hier untergebrachte Galerie besichtigen, ausgestellte Skulpturen im Innenhof eher ratlos mustern, Toiletten aufsuchen und den beiden Sonnenuhren im Stiftshof gleichgültige Blicke zuwerfen.

Kann man das Zugrundegehen eines Schauplatzes, der erfüllt ist von Geschichte, lebhafter oder zynischer oder gleichgültiger begleiten? Kann Niedergang lärmender kommentiert werden?

Rundgänge, die man vorbei an Jahrmarktsständen mit halbnackten Verkäuferinnen oder zwischen sich sonnenden Badegästen unternimmt, rund um das teilweise zerfallende, längst verwitterte, von Haselnußstauden, Kastanien-, Nuß- und Apfelbäumen, von Brennesselbüschen und wildem Wein umstandene, überwachsene, überwucherte Mauerwerk der ehemaligen Befestigungsanlagen des Klosters, rund um den Friedhof auch, dessen Gepflegtheit an ein sorgfältig aufgeräumtes Zimmer erinnert... solche Rundgänge verstärken den Eindruck der Nutzlosigkeit, diesem Verfall etwas entgegenzusetzen. Das ehemalige Kloster, darin heute die Bundesforste untergebracht sind – eine Art Försterschule und bis vor kurzem auch ein Hotel und natürlich auch der Carinthische Sommer und eine Reihe von Läden, so daß man manchmal an einen levantinischen Basar erinnert wird –, das alles also, was über viele Jahrhunderte hinweg mit Kultur und Politik, mit Kult und Kunst zu tun gehabt hat, wirft heute keinen Gewinn mehr ab. Es bräuchte vielmehr Investitionen in Millionenhöhe. Es bräuchte auch eine Entwirrung, Vereinfachung der Kompetenzen. Oder das, was man guten Willen nennt.

Jetzt wirkt das alles wie ein lebender Leichnam, durch dessen zerfallenden Leib Maden kriechen. Ein Leib, der sich noch rührt, der zuckt. Und dessen Agonie doch unaufhaltsam zu sein scheint.

Ossiach ist das älteste Benediktinerstift Kärntens. Irgendwann zu Beginn des 11. Jahrhunderts – wahrscheinlich zwischen 1020 und 1028 – wurde es von einem baierischen Grafen namens Ozi gegründet, der auf der nahen Burg Tiffen residierte, auf einem steil sich aufbukkelnden Kegel, der noch in der Römerzeit vom Ossiacher See umspült wurde. Wahrscheinlich befand sich die Burg Ozis an jener Stelle, wo sich heute die ehemalige Wehrkirche von Tiffen erhebt, die einst von einer größeren Anlage umgeben war, so daß die Vermutung wohl begründet ist, daß diese Kirche ursprünglich einmal aus einer Burgkapelle entstanden sein könnte.

Was die Gründung von Ossiach angeht, so soll ein verschwundener, ungemein kostbarer Schleier der Gräfin – die Legende nennt ihren Namen mit Irinburgis, tatsächlich hieß sie Glismod – den nachmaligen Bauplatz gekennzeichnet haben. Und aus dem Namen des Klostergründers, also aus Ozi, soll Ossiach entstanden sein. Demgegenüber steht die Annahme, daß der Name des Klosters aus dem slowenischen „Osoj" sich abgeleitet habe, was soviel wie „Schattseite" bedeutet. Überdies ist älteren Dokumenten in der Wiener Hofbibliothek zu entnehmen, daß ein Kärntner Ritter namens Ozi bereits 689 verstorben sei, was sowohl die hübsche Legende als auch das genaue Datum der Klostergründung fragwürdig erscheinen läßt.

Eine erste sichere Datierung ist dann für das Jahr 1028 möglich, als Ozi II., wahrscheinlich der Sohn des Tiffener Burgherren, Ossiach an seinen Bruder Poppo abtrat, der Patriarch war von Aquileja. Das war allerdings ein Bruch der von Karl dem Großen verfügten Zuständigkeit Aquilejas für alles Land südlich der Drau, denn nunmehr hatten die Patriarchen einen wichtigen Stützpunkt auch nördlich dieser wichtigen Grenze, was Anlaß war für manchen heftig ausgetragenen Streit zwischen Salzburg und Aquileja.

Noch eine andere, wahrscheinlich im 16. Jahrhundert entstandene Legende ist für Ossiach bedeutsam geworden. Demnach soll 1089 hier jener polnische König Boleslav gestorben sein, der zehn Jahre zuvor den Bischof von Krakau eigenhändig erschlagen hatte. Der König sei nach dieser Untat, wohl im Jähzorn begangen, aus Polen geflüchtet, um in Rom oder vielleicht auch im Heiligen Land Buße zu erflehen. Acht Jahre lang habe er sich als angeblich Stummer im Kloster aufgehalten, alle ihm aufgetragenen Arbeiten verrichtet und sich als frommer Christenmensch aufgeführt. Erst auf dem Sterbelager habe er den ahnungslosen Mönchen sein schreckliches Geheimnis enthüllt.

Ein Grabstein in der nördlichen Außenmauer der Kirche erinnert an Boleslav. Es ist das ein römerzeitliches Relief mit der Darstellung eines gesattelten Pferdes, das man in der zweiten Hälfte des 16. Jahrhunderts für dieses Grabmal verwendet hat. Eine Bildtafel mit dem martialisch gerüsteten Polenkönig, umrahmt von sieben Medaillons, welche Szenen aus der Boleslav-Legende zeigen, sowie eine fast gänzlich verwischte, verblaßte Wandmalerei, die eine Ansicht der Landschaft rund um Ossiach enthalten hat und um 1600 entstanden sein dürfte, und endlich ein stabiles Umfriedungsgitter vervollständigen diese Gedächtnisstätte für einen König, der in Ossiach angeblich als einfacher Bediensteter und zu selbstauferlegter Stummheit verpflichtet, die letzten Jahre seines Lebens büßend begangen haben soll. Weshalb man erst um das Jahr 1521 diese rührende und moralisch natürlich ungemein wertvolle Geschichte zum Bestandteil einer Ossiacher Biografie machte, ist heute nicht mehr feststellbar. Unzweifelhaft ist lediglich, daß auch heute noch viele Menschen vom Wahrheitsgehalt dieser Legende überzeugt sind.

Den Benediktinern selbst ist manches an Niederlagen und triumphalen Höhepunkten widerfahren. 1476 mußten sie die verheerenden Folgen eines Türkeneinfalls ertragen, zwei Jahre später sich der wütenden Wucht eines Bauernaufstandes beugen. Damals, also im Jahre 1478, kam es in Ossiach zu einer Art Gipfelkonferenz der aufständischen Bauern, die sich von Adel und Klerus nicht nur ausgebeutet, sondern auch angesichts der beständig drohenden Türkengefahr verraten fühlten. Es kam zu Plünderungen und Ausschreitungen gegenüber den verängstigten Mönchen. Allerdings dauerte dieses rebellische Intermezzo nicht lange. Dann brannten im Jahre 1484 Kloster und Stiftskirche nieder, was um 1490 die völlige Neugestaltung vor allem der Kirche notwendig machte. Aus dem ursprünglich romanischen Gotteshaus wurde – über die Jahrhunderte hinweg – eine im neugotischen Stil eingerichtete Klosterkirche mit nicht weniger als fünf Altären, die dann noch einmal, und zwar unter einem Abt namens Hermann Ludinger, gänzlich umgestaltet wurde. Im Sommer 1552 hielt sich Kaiser Karl V. für mehrere Wochen hier auf. Im 16. und vor allem im 17. und beginnenden 18. Jahrhundert fanden in den prachtvoll ausgestatteten Repräsentationsräumen große Empfänge, Disputationen, musikalische Akademien und andere Veranstaltungen statt. In der ersten Hälfte des 18. Jahrhunderts schrieb dann der literarisch begabte Abt Virgilius Gleissenberger die Geschichte des stummen Büßers von Ossiach, wobei er sich lateinischer Hexameter bediente, um Schuld und Sühne des Polenkönigs Boleslav in eine entsprechende poetische Form zu bringen. Und Fromillers Fresken vervollständigten schließlich die Entwicklung des Klosters zu einer Kunststätte von außerordentlichem Rang.

Der Niedergang setzte mit der Aufhebung des Stiftes ein. Nach 1783, als auf behördliche Anordnung die Bestände der Klosterbibliothek nach Klagenfurt gebracht werden sollten, verschwanden ganze Wagenladungen voll kostbarer Handschriften, Inkunabeln und Folianten im See, weil den Bauern, die mit dieser Aufgabe betraut waren, die Anstrengung des Transportes zu lästig war und niemand die korrekte Durchführung dieser eigenartigen Bibliotheksauflösung beaufsichtigte. Die Klostergebäude, von denen 1816 große Teile abgetragen wurden, fanden abwechselnd als Kaserne und als Stallung Verwendung und verwahrlosten dementsprechend. Die Stiftskirche, einst glänzender Mittelpunkt, wurde zur gewöhnlichen Pfarrkirche, wobei übrigens Karl May, gebürtig aus Radebeul und als Verfasser von Abenteuerromanen weitum berühmt, im Jahre 1905 den Ossiachern ein farbiges Glasfenster zum Geschenk machte. Immerhin hielt er sich in jenem Jahr einen Sommer lang in Ossiach auf, wo er intensiv an seinem Buch „Blauroter Methusalem" arbeitete. Das mag freilich nicht verhindert haben, daß auch er – wie seitdem Tausende von Gästen – vom Zauber der Landschaft und der stillen, schönen Melancholie des Sees beeindruckt wurde, der, wie das Otto Maria Polley einst beschrieben hat, „meist unbewegt, in sich versunken ist wie ein trauervoll abgewandtes Auge".

Bemerkenswerter als das verwahrloste ehemalige Stift in Ossiach ist aber zweifellos Tiffen, das in der Römerzeit noch direkt am Ossiacher See lag, ein mächtig und steil aufragender Felsen, um den sich dichter Wald drängt, so daß die uralte Pfarrkirche, die heute oberhalb des kleinen Straßendorfes diesen Felsen beherrscht, wie von einer dunkelgrünen Halskrause umgeben scheint. Tiffen, das nach Osten auf die sogenannte Bleistatt blickt, auf ein Moor, über welches vor Jahrhunderten noch die Wasser des Sees glitten, hat eine bewegte Vergangenheit. Das hat nicht nur mit jenem Rittergeschlecht der Ozi zu tun, das als Begründer des Benediktinerstifts von Ossiach genannt wird. Denn auf dem Felsbuckel, um den sich in der Tiefe mit dem Dorf der Tiffener Bach drängt, dürften schon die Kelten eines ihrer rätselhaften Heiligtümer verehrt haben, erhob sich – wahrscheinlich im letzten Jahrzehnt vor Christi Geburt – eine kleine römische Siedlung, die sich um einen Tempel scharte, in welchem möglicherweise Jupiter oder aber auch der fröhliche Gott Bacchus verehrt wurde, und sorgte die erste Welle der christlichen Missionierung, die von Aquileja aus Kärnten erreichte, irgendwann an der Wende vom 3. zum 4. Jahrhundert für die Errichtung einer kleinen Kirche, die damit zweifellos zu den ersten christlichen Gotteshäusern auf Kärntner Boden gehörte. Auf ihren Mauern erhob sich dann jene größere, in späteren Jahrhunderten wehrhaft gestaltete Kirche, deren erste urkundliche Erwähnung um das Jahr 1060 erfolgte – als Eigenkirche der Eppensteiner – und die heute, nachdem sie zu Beginn des 16. Jahrhunderts umgebaut und gotisiert wurde, als Pfarrkirche zum heiligen Jakobus eine der am wenigsten bekannten kulturhistorischen Sehenswürdigkeiten Kärntens darstellt. Von der Burg, die hier stand – gewiß an jener Stelle, wo zuvor schon das keltische und später das römische Kultheiligtum sich erhoben hatten – und die 1173 als Burg Tevvin urkundlich genannt, 1293 fast völlig zerstört und wieder aufgebaut wurde, steht heute kein Stein mehr. Man mag sich freilich vorstellen, daß manches davon, wie auch aus der römischen Tempelanlage, zum Bau der Kirche und des aus dem 14. Jahrhundert stammenden Pfarrhofes verwendet wurde, der etwas unterhalb der Kirche, aber mit dieser durch einen gedeckten Wehrgang verbunden, situiert ist. Im sogenannten neuen Pfarrhof gegenüber dem Friedhof wurde übrigens 1878 Switbert Lobisser geboren, an den an der Außenwand der Kirche ein „Kriegergedächtnisbild" und unten im Dorf im einzigen Wirtshaus die sogenannte Lobisserstube erinnert, wo sich unter anderem auch ein sehenswertes, in seiner strengen Linienführung fast ergreifendes Selbstporträt des Malers und Holzschnittmeisters befindet, der 1943 gestorben ist.

Der ehemalige Burg- und heutige Kirchenhügel von Tiffen ist ein rätselhafter Ort. Sprachforscher meinen, daß der Name Tiffen vom römischen Deva abzuleiten sei, was soviel wie Götterburg bedeutet; andere verweisen auf das altslawische „tib", also Sumpf, als Wurzel des heutigen Namens, was auch nicht gänzlich von der Hand zu weisen wäre, denn immerhin versumpfte in jener Zeit, als die Slawen sich Kärntens bemächtigten, der Ossiacher See gerade in jenem Bereich, über welchem sich der fahlfarbene Felshügel erhebt, der in alter Zeit, wie eine andere Namensgebung nachweist, von rötlicher Färbung gewesen sein muß. Immerhin ist auf das 9. Jahrhundert ein „Ort beim roten Felsen" als Vorläufer des heutigen Tiffen datiert.

Am eindrucksvollsten wirkt heute aber zweifellos die uralte Pfarrkirche mit ihrem Pyramidenturm und dem davorgelagerten Gottesakker – wo übrigens auch Lobissers Vater begraben ist, ein ehemaliger

Schulmeister, der im sogenannten neuen Pfarrhof, der einst eine Schule beherbergte, unterrichtet hat. Dahinter erhebt sich ein altes graues Beinhaus, Römerturm genannt und ehedem ein Teil der Befestigungsanlage, welche die Kirche und die aus dem Dorf unten im Tal auf den Hügel geflüchteten Menschen vor den Überfällen der Magyaren und Türken schützen sollte. Auch dazu sollte man einige Jahreszahlen in Erinnerung rufen: Seit dem Jahre 1206 war Tiffen eine eigenständige Pfarre; um 1500 entstand hier − im alten Pfarrhof und im wehrhaften Meierhof der ehemaligen Burg − eine fromme Bruderschaft, die sich in tätiger christlicher Nächstenliebe übte und allerdings auch wehrhaft genug war, um oben auf dem Felshügel marodierenden ungarischen und türkischen Reitern die Stirn zu bieten; in jener Zeit wurde auch die Pfarrkirche zur befestigten Kirchenburg ausgebaut; fünfzehn Jahre lang, von 1540 bis 1555, gehörte Tiffen zu Ossiach, nachdem zuvor im 15. Jahrhundert hier schon eine kaiserliche Justizkanzlei eingerichtet worden war.

Das alles bezeugt die Bedeutung dieses heute stillen, wie aus der Zeit gefallenen und der Welt entrückten Dorfes, das zweimal empfindliche Niederlagen hinnehmen mußte: Einmal 1848, als es zu Steindorf geschlagen wurde und dadurch seine herrschaftliche Position einbüßte; und dann um die Mitte unseres Jahrhunderts, als die Bundesstraße von Villach weiter nach St. Veit und Wien, die für einen gewissen wirtschaftlichen Standard des Dorfes gesorgt hatte, nach außerhalb verlegt wurde. Heute wissen viele, die über diese Umfahrungsstraße fahren, gar nicht, daß es Tiffen gibt; denn man sieht das verwinkelte, hinter Buschwerk und Felsen verborgene Dorf von der Umfahrungsstraße aus kaum. Und auch der steil aufragende Felsen mit der grauen Kirche darauf entzieht sich rasch wieder dem Blickfeld des Autofahrers.

Dabei wäre ein Ausflug auf den alten, mythischen Felsen gewiß lohnend. Allein schon ein erster Rundgang um das Mauerwerk der Pfarrkirche, an der einige wenige und zudem bis zur Unkenntlichkeit verwischte Spuren an eine vergangene Farbigkeit erinnern, als die Außenwände noch über und über mit Fresken bedeckt gewesen sein müssen und wie eine leuchtende Bildtafel über den Grabhügeln des Friedhofs standen, allein dieser erste Rundgang erlaubt erstaunliche Entdeckungen. Denn sowohl im Mauerwerk der Kirche als auch in jenem der

Ossiach. Im Hof des ehem. Benediktinerstiftes

Blick von der Gerlitzenstraße über den Ossiacher See

längst verwitterten, zum Teil eingestürzten oder abgetragenen Befestigungen finden sich zahlreiche Spolien römischer Gräber, darunter ein Relief mit einer tanzenden Mänade, deren Fremdartigkeit in diesem entlegenen Winkel Kärntens etwas Ergreifendes hat. Im Inneren der Kirche dann Wandgemälde des Thomas von Villach, auf denen die beiden Heiligen Barbara und Helene dargestellt sind, wahrscheinlich um 1475 entstanden, während die Fresken, auf denen sich einprägsame Gestalten aus der Heiligen Schrift bewegen, zwischen 1519 und 1528 vom Villacher Meister Urban Görtschacher geschaffen wurden. Und an der Nordwand des Kirchenschiffes kann man eine Kreuzigungsszene von ungewöhnlicher Intensität erkennen, von der zwar der Stifter – ein ehemaliger Verwalter der Herrschaft Tiffen namens Leonhardt Meichsner –, jedoch nicht der Maler bekannt ist. Eine Datierung nennt das Jahr 1530. Herbert Strutz schrieb vor Jahrzehnten einmal darüber, daß das „Erinnern an dieses ausdrucksreiche Bild, das einem fast wie ein Licht folgt", unauslöschlich sei. „Und so trägt man es denn auch im Herzen mit sich fort, wenn man es eindringlich betrachtet hat: als ein Credo in Farben; als ein vom Tau des Himmels, von der Kraft des Göttlichen frisch und unverwelkbar bewahrtes Werk."

Unten im Dorf – bei der Abfahrt über den kurvenreichen Erdweg durch den dichten Wald kommt man am ehemaligen Meierhof der verschwundenen Burg vorbei, daneben noch ein gotischer Kastenbau aus dem späten Mittelalter steht –, unten im Dorf meint man, diese längst versunkene Welt von vorgestern, die sich einem oben auf dem Burg- und Kirchenhügel erschlossen hat, noch einmal zu spüren. Das ist wie ein zaghaftes Erinnern an etwas, das mit Traum und Instinkt zu tun hat. Ein verwitterter Nischenbildstock aus dem 15. Jahrhundert am östlichen Ortsausgang, ein wuchtiges, unterm schrägen Sonnenlicht fast elfenbeinfarbenes Haus mit gewölbtem Laubengang und einer fragmentarischen Sonnenuhr aus dem 16. Jahrhundert oder die kleine, fast bescheiden anmutende Kirche zur heiligen Margaretha am Ortsausgang mit ihrer eisenbeschlagenen Tür und den fast nicht mehr erkennbaren Überresten ehemaliger Wandmalereien – das sind einige Anhaltspunkte für die heute kaum noch begreifbare Bedeutung Tiffens, das, wenn überhaupt, gänzlich zu Unrecht stets nur als jener Ort genannt wird, von dem aus die Entstehung des Benediktinerstiftes in Ossiach bewirkt worden war.

Vielleicht sollte man auf den Holzschnitten Lobissers im Dorfwirtshaus eine Ahnung von dieser versunkenen Welt empfangen, um sowohl für die größere Vergangenheit Tiffens empfänglich zu sein als auch den Niedergang zu begreifen, den dieses Dorf erlitten hat. Immerhin verfügte die Pfarrkirche oben auf dem Felsen einst über acht Filialkirchen, war diese steinerne Plattform Anlaufstelle sowohl der ersten, aus Aquileja kommenden, als auch der zweiten, von Salzburg ausgehenden, Missionierungswelle und war es bereits 878 dem baierischen Kloster Ötting angeschlossen. Von alledem ist freilich nur das geblieben, was dokumentarisch beweisbar ist. Und einige Kostbarkeiten, die fast in Vergessenheit geraten sind. Und ein kaum wahrnehmbarer Geschmack von Trauer, daß das, was zu den Wurzeln dieses Landes gehört, so oft bis zur Unkenntlichkeit verschüttet ist.

Villach, Handelsplatz an der Drau

Nie bin ich in jenen Jahren, in denen die kleine Kirche am westlichen Stadtrand Villachs, die man ganz allgemein nur als das „St. Johanner Kirchlein" bezeichnete, eine gewisse Bedeutung in meinem Leben hatte, wirklich dazu imstande gewesen, darüber mehr als das auszusagen, was einem heranwachsenden Gymnasiasten nützlich und wichtig erscheint. Und das war eigentlich weder sonderlich viel noch besonders bedeutend. Da war der leicht aufgebuckelte Hügel oberhalb der Stadt, eine Art abgeflachtes Plateau, das von einigen Büschen und dünnen Baumreihen umstanden war. Nach Westen zu das damals noch nicht gelichtete Gewölk eines Waldes, der in sanftem Anstieg hinführte zu den sogenannten Oberdörfern und weiter hinauf in Richtung Heiligengeist und Dobratsch. Kirchtage gab es hier, an die ich mich heute voll Wehmut erinnere; und auch mit einem Gefühl des erschrockenen Staunens darüber, mit welcher herzlichen Heiterkeit, mit welcher Inbrunst in jenen jetzt weit zurückliegenden Jahren die Menschen fähig waren, aus sich selbst herauszugehen. Das lärmende Blech der Musik, das Stampfen der Tänzer auf dem hölzernen Tanzboden vor der kleinen Kirche mit den beiden riesigen Baumkronen darüber, schattenspendend und bienenumsummt, das Geschrei der Kinder, die vielen kleinen, fröhlichen Explosionen einer Ausgelassenheit, die immer im Rahmen und auch stets idyllisch blieb, und natürlich das überschäumende Bier in den Maßkrügen, die giftgrünen, orangefarbenen, lilablauen Limonaden, der Türkische Honig, die gebrannten Mandeln und die unvermeidlichen Lebzeltherzen mit den hübschen Sprüchen darauf... und manchmal der erwartungsvolle Spaziergang vom Tanzboden hinüber zur dünnen Baumreihe, wo die erhitzten Mädchen mit angestrengtem und zugleich abwesendem Gesichtsausdruck auf die Stadt blickten, die von hier oben stets ein wenig schmalbrüstig und dabei doch kompakt, in sich geschlossen wirkte: Die Welt schien noch intakt, Villach war etwas, das vertraut war, nach Heimat schmeckte. Das Heu duftete. Oder war es bloß das kniehohe Gras, dessen betäubender Geruch einem verführerisch in die Nase stieg? Unsichtbare Vögel kreischten. Der Himmel war hoch und samtfarben. Und wenn es

Nacht geworden war, schimmerte ein Abglanz der Sterne im Haar der Mädchen und jungen Frauen, die am leicht abfallenden Rand dieses Plateaus im Gras lagen und sich von den jungen Burschen Unsinniges ins Ohr flüstern ließen.

Ob irgend jemand damals daran interessiert war, daß diese Filialkirche des heiligen Johannes, wie sie offiziell heißt, aus den dreißiger Jahren des 14. Jahrhunderts stammte? Und daß die längst schon bis zur Unkenntlichkeit verwitterten Freskenreste im Inneren im späten 14. Jahrhundert entstanden sind?

Wer sich mit Villach beschäftigt, taucht immer unversehens in irgendeine Vergangenheit ein. Auch wenn heute der Blick von dieser kleinen Kirche oberhalb der Stadt auf etwas fällt, das ausufernd, gesichtslos, erdrückend zu sein scheint; auch wenn die in den letzten Jahren rasch sich vergrößernde Stadt längst schon halbkreisförmig um diesen Hügel wächst, längst schon die umliegende Landschaft in eine allzu stürmische, vielfach vernichtende Umarmung gezwungen hat. Hochbauten haben das alte Panorama gründlich verändert. Die Kirchtürme, einst Wahrzeichen der Stadt, unübersehbare Signale einer Geschichte, ohne deren Kenntnis man Villach für eine gesichtslos gewordene Ansammlung neuzeitlicher Architektur halten müßte, verschwinden jetzt fast im Schatten von Neubauten, deren banale Häßlichkeit jede Erinnerung an alte, von wehmütiger Schönheit durchtränkte Bilder mitleidlos hinwegschwemmt.

Ich bin dann von der St. Johanner Kirche hinüber zur Genottehöhe gefahren, habe noch einmal die Erinnerung zurückholen wollen, bis ich begriff, daß die Veränderungen, die diese Stadt erlebte oder erduldete, zu umwälzend, zu tiefgreifend sind, als daß man das Bild von einst durch Sentimentalität, durch das bloße Beschwören von Vergangenem sich zu bewahren vermöchte. Man muß, wenn man Villach gerecht werden will, eine andere Dimension des Erinnerns bemühen; und sich jener Bilder entsinnen, die mit dem offiziellen Porträt der Stadt, wie es heute vorgestellt wird, eigentlich nur noch am Rande etwas zu tun haben. Dazu gehören die tief in den Stein, ins waldumstandene Erdreich oberhalb der sogenannten Napoleonwiese eingeschnittenen Wagenspuren römischer Fuhrwerke, wo die Überreste einer einst weitläufig angelegten Straßenterrasse noch gut erkennbar sind, sofern man sie von welkem Laub, von nachrutschender Erde befreit. Dazu gehören, und zwar aus einem ganz anderen Zeitalter, die Erinnerungen an Villacher Kaufmannsgeschlechter, als hier Eisenindustrie, Bleigewinnung – im nahen Bleiberg – und der florierende Handel zwischen den süddeutschen Städten und Venedig vor allem im 15. Jahrhundert Villach eine erstaunliche Blütezeit bescherten. Namen wie jener der mächtigen Fugger, aber auch einheimische Familien wie die Neumann, Seenuss, Leininger oder Weitmoser spielten dabei eine wichtige Rolle. Dazu gehört aber auch die von Friedrich von Villach begründete Malschule, deren bedeutendste Meister Thomas von Villach und Urban Görtschacher waren. Auch Kaiser Karl V. muß man erwähnen, der sich 1522 für einige Zeit hier aufhielt, und zwar im stattlichen Haus des ebenso vermögenden wie einflußreichen Kaufmanns Wilhelm Neumann, das am oberen Hauptplatz stand, wo heute ein sogenanntes Romantikhotel situiert ist. Und schließlich sollte des ehemaligen Stadtarztes Wilhelm Bombastus von Hohenheim gedacht werden, der hier von 1502 bis 1534 tätig war und dessen 1539 im schweizerischen Einsiedeln geborener Sohn Theophrastus, genannt Paracelsus, gleichfalls für einige Zeit in Villach lebte.

Ist also die Geschichte der Draustadt interessanter, abwechslungsreicher, auch farbiger als ihre Gegenwart? Drüben auf dem Kirchhügel von St. Martin oberhalb der Drau lag einst das römische Santicum, eine Straßenstation, auf die alle diese in den Stein geschliffenen, ins Erdreich eingegrabenen Wagenspuren zuliefen, deren Überreste man heute noch oberhalb der Napoleonwiese, auf der sogenannten Graschelitzen und bei Federaun sehen kann. Die prähistorische, also vorrömische Siedlung, für die es etliche archäologische Beweise gibt, erstreckte sich über die sanft gerundeten Hügel oberhalb vom heutigen Warmbad und im Bereich Völkendorfs.

Völkendorf. In meiner Jugend war das noch wirklich ein Dorf, baumumstanden, die Felder bis zur Terrasse vorstoßend, die oberhalb des Westbahnhofs als eine kleine Sprungschanze wirkte, von der aus man einen ersten Blick auf die intakte Bausubstanz, auf das in sich geordnete Bild der Stadt werfen konnte. Einige mehrstöckige Miethäuser lokkerten damals die zutiefst bäuerliche Struktur Völkendorfs auf, vermittelten der schön gegliederten Landschaft etwas beiläufig Städtisches. Heute verstellen hier Hochhäuser den Blick, sind an die Stelle alter Parks und duftender Wiesen Autoabstellplätze und Garagen getreten; und wo früher die kleinen, sorgfältig gepflegten Schrebergärten der Eisenbahnerfamilien lagen, die in den altmodischen Mietshäusern wohnten, drängen sich jetzt, gestaffelt in dichten Reihen, die Betonklötze einer Siedlungsgenossenschaft.

Zuerst also die vorgeschichtlichen Siedler im Raum Warmbad und Völkendorf. Dann das römische Santicum drüben in St. Martin, das noch vor zwanzig, dreißig Jahren ein stilles, verträumtes Dorf wie Völkendorf war, dicht gedrängt um die Pfarrkirche zum heiligen Martin gelegen, ursprünglich einmal eine wehrhafte Kirchensiedlung auf einem steil aufragenden Felsen oberhalb der Drau, wo einst römische Händler und Legionäre den Fluß in einer flachen Furt überquerten. Hier existierte schon um das Jahr 979 eine Kirche des sogenannten Villacher Hofes, gewiß an jener strategisch günstigen Stelle, an der sich heute die Pfarrkirche mit ihrem grünen Turmanstrich erhebt. Später, nach dem Jahr 1014, war das alles bambergisch, 1197 taucht erstmals der Name St. Martin auf, 1244 wird es zur selbständigen Pfarre, dann, im Zeitalter der Reformation, nehmen vorübergehend die Anhänger Luthers davon Besitz, bis 1594 die Gegenreformation siegreich bleibt. Im letzten Drittel des 17. Jahrhunderts wurden Kirche und Pfarre zeitweise sogar dem Prämonstratenserstift Griffen angegliedert. Und 1962 schließlich stürzte der Turm anläßlich des Umbaus einer Sakristei ein, beschädigte das Kirchenschiff und erinnerte die erschrockenen Villacher daran, daß sie es hier mit der ältesten Kirche ihrer Stadt zu tun hatten, deren interessanteste Überreste – heute im Stadtmuseum untergebracht – romanische Langhausmauern unter Verwendung römischer Spolien waren. Aber das alles hat die perfekte Zubetonierung auch von St. Martin nicht verhindern können. Auch hier ragen Hochhäuser mit ihren gesichtslosen Fassaden himmelwärts, hat eine manchmal bis zur Monströsität entartete Architektur – die durch nichts anderes gerechtfertigt wird als durch die von den Politikern immer wieder beschworene Notwendigkeit, Wohnraum zu schaffen – die schöne Idylle von früher zerstört. Völkendorf, St. Martin, Perau, Lind und Judendorf – alles Dörfer, Vorstädte noch in den sechziger Jahren – sind heute vielen Kritikern ein begründeter Anlaß dafür, Villach, was seinen architektonischen, städtebaulichen Zustand angeht, als die häßlichste Stadt Kärntens zu bezeichnen. Ihnen stellen sich allerdings jene Vertreter des Fortschritts entgegen, welche diese Stadt als die modernste im Land bezeichnen. Die Bewohner der neuen Siedlungen sehen das wesentlich nüchterner. Sie haben dafür einfach den Namen „Manhattan" erfunden. Und aus vielen kleinen Manhattans scheint sich Villach heute tatsächlich zusammenzusetzen.

Ist diese Stadt also gleichsam nur mit halbgeschlossenen Augen erfaßbar und beschreibbar? Nur in der Erinnerung zurückholbar als etwas Gewachsenes, Kompaktes und Schönes? Und das jetzt etwas ist, das sein Antlitz verloren oder doch bis zur teilweisen Unkenntlichkeit verändert hat? In seinem Buch „Sieben Tage Kärnten", in welchem Otto Maria Polley vor rund vier Jahrzehnten einem ausländischen Freund die Eigentümlichkeiten und Schönheiten des Landes nahezubringen versuchte, indem er diesen Freund in immer neuen Erzählungen und Berichten mit den verschiedenen Landschaften und Städten und deren Geschichte konfrontierte, in „Sieben Tage Kärnten" also schrieb Polley: „Kärnten, sage ich dann, da wir die Draustadt, die von allen Städten Kärntens die älteste und kontinuierlichste Geschichte hat, vor uns in der Ferne in der gelben Überschwemmung des schräg aus dem Westen einfallenden Lichts liegen sahen, Kärnten hat nicht nur eine Hauptstadt, die es gewesen ist – nämlich St. Veit –, eine Hauptstadt, die es ist – Klagenfurt –, sondern auch eine Hauptstadt, die es werden will: nämlich Villach, das Sie am blinkenden Flußband in der Talweitung zwischen den Bergen, die ringsum ansteigen wie die Ränge eines unerhört geräumigen Theaters, vor sich sehen. So oder ähnlich lautet eine im Lande übliche Redensart, die entweder die Villacher aus betriebsamem Ehrgeiz oder aus Animosität gegen die Klagenfurter, oder die Klagenfurter aus gutmütigem Spott gegen die Villacher, oder auch ein Unparteiischer, der seinen Spaß an der Konkurrenz der beiden Städte hatte, erfunden haben. Denn Klagenfurt ist ja die Landeshauptstadt und wird es unter den waltenden Umständen jedenfalls bleiben. Villach aber hätte es seit ungefähr 2000 Jahren werden können... so lange ist an seiner Stelle immer wieder eine Stadt gestanden, die immer wieder die Bedeutung hatte, die es heute hat..."

Das ist zwar reichlich übertrieben, aber wie jede Übertreibung birgt auch diese ein Körnchen Wahrheit in sich. Denn selbstverständlich hat dort, wo Villach heute mit der ganzen abstoßenden und auf übermäßige Weise besitzergreifenden Häßlichkeit einer bedenkenlos in die Höhe geschossenen und in die Breite geratenen Stadt liegt, die nicht wirklich über ein Stadtbild verfügt oder dieses dem eigenen Wachstumsehrgeiz geopfert hat, selbstverständlich hat dort also nicht immer eine Stadt existiert. Die römische Straßenstation Santicum war ein kleiner Stützpunkt. Das keltische Bilachinium – oder die Ansiedlung, die vor dem Auftreten der Römer auf Kärntner Boden hier bereits existierte – war eher bedeutungslos. Und jene frühmittelalterlichen Gräberfelder, die man in Judendorf und im Stadtteil Perau gefunden hat, bezeugen unter anderem die Existenz einer jüdischen Minderheit in diesem Gebiet zu einem Zeitpunkt, als auch anderswo schon jüdische Familien in Kärnten ansässig waren. Aber das alles beweist eben nur, daß es hier in Verbindung mit einem leicht begehbaren Drauübergang seit ältesten Zeiten eine Ansiedlung gegeben hat, jedoch gewiß keine Stadt; und schon gar keine von einiger Bedeutung.

Andererseits wäre gerade in diesem schön gerundeten Kessel, der vom Kalkgebirge der Karawanken, dem mächtigen Massiv des Dobratsch, den dunklen Hügelkämmen der Ossiacher Tauern und den beiden Zwillingsbergen Wollanig und Gerlitzen auf eine fast tänzelnde Weise umrundet wird, wäre also gerade hier, wo die uralten Wanderwege der Völker einander kreuzten, spätestens seit den Tagen, da die Römer nach Kärnten kamen, jede Voraussetzung dafür vorhanden gewesen, das Zentrum des Landes zu bilden. Und einige historisch belegbare Daten und Fakten erlauben den Hinweis, daß zumindest nach dem Untergang Virunums, nach den Stürmen der Völkerwanderungszeit und nach dem Zurückdrängen des slawischen Vordringens in Kärnten und der daran anschließenden Kolonisierung des Landes durch die Baiern die Möglichkeit durchaus bestanden hatte, das Erbe Virunums als politisches und kulturelles Zentrum des damaligen Kärnten anzutreten. Im Jahre 811 wurde durch Karl den Großen die Drau als Diözesangrenze zwischen dem Erzbistum Salzburg und dem Patriarchat von Aquileja festgelegt. Der Drauübergang am Schnittpunkt mehrerer Handelsstraßen gewann dadurch eine zusätzliche Bedeutung. So wird bereits 878 erstmals eine Brücke namentlich erwähnt, pons Uillah. Ein knappes

Jahrhundert später, 976, wird der Kärntner Herzog Heinrich I. mit dem Villacher Königshof belehnt, welchen wir uns wohl im heutigen St. Martin vorzustellen haben. Dieses wichtige Lehen trägt den Namen „curtis Fillac". Aber schon im Jahre 1007 wird die Siedlung rund um den Villacher Hof und die Draubrücke – und beides wäre ein hinreichender Anlaß gewesen, um daraus Kärntens Landeshauptstadt erstehen zu lassen – an das Bistum Bamberg angegliedert. Villach tritt damit sozusagen aus der fortlaufenden Geschichte Kärntens aus, kehrt dem Land den Rücken und gewinnt dennoch und unaufhaltsam an Bedeutung. 1060 kommt es zur Verleihung des Marktrechtes, 1136 wird die Hauptpfarre von St. Jakob erstmals urkundlich erwähnt, was bedeutet, daß spätestens in den ersten Jahrzehnten des 12. Jahrhunderts die Siedlung sich gleichsam flußabwärts verlagert hat, nämlich von St. Martin auf ihren heutigen Standort. 1233 umzieht ein starker, geschlossener Mauerring diese Siedlung, die sieben Jahre später als Stadt bezeichnet wird, während eine Burg erst 1347 urkundlich bezeugt wird. Erdbeben (1348 und 1690), verheerende Feuersbrünste und Überschwemmungskatastrophen können den wirtschaftlichen Aufschwung Villachs vor allem im späten 15. und dann im 16. Jahrhundert nicht verhindern. 1759 schließlich erfolgt der Ankauf der bambergischen Stadt durch Maria Theresia. Villach kehrt nach Kärnten heim, allerdings, wie man hinzufügen muß, mit Unterbrechungen. Denn zwischen 1809 und 1813 ist die Stadt, die in diesen Jahren den sogenannten Illyrischen Provinzen zugeschlagen wird, in französischem Besitz.

Das alles waren gewichtige Gründe, Villachs möglichen Rang als erste Stadt Kärntens zu mindern und seinen durchaus vorstellbaren Aufstieg zur Landeshauptstadt zu verhindern. Oder sagen wir es anders: Villach war in mancher Hinsicht durchaus die führende Stadt Kärntens. Aber die Entwicklung der Stadt war zu lange und zu nachdrücklich nach anderen als nach ausschließlich kärntnerischen Gesichtspunkten ausgerichtet.

Wenn man heute von der sogenannten Genottehöhe im Westen Villachs, einem Hügel oberhalb Judendorfs, auf die Stadt blickt, dann erkennt man ähnlich wie von der kleinen St. Johanner Kirche aus sowohl die günstigen topografischen Voraussetzungen, die verkehrsstrategisch einmalige Situation und die jetzt schon etwas verblichene und gleichsam zubetonierte ursprüngliche Schönheit der Landschaft als auch die Radikalität, mit der man hier gegen die Natur und gegen die gewachsenen historischen Strukturen gewütet hat. Das sogenannte Manhattanhafte der Stadt, dieses ins Pompöse, Verzerrte, Groteske getriebene und übersteigerte Abbild einer Kleinstadt, die tief in der Vergangenheit wurzelt und deren eigentlicher Charakter etwas Lebhaftes und dabei doch Beschauliches oder Gelassenes sein sollte – das alles wirkt ein wenig lächerlich und gewaltsam gegen die Natur der Menschen aufgesetzt. Von hier oben erkennt man aber auch die ungestüme Heftigkeit, mit der zahlreiche Straßen und die Autobahntrassen die Stadt einengen, begreift man das Unvernünftige – das freilich immer praktische Gesichtspunkte als Entschuldigung anführen kann – dieser Pseudomonumentalität des Bauens, die, so meint man mit Sicherheit annehmen zu dürfen, gegen das Temperament, gegen die Mentalität der Menschen gerichtet ist.

Bei Otto Maria Polley kann man nachlesen, daß Villach eine hübsche Stadt mit einem starken persönlichen, fast südlichen Profil sei, umgeben von einer Landschaft, „die um so faszinierender ist, als sie in das Städtchen nicht nur hineinleuchtet, sondern mit ihren Berggesichtern gleichsam hineinsteigt. Die Stadt oder ihr architektonisch anziehender Teil, der aus einem Platz und seinen Seitengassen besteht, ist ja nur ein Städtchen; aber dieses Städtchen macht durch seinen unerhört lebhaften Rhythmus andererseits auch wieder den Eindruck einer Großstadt."

Diese Beschreibung entstand vor mehr als einem halben Menschenalter. Und noch vor nicht ganz zwanzig Jahren konnte auch Herbert Strutz in das Loblied einstimmen, das einer vergangenen Schriftstellergeneration über Villach immer wieder in den Sinn gekommen ist. „Wahrhaftig", schrieb er damals, „es ist eine gute, eine glückliche Stätte, die Villach einnimmt; ein Platz, wie er schöner und günstiger nicht gewählt werden konnte... Die Stadt an der Drau – die unterstreichende Hinzufügung des Flußnamens ist voll berechtigt. Denn die Drau bestimmt in dieser Stadt vieles. Villach aber zeichnet nicht allein seine prächtige Lage am Fluß aus, dem es mit dem reizvollen Barockkunstwerk der Heiligenkreuzkirche in der Perau versonnen nachschaut. Wer dort, an der großen Brücke, die den Weg nach Italien weist, ein wenig innehält und um sich blickt, sieht, daß zu Villachs Antlitz nicht nur der Fluß, sondern überdies auch eine Landschaft von vielfältigstem Gestaltenreichtum gehört."

Heute, den Blick auf das gerichtet, was Kärntens Poeten früher einmal begeisterte, sucht man vergeblich nach einem Abglanz dieser verlorenen Schönheit. Es wölben und buckeln sich natürlich immer noch die kalkigen Rippen der Karawanken unter diesem aquamarinfarbenen Himmel, dessen seidiger Schimmer an die benachbarte mediterrane Welt erinnert. Aber die Berge haben sich von der Stadt entfernt, sind sozusagen zurückgetreten, bilden keine selbstverständliche und der Stadt zugehörige Kulisse mehr, haben keinen prägenden Einfluß auf das Bild Villachs. Und die grünen, unter der Sonne manchmal wie entflammt wirkenden Hügel rollen immer noch ostwärts, eröffnen sich fernen Horizonten, über die das Licht dieser unverwechselbaren byzantinischen Sonne Kärntens fällt. Aber diese Schönheit der Landschaft ist jetzt eine beiseitegerückte, eine zurückgedrängte. Sie ist aus dem Porträt der Stadt hinausgefallen. Sie entlarvt Villach als das, was es, möglicherweise unwiderrufbar, in den letzten Jahren geworden ist: ein erschreckendes Beispiel dafür, wie sogenannte praktische Gesichtspunkte und die gedankenlose Anwendung eines sogenannten zeitgenössischen Baustils eine Stadt zwar quantitativ vergrößern, aber qualitativ unendlich beeinträchtigen können.

Am Fuße des Dobratsch

Früher einmal brauchte man gewissermaßen nur den Kopf zu heben, um zu wissen, daß man in Federaun war. Damals gab es noch keine Autobahn, keinen Güterbahnhof, keine dieser scheinbar federleichten, hauchzarten Zeichnungen, die der industrielle Fortschritt in eine Landschaft zaubert, bis sie verändert und manchmal auch bis zur Unkenntlichkeit entstellt ist. Federaun, das war immerhin ein Felsenkegel, der als ein verwischtes und verwittertes Antlitz über einer kleinen, eigentlich gar nicht wirklich vorhandenen Ortschaft hing, die am linken Gailufer lag, dort, wo seit vielen Jahrhunderten schon ein wichtiger Flußübergang existierte für die uralte Heer- und Handelsstraße zwischen Aquileja und den römischen Stützpunkten an der Donau und später zwischen Venedig und den bambergischen Besitztümern in Kärnten oder den Handelsstädten Süddeutschlands. Federaun war ein Bild, das sich einprägte. Im Süden der dunkle Scherenschnitt der nahegerückten Karawanken; dahinter einige julische Gipfel, die aussahen, als ob sie mit einem schartigen Rasiermesser aus dem Himmel herausgerissen worden wären. Dann dieser Felsen, auf dem Gebüsch und geducktes Baumwerk wuchsen wie buschiges, zerrauftes Haar. Das hatte Ähnlichkeit mit einem Buckel, auf dem ein knochiger Schädel sitzt. Man brauchte nur einen einzigen Blick darauf zu werfen, um zu erkennen, daß man einem eigentümlichen Landschaftsporträt begegnet war. Und man verlor es nie mehr aus dem Gedächtnis.

Nie mehr? Heute wischt man auf der Autobahn daran vorbei. Heute verstellen Masten, Brücken, Signale, Böschungen, Geschwindigkeiten den Blick. Heute hat sich die Straße, obgleich sie nur um einige Dutzend Meter von der Ortschaft fortgerückt ist und in der Südautobahn allerdings eine nachdrückliche Ergänzung erfahren hat, schon viel zu weit und zu endgültig von Federaun entfernt, als daß man noch das dunkle Grün der Bäume, vermischt mit dem fahlfarbenen Gefieder eines zerschlissenen Mischwaldes – aus dem sich der Felsenkegel erhebt, als ob es eine bleiche Halskrause wäre – im Blick zu haben vermöchte. Nur für den Bruchteil eines Augenblicks schiebt sich das Bild einer Pflugschar, die sich in dunkelbraunes, glänzendes Erdreich wühlt, noch ins Gedächtnis zurück. Ein dampfender Pferderücken. Winzige, kopfnickende, heftig ins Erdreich pickende Vögel zwischen den aufgebrochenen Schollen. Das Gesicht des Bauern, wahrscheinlich gegerbt, wahrscheinlich Runzeln darin, als ob die Haut Sprünge hätte; und darüber der dünne Schatten, den die Hutkrempe wirft.

Heute liegt Beton darüber. Die Autobahn mit den Zu- und Abfahrten, die Schilder, Notrufsäulen, Pannenstreifen, Mittelstreifen, es ist eine neue Landschaft entstanden, die das Gedächtnis zudeckt, den Blick zurück unwiderruflich verstellt. Die Vögel sind verschwunden. Die Natur hat sich zurückgezogen. Zur Linken, wenn man nach Süden fährt, Industrieanlagen. Zur Rechten eine Bundesstraße. Irgendwo dahinter Federaun, die Landschaft, die Geschichten, die Erinnerungen. Dabei genügten schon einige Augenblicke des Zögerns, genügte ein kurzes, aufatmendes Innehalten, um zu sehen, daß zu Füßen des weißgesprenkelten Steins, der sich mächtig aufbuckelt und an dessen höchstem Rand das verfärbte, verfilzte Baum- und Buschhaar hängt, als wehte es über eine kalkweiße Stirn... daß dort also, wo der Felsen aufragt, immer noch Gemäuer sich eingenistet hat, als ob es Wurzeln geschlagen hätte. Kleine Häuser, Keuschen, Scheunen, manches davon schon vom Verfall bedroht, vor manchen winzigen Fenstern aber immer noch die entflammten Pelargonien; und eine Gedenktafel, in einer Höhe angebracht, daß man sich mühsam aufrichten muß, um das altersdunkle Schild zu entziffern, das von einem Maria-Theresien-Ritter namens Karl Schneider erzählt, der ein Hauptmann in den napoleonischen Kriegen gewesen ist und hier im Jahre 1809 versucht hat, den Gailübergang gegen die vordringenden Franzosen zu verteidigen. Und einen Turm sieht man, mächtig, massiv, eindrucksvoll; und gewaltige Steinblöcke, daraus Bäume wachsen; und einen Fahrweg, tief eingeschnitten in den Stein; und Ausschnitte einer Landschaft, die das ist, was man erinnerungsträchtig nennt; die erzählen will, was geschehen ist, Wirkungen gehabt und die Menschen verändert hat.

Federaun selbst taucht um das Jahr 1160 aus der Anonymität einer nicht mehr genau entzifferbaren Geschichte auf. Zu diesem Zeitpunkt existiert bereits eine Art Vorwerk, eine Fortifikation oben auf dem Felsenhöcker, von wo aus man einen weiten Blick hat über das Land, über den zerfurchten Fahrweg, der von Arnoldstein herüberführt zum Gailfluß. Eine Urkunde, unterzeichnet von Kaiser Friedrich Barbarossa am 14. Februar 1160 zu Pavia, bestätigt die Festung Federaun als bambergisches Eigentum. „Und schon damals erregte die stolze Feste durch ihre günstige Lage rundum die Aufmerksamkeit und den Neid der Nachbarn, da man von ihr aus die Straße von und nach Venedig auf trefflichste Art überwachen konnte." Herzog Bernhard von Kärnten – einer der bedeutendsten Reichsfürsten jenes unruhigen Zeitalters, ein ungemein ehrgeiziger Charakter, der sich dem Diktat der bambergischen Bischöfe nicht beugen wollte – versuchte im Spätherbst des Jahres 1232, die Federauner Burg durch Waffengewalt zu erobern. Aber sein Vorhaben mißlang.

Dafür überlistete ein gewisser Rudolph von Ras oder auch Raseck, ein Ministeriale des Kärntner Herzogs, dessen Familie möglicherweise aus Rosegg stammte, wo man eine befestigte Burg besaß, wie man auch über das halbe Kanaltal herrschte, das man terrorisierte, weil die Ritter von Ras nichts anderes als Raufbolde und Raubgesindel waren, das davon lebte, daß es die Warenzüge der Kaufleute aus dem Venezianischen überfiel, die Bürger erpreßte und die Bauern peinigte... dafür also überlistete dieser Rudolph von Ras wenig später die Burgwache in Federaun und brachte sich so in den Besitz der wichtigen Festung. Das Geschlecht derer von Ras hat übrigens auch dem Rosental, einst Rasental geheißen, den Namen geschenkt. Und was Federaun angeht, so heißt es in einer Chronik, daß „die als Raubritter bekannten Herren von Ras Federaun nur ganz vorübergehend – bis zum Jahr 1255 – besessen haben". Die wenigen Jahre freilich genügten, um die stark befahrene Handelsstraße, die einem älteren Römerweg und einem uralten, vorgeschichtlichen Saumpfad folgte, zumindest in diesem Abschnitt fast gänzlich veröden zu lassen. Joseph Wagner schreibt in seinem „Album für Kärnten", das 1845 erschienen ist, von immerwährenden Raubzügen und Ausfällen in die Umgebung; und daß der Burgherr „stets reich an gefangenem Gute heimzog und Feste feierte bei Pokal und Musikklang".

Den Bamberger Bischöfen, den Kaufleuten, den Villacher Bürgern war dieser Raubritter naturgemäß ein Dorn im Aug'. Im Frühling des Jahres 1255 stellte man, da die Burg selbst so gut wie uneinnehmbar schien, eine Falle. Joseph Wagner schreibt: „Und nicht auf der starken

Burg, sondern auf freiem Felde, welches Rudolph, nach gelegtem Köder haschend, durchzog, griff der Bamberger Bischof Heinrich II. ihn an. Der Kampf war ebenso unvorhergesehen wie ungleich. Der Rückzug wurde verlegt, und Rudolph, entwaffnet und gefangen, erlebte die Schmach, wie ein gefesselter Löwe in jenes Villach geführt zu werden, dessen Bürger so oft vor ihm erzitterten."

Es kam zu Verhandlungen und zu einem Vertrag, der am 16. Mai 1255 unterzeichnet wurde und darin Federaun den Bambergern zurückgegeben wurde. Ebenso mußte Rudolph von Ras feierlich allen Ansprüchen entsagen, die er vielleicht hätte geltend machen können; auch wurde ihm untersagt, sowohl im Kanaltal als auch im Rosental eine neue Festung zu errichten, von der aus er sein erpresserisches Handwerk hätte wiederaufnehmen können. Vom gewöhnlichen Fußvolk, von den Bauern, Knechten, Handlangern, die bei allen diesen Auseinandersetzungen ihren Kopf hinhalten mußten und Untertanen einmal dieser und dann jener Herrschaft waren, ohne daß sich an ihrem fragwürdigen Schicksal das mindeste verändert haben würde, ist weder in den ausgehandelten Verträgen noch in den alten Chroniken die Rede. Sie schufteten, kämpften, fronten, starben. Lebten Sie auch?

Die Biografie der Burg Federaun, von der heute im scharfkantigen Kalkgeröll des Felsens, auf dessen höchstem Plateau sie einst thronte, so gut wie nichts mehr erhalten ist – die kümmerlichen Reste einer Umfassungsmauer, ein zusammengebrochener Turm, eingehüllt in duftendes Buschwerk, ein aus der Tiefe emporgähnendes schwarzes Loch, das einst als Zisterne gedient haben wird, eine Mauerkrone, die wie ein verwehtes Signal vor dem Steilabsturz in die Tiefe anmutet: Das ist alles, was überdauert hat! –, die Biografie also ist eher dürftig, abgesehen von den Streitigkeiten zwischen dem Herrn von Ras und dem Kärntner Herzog Bernhard einerseits und den Bamberger Bischöfen andererseits. Denn bis 1759 bleibt Federaun im bambergischen Besitz. Lehensträger sind unter anderem ein Berthold von Dietrichstein und die Khevenhüller.

Jener wuchtige, massive Turm, der unten an der Gail steht, wird in einem Dokument aus dem Jahre 1488 mit dem Namen Thurnegg bezeichnet. Er bewacht die damals schon existierende Brücke über den Fluß. Im 17. Jahrhundert dürfte die Burg oben auf der Felsenhöhe –

mindestens zwei Jahrhunderte lang „die Hauptveste Bambergs in Oberkärnten, von eigenen Burggrafen bewahrt und verwaltet" – nur noch als Ruine bestanden haben, denn da ist in den zeitgenössischen Aufzeichnungen lediglich von Thurnegg die Rede, also vom befestigten Wachturm unten an der Brücke. Dennoch erwirbt Kaiserin Maria Theresia 1759 die verfallene Burg, und zwar der Ländereien wegen, die ihr zugehörig waren. Später sind es die Orsini-Rosenberg, ein gewisser Anton Holl von Stahlberg, ein Graf Esterházy-Galantha und schließlich die Bleiberger Bergwerksunion, die sich in Federaun einkaufen. 1809 versuchte man, die Ruine notdürftig instandzusetzen, um gegen die vordringenden Franzosen ein brauchbares Bollwerk zu haben. Auch 1813, im Verlauf des sogenannten Befreiungskrieges gegen Napoleon, spielt Federaun noch eine – allerdings eher untergeordnete – Rolle. Aber alles, was davon in Erinnerung geblieben ist, erschöpft sich wohl im Text jener Gedenktafel unten am Fluß, worauf nur des Hauptmannes Karl Schneider Erwähnung getan wird. Von den Soldaten, von den Menschen, die am Fuße des Felsens die vernichtete Existenz der Burg überdauert haben, wissen wir nichts.

Heute bedeckt der Asphalt die Geschichten von damals; und dazu noch das Geröll eines schrecklichen Bergsturzes, verursacht durch jenes Erdbeben von 1348, das den Dobratsch, der im Hintergrund himmelwärts ragt, buchstäblich zerriß, seine Felswände spaltete und viele Tonnen schweren Gesteins und Schutts ins Tal schleuderte, Dörfer, Klöster, Kirchen unter sich begrabend, das Flußbett versperrend, so daß die Gail über die verwüsteten Ufer trat und die ohnedies schon verheerte, veränderte Landschaft überschwemmte. Das geschah um den Dreikönigstag, also im Jänner. Die Auswirkungen des Erdbebens waren so gewaltig, daß in ganz Europa davon berichtet wurde, wobei freilich jede neue Erzählung auch neue Ausschmückungen und Übertreibungen enthielt. Jene vierzig Dörfer, die unter dem herabprasselnden Schutt des Dobratsch – heute heißt das Gebiet entlang des linken Gailufers bezeichnenderweise Schütt – begraben sein sollen, sind eine Chimäre. Auch was die stattlichen Klöster, Schlösser und Kirchen angeht, so meinen die Historiker, daß lediglich eine einzige Kirche davon historisch nachweisbar sei, nämlich eine, die St. Johann genannt wurde und halbwegs zwischen Schütt und Saak gestanden haben soll.

Hier in Federaun, das seinerzeit auch von den wüsten Auswirkungen des Erdbebens und des Bergsturzes betroffen gewesen ist, wird man eine andere Art des Verfalls, des lautlosen, unaufhaltsamen Untergangs erkennen. Das ist wie eine kleine Bühne mit verwitterten Kulissen, vor denen sich des Lebens abwechslungsreiches Schauspiel nicht mehr zu entfalten vermag; oder daraus sich alles Komödiantische, Laute, Lebendige auf eine unauffällige Weise zurückgezogen hat. Da duckt sich noch eine alte, dunkelbraun eingefärbte Keusche gegen den grauen Stein; da kauert ein Gasthof, der einmal stattlich gewesen sein muß, mit zerbrochenen Fensterscheiben, abblätterndem Verputz und wildem, eifrig übers berstende Mauerwerk kletterndem Wein vor der schmalen Fahrstraße, die einst von Lärm, Peitschengeknall, dem rauhen Zuruf der Fuhrleute, dem Knarren der Räder erfüllt gewesen ist ... Eine kleine Kirche, dem heiligen Matthäus geweiht, steht hier an einer Weggabelung, von der aus der alte Fahrweg, dem schon Roms Legionäre, Kuriere und Händler gefolgt sind, hinauf über den sogenannten Federauner Sattel vorbei an einem kleinen Schloß namens Steinbichl führt, das seit 1920 für rund drei Jahrzehnte eine Heimstätte der Herz-Jesu-Missionare war und wo auch ein Sohn jenes Martin Bormann, der einer von Hitlers wichtigsten und gefürchtetsten Paladinen gewesen ist, jahrelang Unterschlupf gefunden hat. Der Weg, heute noch im Volksmund Römersteig genannt, windet sich dann weiter über die sogenannte Graschelitzen unterhalb des Dobratsch hinüber nach Warmbad Villach; und in der Tiefe des Waldes kann man noch die Spuren erkennen, welche die Römer in den Stein geschlagen haben, wie es auch südlich von Federaun, schon im Gebiet der Schütt, mindestens zwei römische Straßensteine gibt, die an diesen uralten Verkehrsweg erinnern.

Die andere, jetzt breitere, gut ausgebaute Straße, die von dieser Gabelung bei der Matthäuskirche in Federaun ausgeht, führt direkt in die Schütt, von der Herbert Strutz einmal schrieb, daß sie ein Blumenparadies sei zwischen dem Föhren- und Buchengrün, das dem Grau und Rostbraun der Dobratschwände und dem Wuchern der Wiesen das Bunt roter, weißer und violetter Orchideen, die Glut der Feuerlilie, die Farben von Seifenkraut, Veilchen und Nelken mit meergrünen Blättern sowie das Silberweiß des büscheligen Federgrases vermenge; und daß das unablässig von neuem nachdrängende Wachstum aus dem Schutt des stürzenden Berges die ungestüm blühende Schütt mache.

Ich selbst erinnere mich an manchen herbstlichen Föhnhimmel über der Schütt, an einen fiebrig glänzenden Himmel mit merkwürdig zerrissenen Wolken darin, die sich im Handumdrehen zu etwas verdichteten, das wie ein fleckiges, hellgraues, schmutzigfarbenes Leichentuch aussah und die Landschaft mit Schatten bedeckte. Nur das Wasser des Flusses leuchtete; und die steil abstürzenden Wände des Dobratsch erglühten in einem fahlen Rot.

Am anderen, Federaun gegenüberliegenden Ende der verschütteten Landschaft, darin der Schütter Wald liegt, ein dunkles Gewirr von Baumriesen und gewaltigen, moosbewachsenen Felsblöcken, daran sich wiederum das kleine Streudorf Oberschütt schmiegt mit seiner aus dem 14. Jahrhundert stammenden Filialkirche zur heiligen Maria Magdalena mit ihrem saalähnlichen Langhaus, das von einem Meister Leonhard Walznstein 1551 erneuert worden ist... und die schrecklichen Kugellampen vor der Friedhofsmauer muß man vergessen wie die Verhüttelung hier draußen am Rande der Wildnis, die eine architektonische Unordentlichkeit erzeugt, etwas Desolates und zutiefst Trauriges verursacht mit den putzigen Wochenendhäuschen und Zweitvillen im sogenannten alpenländischen Stil hinter neckischem Mauerwerk, während sich die wenigen alten Bauernhäuser mit ihren schönen, freilich auch schon verblassenden Farben, mit ihrem kräftigen Ocker und intensiven Gelb und einem verwischten Braun etwas Venezianisches bewahrt haben, eine Erinnerung an ein verlorenes Zeitalter und an eine untergehende bäuerliche Kultur... am anderen Ende dieser Landschaft also dann Saak, dahinter Nötsch; und auf halber Höhe der Hügel, die den Dobratschabsturz umkreisen, das Schloß Wasserleonburg. Im Winter gibt es da kaum ein Durchkommen von Federaun über Oberschütt nach Saak; schwer lastet der Schnee auf den schmalen Fahrwegen; die hochmütige Geste einer Art Umfahrungsstraße, die Unterschütt, einen kleinen Weiler gleich hinter Federaun, mit ihrem Asphaltband umrundet, wirkt unsäglich banal. Manchmal hat man den Eindruck, als ob man den Nebenerwerbsbauern, den Keuschlern, kleinen Handwerkern, Arbeitern, die sich hier auf billigem Baugrund und inmitten einer gerade noch intakten Natur angesiedelt haben, mit solchen Umfahrungsstraßen, die nichts anderes als ein paar hundert Meter Wiesengrund und Ackerland fressen, etwas demonstrieren wollte, als ob man ihnen zu zeigen versuchte, wie der Fortschritt schmeckt, an dem die Landschaft zu würgen hat. Dazu passen dann auch die Kugellampen vor einer spätmittelalterlichen Kirche mit dunkelgrauem Schindeldach, passen die Flachdächer und gedankenlos, einfallslos hingestellten Sommerhäuser, hinter denen sich der Wald dunkel rührt.

Saak, etwas oberhalb von Nötsch gelegen, urkundlich um die Mitte des 13. Jahrhunderts erstmals erwähnt, ein Bauerndorf, das sich gerade noch seine ursprüngliche Substanz gegen die auch hier rasch zunehmende Verhüttelung und Denaturierung bewahrt hat, obgleich man sich vorstellen kann, wann die letzten Holzaufbauten, die letzten Bauernkeuschen verschwunden sein werden, Saak verdankt wie Nötsch seinen Namen dem Bach, der mit rauchgrauem, schmutzig eingefärbtem Wasser aus dem tiefeingeschnittenen Bleiberger Graben hervordrängt und dessen einst slowenischer Name soviel wie Rauchbach bedeutet hat, Čajna oder Čojna Neč, daraus im Verlauf der Zeit ein Ortsname Čače und schließlich Saak wurde. Nötsch wiederum ist jünger als das Pfarrdorf Saak, ist, was das Geschichtliche angeht, auch minder bedeutungsvoll, kann aber den Ruhm für sich beanspruchen, zwischen den beiden Weltkriegen mit dem sogenannten Nötscher Kreis ein Zentrum der Kärntner Malerei gewesen zu sein. Überdies wird hier alljährlich zum Kirchtag im August das Kufenstechen mit anschließendem Lindentanz durchgeführt, wie auch im benachbarten Feistritz, wo das Kufenstechen allerdings schon zu Pfingsten stattfindet, ein Brauchtum, von dem die meisten Autoren annehmen, es handle sich um uraltes Volksgut, um eine Erinnerung an germanische Fruchtbarkeitsriten, während es doch in Wahrheit nichts anderes sein dürfte als ein Relikt aus jenen Tagen, als seit dem ausgehenden Mittelalter bis ins 17. Jahrhundert hinein Gailtaler Wanderhändler, Säumer genannt, Wein aus dem Friaul und aus Istrien nach Norden und dafür Salz in den Süden transportierten, wobei sie dieses Salz in hölzernen Kufen verpackt hatten. Daraus entwickelte sich dann, so meinen neuerdings vor allem jüngere Historiker, dieses Kufenstechen, das heute längst schon zu einer Attraktion für den Fremdenverkehr geworden ist und manches von seiner Ursprünglichkeit verloren hat.

Bilder, die sich einprägen, Augenblicke, in denen man zu verstehen meint, was Landschaft sein kann und auf welche Weise sie den Menschen formt. Ein Nachmittag im Spätwinter. Dünner, weißer Nebel, der endlich über Federaun, überm Schütter Wald zerfällt. Der Felsen, darauf einst die Burg der Bamberger Bischöfe stand, stößt wie ein spärlich gefiederter Hühnerkopf in den plötzlich erblauenden Himmel. Im Schütter Wald hängen die Nebelfetzen wie dicke Spinnweben zwischen den Bäumen. Und oberhalb von Nötsch und Saak hebt sich das jetzt gelbbraun, rostbraun anmutende Gemäuer des Schlosses Wasserleonburg der Sonne entgegen, die schwerfällig über das untere Gailtal rollt. Am Vormittag ein schnauzbärtiger, flinkäugiger Briefträger in einem verrauchten Wirtshaus vor seiner Jause. Behaglich hat er die schwere Ledertasche mit den Briefen und kleinen Paketen von der Hüfte, wo sie ihn drückte, nach vorne auf den Bauch gerückt, wo sie ihm jetzt als brauchbare Unterlage für Wurst, Brot und dunkelgrüne Pfefferoni dient. Jemand hat ihm ein Glas Bier bestellt. Ein paar Frauen, aufgefädelt wie überreife Maiskolben hinter einem hölzernen Tisch, beobachten ihn mit versonnenem Blick. Von Raufhändeln ist die Rede; von fragwürdigen Liebesgeschichten und unglücklichen Heiratssachen. Drüben am Nötscher Bahnhof die abgestellten Autos der Pendler. Und im Gasthof Michor in einer aufgelassenen Kegelbahn das halbzerstörte Fresko des Nötscher Freundeskreises rund um Anton Kolig, Gesichter und Farben wie von Gauguin inmitten unaufhaltsamen Verfalls. Von den Dächern rutscht schmelzender Schnee. Im Sommer, erinnert man sich überrascht, stülpt sich eine Glutglocke über das Tal; und der flammende Widerschein der Sonne färbt die Steilwände des Dobratsch blutrot.

Auf Schloß Wasserleonburg soll sich jetzt, wie man erzählt, eine bemerkenswerte Sammlung zeitgenössischer Kunst befinden. Jener deutsche Industrielle, der sich hier eingekauft hat, scheint demnach Andy Warhol eher zu schätzen als die farbige Intensität eines Kolig und Wiegele.

Die Existenz dieses Schlosses, darin 1937 der Herzog von Windsor – im Jahr davor gerade noch für kurze Zeit als Edward VIII. König von England – seine Flitterwochen verbrachte, begann vor mehr als siebenhundert Jahren anderswo, und zwar eine halbe Wegstunde östlich von Nötsch und Saak unweit eines Weilers namens Förk, wo es, wie Herbert Strutz erzählt, angeblich heute noch einen Ort gibt, der „alte Burg" heißen soll. Die erste urkundliche Erwähnung einer Burg Lewenburch oder Löwenburg im Jahre 1253 sagt jedenfalls nichts über den genauen Standort aus. Es ist durchaus vorstellbar, daß diese Löwenburg, die eine respektgebietende Festung gewesen sein muß, im Jänner 1348 unter den Trümmern des berstenden Berges begraben wurde, so daß sie dann an anderer, günstiger gelegener Stelle – nämlich auf einem Hügel unterhalb des Dobratsch – wieder aufgebaut werden mußte. Sie war, wie alles Land hier im Einzugsbereich Villachs, bambergischer Besitz, abgesehen von jenem kurzen Intermezzo, als Rudolph von Ras aus seiner Strauchdieb- und Raubritterexistenz etwas Solideres, Respektableres zu machen versuchte und sich in diesem Zusammenhang neben Federaun auch der Löwenburg bemächtigte. Auch Herzog Meinhard von Kärnten brachte sie vorübergehend in seinen Besitz, bis sie dann im 14. Jahrhundert ein habsburgisches Lehen wurde.

Aber das sind alte Geschichten, an denen wahrscheinlich nur noch die Historiker Unterhaltsames zu entdecken vermögen. Bemerkenswerter scheint da schon jener vermögende Gewerke, Kaufmann und Stadtrichter von Villach, Wilhelm Neumann, gewesen zu sein, der 1522 die Burg kaufte und sie seiner Tochter Anna vermachte, von welcher der Volksmund heute noch behauptet, daß sie eine Giftmischerin, Hexe und Gattenmörderin gewesen sein soll, die Ursache jedenfalls eines verdächtig raschen Todes von fünf oder sechs Ehemännern, die sie stets beerbte, bis sie schließlich im Alter von 82 Jahren einen dreißigjährigen Grafen Georg Ludwig Schwarzenberg ehelichte. Was nun die Biografie dieser gewiß ungewöhnlichen Bürgerlichen angeht, die erst im hohen Alter den heftig ersehnten Adelstitel zu erlangen vermochte, so gibt es nicht die Spur eines historisch untermauerten Beweises für Giftmischerei und Gattenmord. Anna Neumann dürfte nichts anderes als eine lebenslustige, vitale Frau gewesen sein, die durch das Vermögen ihres Vaters und durch eigene Geschicklichkeit imstande war, die Vorzüge eines süßen Lebens und einer kräftigen Natur bis ins hohe Alter zu genießen.

Um die Mitte des 17. Jahrhunderts veränderte sich übrigens der ursprüngliche Name der Burg in Wasserlemburg und schließlich in Wasserleonburg. Der krainische Gelehrte Valvasor berichtet immerhin schon von einem Schloß Wasserlemburg, was wahrscheinlich darauf zurückzuführen ist, daß damals ein Wassergraben die ganze Anlage umschloß. Ihr heutiges Aussehen schließlich — eine Kombination von Baustilen verschiedener Zeitalter — erhielt die Burg, die man freilich eher als Schloß bezeichnen muß, im 16. und endgültig im 17. Jahrhundert mit einem schönen Renaissancelaubenhof, darin sich an klaren Sommertagen das Kalkhaupt des Dobratsch zu spiegeln scheint.

Erwähnenswert ist auch die Saaker Pfarrkirche, dem heiligen Kanzian geweiht und als Kunstwerk interessant durch das allerdings beschädigte Grabfresko an der südlichen Außenwand, das von Anton Kolig 1924 geschaffen wurde. Er und sein Freund Franz Wiegele haben übrigens auf dem Friedhof ihre letzte Ruhestätte gefunden. Und ich wüßte kein schöneres Epitaph auf diese beiden Maler wie überhaupt auf den Freundeskreis rund um die ehemalige Nötscher Malschule als jene Worte, mit denen einst Herbert Strutz die Atmosphäre dieser Landschaft und die Erinnerung an die Nötscher Maler eingefangen hat: „Es gibt Tage, an denen man das Licht ihrer Bilder in der Landschaft um Nötsch entdecken kann: gemischt aus dem Brodem der Äkker, dem Dunkel der Moorerde, den vielschichtigen Schatten der Berge und dem vielerlei Leuchten, das die Sonne aus Wiesen, Getreidegelb und Gärten, aus Hausmauern, buntfarbenen Dächern und blumengesäumten Wasserläufen zaubert; auch wenn der Nötsch-Bach bleigrau geworden ist. Das Licht des Gailtals erwies sich gleichsam als Keim, aus dem eines der schönsten Beete der Kärntner Malerei entsproß."

Der „Orgelton" des Waldes –
Zwischen Drau und Gailtaler Alpen

Zuerst sind es die Namen, die man sich einprägen sollte, gerade weil sie dem oberflächlichen Anschein nach in keinerlei bedeutsamem Zusammenhang stehen. Es sind Namen, deren Poesie keinen historischen Hintergrund besitzt, geradeso, als ob sie einem Zufall ihre Existenz verdanken, beiläufige Bezeichnungen in einer Landschaft, die beiläufig wirkt, solange man sich der Mühe entzieht, tiefer einzudringen in sie, bis man dann erstaunt begreift, daß hier zwischen dem Drautal und den Gailtaler Alpen die Schöpfungsgeschichte noch nicht wirklich abgeschlossen ist. Es sind Namen, die einem wie eine Köstlichkeit auf der Zunge zergehen; und deren vielfach doppelbödige Bedeutung man erst erkennt, wenn man die Geschichten dieser scheinbar geschichtslosen Landschaft allmählich entziffert. Sparberwipfel und Wiederschwing. Eben und Kreuzen. Windische Höhe und Gassen. Tschekelnock, Graslitzen und Kavallar. Und über allem unaufhörlich der Orgelton des Waldes. Das ist eine Art von Musik, die man, wenn man ihr erst einmal erlegen ist, nie mehr aus dem Gedächtnis verliert.

Der Himmel ist hier über der Kreuzen, der Windischen Höhe, über Wiederschwing und Stockenboi, von blaßblauer, fast an die Glasur meisterhaft restaurierter Biedermeierstücke gemahnender Farbe und Form. Dünne Wolkenbalken, kaum erkennbar, unterm ersten flüchtigen Blick schon wieder zerfließend, überziehen ihn wie eine durchsichtige Haut und vertiefen noch den Eindruck, den das abwechslungsreiche, unaufhörlich bewegte, sich verändernde, in zahllose Schattierungen zerfallende Grün der bewaldeten Hügel und Berghänge vermittelt. Diese Landschaft ist von sanfter, jedoch beharrlicher Unruhe. Das senkt und hebt sich, buckelt sich auf, setzt Akzente, erinnert an einen Ozean, dessen graugrüne, blaugrüne Wogenkämme den Himmel zu zerteilen scheinen. Und doch vermittelt diese Bewegung, diese vermeintliche Unruhe ein Gefühl großer Gelassenheit. Keinen schöneren Widerspruch wüßte man, als zwischen dem Drautal und dem Gailtal inmitten der Heftigkeit einer urtümlichen Natur die Zeit zu spüren, wie sie von einem abfällt. Im Wald der brausende Orgelton. Und der Mensch ein Geschöpf, das wieder Wurzeln schlägt.

Es war ein Herbst, der niemals zu enden schien. Pferde, fahlfarben und braunfellig, sah ich mitten im blassen Grün der Almböden. Die großäugigen Kühe mit ihren langsamen und dennoch graziösen Bewegungen, die mit dem Rhythmus der Landschaft übereinstimmten. Hirten, als wären es Menschen aus einer anderen Zeit, hellhäutig, rosafarben im Gesicht, freundlich, im Blick noch den Abglanz eines überhitzten Sommers, der im kühlen Schoß dieser Waldlandschaft gewütet hatte. Und jetzt krochen manchmal schon Spinnweben über den Himmel. Jetzt konnte es schon vorkommen, daß aus den dünnen, fast farblosen Wolkenbalken etwas Verwischtes, Schleierartiges entstand, als ob ein großer, dicker Zeigefinger über die blaßblaue Glasur einen schmierigen Streifen zöge. Jetzt würde es nicht mehr lange dauern, bis die Trommel der herbstlichen Gewitter ertönte.

Eine solche Landschaft verbirgt Geheimnisse. Ich meine damit nicht das sogenannte Waldglas, das mehr als zweihundert Jahre lang – von 1624 bis 1879 – in Stockenboi erzeugt wurde und von dem es meines Wissens nur noch im Spittaler Heimatmuseum auf Schloß Porcia letzte Beispiele gibt. Ich meine auch nicht den Umstand, daß es in dieser verborgenen, der Welt buchstäblich entfallenen Waldlandschaft seit dem ausgehenden Mittelalter über Jahrhunderte hinweg einen ausgedehnten und durchaus ertragreichen Erzbergbau gegeben hat, von dem heute noch die baumbestandenen, überwachsenen Ruinen längst verfallener Aufbereitungsstätten erzählen. Ich meine vielmehr jene steil abfallende Kalksteinwand, die oberhalb des Kreuznerbaches und etwa eine halbe Wegstunde vom sogenannten Bauer im Boden entfernt aus dem Wald hervortritt, als hätte sie eine Botschaft zu verkünden. Es ist das, was als Hundskirche den Einheimischen seit Generationen vertraut ist und die Wissenschaft beunruhigt.

Oswin Moro schrieb über diese Felswand bei Kreuzen: „Diese Kalktafel heißt im Volksmund ‚Hundskirche‘ und ist unter diesem Namen wegen der vielen mannigfaltigen Einmeißelungen sowie wegen der Bedeutung und Bestimmung, die ihr die Sage verleiht, aus Wanderschilderungen, volkskundlichen und anderen Berichten oder Aufsätzen seit vielen Jahrzehnten über die Kreuzner Gegend und deren Nachbargebiete hinaus bekannt."

Moro war freilich nicht der erste Autor, der sich dieser Merkwürdigkeit angenommen hat, wenngleich wir ihm eine erste erschöpfende Darstellung verdanken. Zuvor schon, im 19. Jahrhundert bereits hat es verschiedene Versuche gegeben, diese kalkige Felswand mit ihren eigenartigen, teilweise rätselhaften Gravuren zu beschreiben und zu deuten. Ein Hund, eine gekrönte Schlange, eine Schnecke, eine Kirche sind deutlich zu erkennen; dazu eine Reihe von Buchstaben und Zeichen – darunter auch eine Art Hakenkreuz –, die scheinbar keinen Sinn ergeben. Ein gewisser Karl Baron Hauser, ein Norbert Lebinger und Michel Knittl, Autor einer einst vielgelesenen Broschüre über Kärnten, haben die verschiedensten, einander widersprechenden Deutungsversuche unternommen. Wie auch Oswin Moro anmerkte, sollte man vielleicht dabei doch auf den Umstand Bedacht nehmen, daß in diesem Gebiet zwischen dem 15. und 17. Jahrhundert eine Reihe von Bergbaubetrieben existierte, die unter anderem auch im Eigentum eines Grafen Khevenhüller waren, von dem man weiß, daß er ein überzeugter Anhänger der lutheranischen Lehre war. Im Verlauf der katholischen Gegenreformation aber war es lebensgefährlich oder zumindest außerordentlich bedenklich, sich in aller Öffentlichkeit zum verbotenen Protestantismus zu bekennen; und daher habe dieser Graf Khevenhüller jene sonderbare Schrift in der Felswand anbringen lassen, um wenigstens in dieser entlegenen Waldlandschaft die Erinnerung an die Lehre Luthers hochzuhalten.

Es ist, wenngleich in ungelenken Buchstaben in die Wand eingemeißelt, deutlich der Satz „Also gehts in der Welt" zu erkennen. Daraus und aus der Tatsache, daß jener Graf Khevenhüller, welcher hier Bergbaubetriebe besaß und ein Protestant war, auf dem Höhepunkt der Gegenreformation nach Deutschland auswanderte, hat man geschlossen, daß dieser eine Satz eine Art Abschiedsrede sein könnte, eine Metapher an die damals verworrenen Verhältnisse. Derlei ist allerdings nur eine Vermutung und durch nichts anderes beweisbar als durch die Phantasie jener, die sich mit solchen eingemeißelten Zeichen in der Wand beschäftigen.

Manche Autoren wagten sogar die Behauptung, daß man an dieser

Hundskirche auch etruskische Zeichen zu erkennen imstande sei, während es doch wahrscheinlicher anmutet, daß diese Felswand einst tatsächlich den protestantischen Bergknappen als Versammlungsort, als Schauplatz für ihre religiöse Andacht gedient hat. Denn die Mehrzahl der Bergknappen, die in diesem Bergbaugebiet arbeiteten, bestand – wie auch anderswo in Kärnten – aus überzeugten Protestanten, die auch noch nach dem Verbot der lutheranischen Lehre an ihrer religiösen Überzeugung festhielten.

Übrigens gibt es in dieser unzugänglichen Waldlandschaft noch eine zweite, weniger bekannte, weil verhältnismäßig schwierig zu erreichende Hundskirche, und zwar oberhalb des Golbitschbaches, wo sich ein mehr als zwanzig Meter hoher, senkrecht abfallender Felsen erhebt. Auch hier soll es einige freilich schon recht verwischte Gravuren geben, was ich allerdings nur dem Hörensagen nach erzählen kann. Und in dieser Gegend gab es früher einmal gleichfalls einige Bergbaubetriebe, die spätestens gegen Ende des 17. Jahrhunderts aufgelassen wurden. Das läßt die Vermutung zu, daß auch hier protestantische Bergknappen unterhalb dieser markanten Felswand ihre geheimen religiösen Zusammenkünfte hatten.

Insgesamt mag man mit dem übereinstimmen, was Oswin Moro einmal zusammenfassend über diese seltsamen Felsen und die darin enthaltenen Zeichen schrieb. „Gegenwärtig bewahrt die Hundskirche noch das Geheimnis, das sie umwitterte, als die Kenntnis von ihr vor vielen Jahren aus der stillen, siedlungsarmen Waldlandschaft, deren geschichtlich-volkskundliche Seltsamkeit sie ist, hinausdrang. Und auf diesem Geheimnis beruht ein gut Teil des Reizes, den sie auf den besinnlichen Wanderer ausübt. Wenn er einmal die größeren Darstellungen betrachtet und die leicht lesbaren Buchstabenfolgen überschaut hat, mag er sich um das scheinbare Dunkel der Satzinschrift bemühen: Also gehts in der Welt. Und wenn er sich ihres Sinnes bewußt geworden ist, dann hat ihm die Felswand ein Stückchen Weltweisheit mitgegeben."

Was immer diese Hundskirchen auch sein mögen, ob mythische Schauplätze aus heidnischer Zeit oder Ort der Zusammenkünfte jener Bergknappen, die hier inmitten einer unzugänglichen, abgeschiedenen Waldlandschaft an ihrer verbotenen Religion festhielten... die magischen Zeichen in den Felswänden, die verwitterten Buchstaben und verwischten Gravuren erzählen von Dingen, die in sonderbaren, uns nur schwer begreiflichen Zusammenhängen stehen. Die alten Leute in der Kreuzen und rund um die Wiederschwing oder in der Gegend von Rubland meinen, daß überall dort, wo solche Hundskirchen aus der Tiefe des Waldes sich erheben, verzaubertes Land sei. Von Gespenstern ist die abergläubische Rede, auch von vergrabenen Schätzen. Kopflose trieben sich im Schatten der kalkigen Felsen herum, Verfluchte, arme Seelen, Verirrte, die nie zum rechten Glauben haben finden mögen. Von wilden Holzknechten ist die Rede, die den Herrgott verhöhnt haben sollen. Und immer auch von den selbstbewußten, hoffärtigen Bergknappen, die so lange gegen den wahren katholischen Glauben gewütet hätten, bis das Bleierz, das Silber, das Gold, dem sie ihren Reichtum, ihren schrankenlosen Hochmut zu verdanken gehabt hätten, plötzlich versickerte, bis die Berge, in welche tiefe, dunkle Schächte getrieben worden waren, über Nacht ertaubten und anstelle des kostbaren Erzes nur noch wertloses Geröll aus den Stollen ans Tageslicht gefördert wurde.

Solche und ähnliche Geschichten kann man manchmal noch hören. In einer Landschaft wie dieser wird jede Realität irgendwann einmal zum Märchen, wirkt selbst die banale Wirklichkeit, als wäre sie eine großartige Legende.

Auf den duftenden Almwiesen das Blaßblau und Violett der Krokusse. Manchmal ein Baum, völlig unmotiviert im silbrigen Grün, da doch ohnedies ringsum der Wald rauschte. Manchmal die Silhouette eines Gehöfts. Dünner Rauch drehte sich aus schmalem Kamin. Die erhitzte Luft zitterte und glänzte. Und immer wieder diese rollenden, stampfenden, unruhig bewegten Hügel, über die das buschige, wolkige Grün des Waldes floß. In einiger Entfernung die braun- und weißgefleckten Punkte einer im Gras kauernden Herde von Kühen. Vom Himmel herab gelegentlich das schwere Dröhnen einer unsichtbaren Maschine. Flugzeuge, unterwegs nach irgendwohin.

An das lautlose Brennen der Hagebutten erinnere ich mich. Und an fahlfarbene, wie in Ocker getauchte Baumstämme im dunkelgrünen Moos. Abgestorbenes Geäst, braunrot, hellbraun, farblos. Die altvertrauten Zeichnungen der Landschaft scheinbar noch unverändert.

Aber, näherkommend und vordringend in diese wie verbrannt aussehenden Karrees, unübersehbar das Kranke, Abgestorbene, Verdorbene. Ein Wald, der stirbt, wirkt wie kahlgefressen. Darüber das Spinnennetz der Sonne. Und zwischen den sterbenden Bäumen erheben sich graugefleckte Steinwülste, drängen Steinbuckel vor, bricht die Erde auf, als wollte sie das alles abwerfen, was auf ihr krank und elend ist. Ein Wald, der zugrunde geht, erhält plötzlich ein Gesicht, Augenbrauen. Das Erschlaffen der Wangen. Und manchmal bilden niederstürzende Stämme etwas, das wie ein Mund aussieht, der unaufhörlich schreit.

Spätestens jetzt, da man begreift, daß diese Waldlandschaft über weite Strecken gefährdet ist, daß in ihr ein Tod haust, gegen den kein Zauber, kein Glockengeläut und auch keines Politikers hohltönende Phrasen etwas nützen, spätestens jetzt fällt einem auf, daß man bis auf den tiefen Orgelton, der unablässig durch den Wald weht, fast keinen Laut hört. Kein Vogelgeschrei. Nichts, das an eine lebendige, sich ständig erneuernde Natur erinnert. Selbst das Wasser der Bäche ist grau oder bräunlich oder auf eine merkwürdig verschmutzte Weise lehmfarben. Und fast atmet man erleichtert auf, wenn man gelegentlich einer Ortschaft ansichtig wird, wenn das fiebrige Sonnenlicht sich auf Dächern sammelt, unter denen Leben stattfinden muß. Da ist die rührende Hinfälligkeit eines grünbemalten Fensterladens, der geschlossen ist, als ob man verbergen wollte, wie das Leben in solchen alten Häusern früher einmal ausgesehen hat. Da schnüren dicke Strikke über eine sanft abfallende Wiese; davor stämmige Frauen mit großen Körben, in denen sich Wäsche häuft. Und da leuchten immer noch die hellfarbenen Reihen sorgfältig geschichteten Holzes vor den dunkelbraunen Fassaden der alten Bauernhäuser, denen ein kühn aussehender Dachschopf über die Stirn hängt, geradeso, als ob sich einer die schmückende Spielhahnfeder allzu verwegen ins Gesicht gerückt hätte.

In Kreuzen zum Beispiel, als wäre das eine Nachricht aus einem den Menschen wie zufällig abhanden gekommenen Jahrhundert, das graue Schindeldach und die altertümlichen Buckelwülste eines Schlosses mit gotisch anmutenden Torbögen, Fensterbögen, Blenden; dazu dicke, mächtige Kamine; und die großen Augen der Dachluken; und eine Sonnenuhr mit einer Sonne von primitiver, wilder Schönheit und mit

Ziffern, die wie fremdartige Chiffren aussehen. Hier war im 16. und im 17. Jahrhundert der Mittelpunkt des Silber-, Blei- und Eisenbergbaus in dieser Waldgegend. Das Schloß selbst, das ehemalige Verweserhaus der Khevenhüller, stammt aus dem Jahr 1591 und ging später in den Besitz einer Familie Widmann über, die gleichfalls als Gewerken tätig war. Es ist ein immer noch stattlicher, zweigeschossiger Vierkantbau, der an der Straßenfront durch zwei runde Ecktürme gekennzeichnet ist. Im Inneren kann man neben zwei mächtigen Mittelsäulen noch ein sehenswertes Kreuzgratgewölbe erkennen. Im Obergeschoß existiert auch noch eine alte, massive Holzdecke, die eine gute Vorstellung von der gediegenen Solidität gibt, mit welcher früher einmal solche Herrenhäuser gebaut wurden.

Auch die Kirche von Kreuzen, den beiden Heiligen Veit und Leonhard geweiht und mit einem dickstämmigen, schönbrunnergelben Kirchturm ausgezeichnet, der als ein unübersehbares Signal vor dem dunklen Scherenschnitt des herabdrängenden Waldes wirkt, auch diese Kirche also mit der fast unvermeidlichen Linde und der Schule und einem hölzernen Brunnen vor dem Gemäuer, das den Friedhof von der Außenwelt der Lebenden trennt, und dem stattlichen Ebnerwirt und einem hölzernen Christus, der schief an seinem verwitterten Kreuz hängt, als würfe ihn schon der nächste Windstoß über die eingesunkenen Grabhügel... auch diese Kirche, Teil einer vermeintlichen Kärntner Idylle, hinter der sich die kleinen Tragödien des Alltags verbergen, vermittelt etwas vom Zauber einer verschollenen Welt. Das alles sind Erzählungen aus einem untergegangenen Zeitalter. Ursprünglich ein spätgotischer Bau, im 18. Jahrhundert dann barockisiert, ist die Kirche von Kreuzen mit ihren Schallfenstern, Mauerschlitzen und dem zierlichen Zwiebelhelm so etwas wie ein Kontrapunkt des Glaubens in einer archaisch anmutenden Landschaft.

Älter, auch stattlicher ist die Pfarrkirche von Stockenboi. Eine erste urkundliche Erwähnung stammt aus dem Jahr 1499. Mit Gewißheit darf man annehmen, daß sie spätestens 1513 geweiht wurde. In den Jahren 1752 bis 1780 befand sich hier auch eine Missionsstation der Serviten. Im übrigen ist auch sie, die einst ein gewiß prachtvolles Beispiel für eine gotische Dorfkirche war, später barockisiert worden.

Die Landschaft freilich konnte bis jetzt, da der lautlose Tod in den

Wäldern wütet, nicht verändert werden. Immer noch trifft fast buchstabengetreu zu, was vor Jahrzehnten Herbert Strutz, der das Gebiet zwischen Stockenboi, Kreuzen und der Windischen Höhe als Jüngling durchwanderte, geschrieben hat. „Durch Wiesenbreiten und gestrüppdurchfilzten Wald nimmt die Straße Buckel um Buckel, grüne Bergstöcke stecken die Furche ab, die schließlich als Hochgraben den Zug der Gailtaler Alpen zuerst in südlicher, dann in ostwestlicher Richtung aufbricht. Doch ehe man die Weltferne ganz erreicht, zeigt sich in einem Waldausschnitt und über etlichen grau und blau hindämmernden Höhen der wie Granit schimmernde Seehundkopf des Dobratsch."

Das ist dann auch schon der Augenblick, da man die Windische Höhe erreicht, von der aus es steil abfällt in die schimmernde Tiefe des Gailtals. Immer noch verzaubert die abwechslungsreich eingefärbte Geometrie des herbstlichen Waldes. Immer noch beeindruckt der Rhythmus dieser Landschaft, wenn der Föhnsturm tiefhängende Wolken und Nebelfetzen über die Windische Höhe treibt. Die weißen Kapellen eines Kalvarienbergs klettern hangaufwärts, als wären es Buchstaben im dunklen Grün, im Ocker, im Sepia des Waldes. Der Herbst ist hier freilich ein Verfälscher der Farben. Und was als helle Spur des Glaubens beginnt, verändert sich, je ungestümer das Walddickicht über die kleinen Kapellen herabfällt, zur geheimnisvollen Metapher eines fremden Kultes.

Und dann ist da auch noch die Filialkirche zum heiligen Anton, ein kleiner gotischer Bau mit einem barockisierten Turm und einer hölzernen Vorhalle. Auch hier noch das alte, verwischte Schönbrunnergelb, das in einem merkwürdigen Gegensatz steht zur triumphierenden Farbigkeit der Landschaft. In der Vorhalle, durch die der Wind mit pfeifenden Geräuschen fährt, eine hölzerne Betbank, darauf slowenische Zeichen eingebrannt sind. Der leere Weihwasserkessel vor dem schmalen Kirchenportal ist ein riesiger, unbeholfen ausgehöhlter Findling. Die Kirche selbst liegt etwas unterhalb der Paßstraße, zur Hälfte vom Wald umarmt, der ungestüm emporkriecht, zur Hälfte von ihm mit einer Geste der Gewalttätigkeit, die überrascht, bezwungen. Im hölzernen Dach fehlen einige Schindeln. Moos klettert in dunklen Winkeln hoch. So schauen manchmal Scheunen aus, in die keine Ernten mehr eingebracht werden. Jahreszahlen im Holz: 1813 und 1890. Und verwitterte, kaum noch lesbare, nicht mehr entzifferbare slowenische Worte. Und an der hölzernen Kirchentür, deren früher einmal dunkelbrauner Farbton etwas Undefinierbares, Altersloses angenommen hat, ein giftgrünes Blatt. Darauf die kategorische Frage: Wer ist wie Gott?

Und wer spricht von den Menschen in dieser Waldlandschaft? Ich erinnere mich: windschiefe Keuschen mit winzigen Fenstern; daneben neue Häuser, denen die Pflicht zur Bescheidenheit wie eine zweite Haut übergestülpt ist. Alte Bauernhäuser ganz aus Holz, nur der Unterbau gemauert, zum Teil aus schweren Steinen zusammengefügt, die man aus den Steinbrüchen der Berge geholt hat. Winzige Gasthäuser mit einer schiefen Tafel über der schmalen Tür. Bierflaschen im halbdunklen Ausschnitt der Fenster. Und Katzen, die auf steinernen Treppen schlafen. Nirgends Kinder. Keine Männer. Nur Frauen auf den Feldern, vor den geduckten Häusern, in den kleinen Gärten, um die sich hölzerne Zäune drehen. Wovon lebt der Mensch in einer solchen Waldwildnis? Ich erinnere mich: handtuchgroße Felder, darauf Steine wie herabgestürzte Sterne. Ein Pferdegespann unterwegs im Wald. Kühe mit Fliegenschwärmen an den dreckverschmierten Flanken. Leere Almwiesen, über die der Wind weht. Und die verzaubernde Glasur des Himmels.

Kann man davon existieren? Sind die Farben, Gerüche, Stimmungen des Waldes etwas, das Nahrung verspricht, Kleidung ermöglicht, die Vorzüge der Zivilisation erlaubt? Fernsehantennen sah ich gelegentlich. Manchmal das, was man im modernen Jargon ein Kleinauto nennt, sorgfältig gepflegt oder schlammverkrustet. Und wie werden die Kreditraten bezahlt? Und ist Bescheidenheit etwas, an das man sich über Generationen hinweg zwangsläufig gewöhnt? Aus manchen grauen Ruinen neben der Straße steigt noch die Erinnerung auf an den Reichtum vergangener Zeiten, als hier der Bergbau florierte, die Fuhrwerke hochbeladen und staubaufwirbelnd unterwegs waren und den Bergknappen das Geld locker in der Tasche saß. Wieviel Geld steht heute den Menschen in Stockenboi, Kavallar, Kreuzen, auf der Windischen Höhe oder an den Ufern des Farchtner Sees zur Verfügung? Wie muß eingeteilt, gespart werden, damit aus der Dürftigkeit nicht Not wird? Wieviel an Abwanderung wäre aufhaltbar, wenn es gelänge, gewerbliche Betriebe anzusiedeln oder den Fremdenverkehr zu intensivieren? Und wieviel an Investitionen wäre vertretbar, ohne daß der Verlust ins Uferlose wüchse?

Es sind zuviele Fragen, auf die man keine brauchbare Antwort weiß. Was bleibt, ist der unaufhörliche Orgelton im Wald. Was immer noch Bestand hat, ist der poetische Zauber dieser Landschaft, der Idyllen vortäuscht. Wer ist wie Gott, fragt das giftgrüne Papier an der hölzernen Kirchentür auf der Windischen Höhe. Wäre es nicht vernünftiger zu fragen, wie man den Menschen nützlich sein könnte, die in dieser riesigen Waldlandschaft zwischen Drautal und Gailtal ums Überleben kämpfen?

In der Waldlandschaft bei Kreuzen

Schloß Kreuzen

Bilderbücher Gottes

Diesem Land ist mitunter eine Fiebrigkeit eigen, ein intensives Leuchten und Glühen, das seinen Ursprung nicht in der Natur hat. Dieses Licht, das einen anfällt mit unvermuteter Heftigkeit, entspringt nicht bloß diesem mediterranen Himmel über Kärnten, der Erinnerungen wachruft an südlichere Landschaften. Und es hat auch nichts oder nicht allein mit der ungestümen Sonne zu tun, die das Land in ein Meer von Farben taucht und an manchen Spätsommertagen oder in mancher verzauberten Herbststunde eine Helligkeit erzeugt, an der man beinahe zu verbrennen fürchtet. Die Fiebrigkeit, die hier gemeint ist, entspringt einer besonderen Art von Kunstwirklichkeit, zu der man heutzutage nur noch schwer Zugang findet, ist also eine künstlich erzeugte, was an ihrer Intensität gar nichts ändert.

Man kann das an vielen Beispielen nachempfinden, nämlich überall dort, wo noch Spuren oder Bruchstücke oder manchmal sogar ganze Seiten dieser Bilderbücher Gottes vorhanden sind, die ein so beredter Ausdruck für die Kraft des Glaubens waren. Nur sind diese Beispiele weitgehend unbekannt. Denn es ist eine der Ungereimtheiten einer auf das Marktschreierische ausgerichteten Zeit, daß sie die echten Sensationen hartnäckig übersieht. Manchmal liegt in Kärnten nämlich das Kostbare neben uns, braucht es nur eines einzigen Schrittes, um Einmaliges und Unwiederholbares aufzuspüren.

Wer kennt Gerlamoos? Wer erinnert sich an die Pfarrkirche zum heiligen Leonhard in Zwickenberg? Wem sind die mittelalterlichen Fresken des Metnitzer Totentanzes vertraut? Wer hat zuletzt einen Blick auf das Weltgerichtsfresko der ehemaligen Stiftskirche in Millstatt geworfen? Wer kennt die Wandmalereien in der Wallfahrtskirche zu Maria Gail? Oder wem ist die ungewöhnliche Lebendigkeit, die strahlende Leuchtkraft der Farben, das zutiefst Bewegende und Gleichnishafte der Bildinhalte bekannt, wie es sich in der abseits liegenden Kirche von St. Andrä unterhalb Thörls in den großartigen Fresken des Meisters Thomas von Villach darbietet? Und wer schließlich weiß überhaupt, daß Kärnten über eine Vielzahl von solchen Bilderbüchern Gottes verfügt, in denen der Mensch, sich selbst von neuem entdeckend, wie in einem Bilderatlas blättern kann?

Man hat heute kaum noch eine genaue Vorstellung von der tiefen Gläubigkeit der Menschen in vergangenen Jahrhunderten. Gott, die Heiligen, der Satan, die unerhörten Begebenheiten der Schöpfungsgeschichte waren ihnen noch vertraut. Aber wie begriff der mittelalterliche Mensch, daß Gott wie seinesgleichen oder die Schöpfungsgeschichte, das Weltgericht oder die Passion Christi wie eine unerhört dramatische Ballade zu verstehen seien? Dem modernen Bürger fliegt heute auf Knopfdruck die ganze Welt ins Zimmer. Er wirft einen Blick auf die Schlagzeilen der Morgenzeitung und bildet sich dann ein, das Mysterium des Lebens zu begreifen. Damals, als nur ein Bruchteil der Menschen des Lesens, aber alle des andächtigen Schauens mächtig waren, mußten Bilder an den Wänden der Kirchen von dem berichten, was wesentlich war.

Und wesentlich war das beispielhafte Leben der Heiligen. Das Werden der Welt. Der Absturz jener, die in Sünde lebten, in die Verdammnis. Der Sieg des Lichtes über die Finsternis. Wesentlich waren begreifbare Bildinhalte und glühende, lodernde Farben, die das Halbdunkel romanischer und gotischer Dorfkirchen mit feierlichem Glanz erfüllten. Und wesentlich waren das fleischfarbene Antlitz Christi, das Dämonische in der Fratze des Satans.

So hat das angefangen, daß den frommen und zugleich zutiefst abergläubischen Kärntner Christen des 13., 14., 15. und 16. Jahrhunderts zwischen Tauern und Karawanken das Wort Gottes und das Elend der Welt, die Furcht vor der Hölle und die Hoffnung auf ewige Auferstehung bildhaft nahegebracht wurden. Von den Kanzeln der kleinen Bauernkirchen donnerte des Pfarrers lateinischer Spruch. Das Gewicht unzähliger wirklicher oder eingebildeter Sünden belastete das Gewissen der Gläubigen. Die Welt war ein Jammertal, der Horizont von Krieg, Seuchen und Hungersnöten verdüstert. Und das Leben nichts anderes als immerwährende Qual und selbstverständliche Entbehrung. Aber wenn die gedemütigten, gleichsam wie Schweißtropfen aus Gottes Hand gefallenen Menschen in ihren dunklen Kirchen den Blick hoben, erkannten sie eine höhere und schönere Wahrheit. Da triumphierten Heilige über alle Martern, schritten majestätische Engel durch eine heile Welt, thronte Gott wie ein gütiger Vater über der Menschheit, wurden Drachen getötet, Jungfrauen gerettet, wurden Wunder zur ersehnten Wirklichkeit und entflammte die Welt in tausend Farben.

So war es in Zwickenberg im oberen Kärntner Drautal in mehr als 1000 Meter Höhe. Und im hochgelegenen Gerlamoos, wo der Wald heute über der romanisch-spätgotischen Kirche hinwegrauscht. Und in Metnitz, wo ein mittelalterlicher Tod auf einer knöchernen Flöte bläst. Und in vielen anderen Bauernkirchen Kärntens, die niemand kennt.

Und in Thörl. Dort erhebt sich die Pfarrkirche St. Andrä zwar gut sichtbar inmitten ausgedehnten Wiesengrüns, umstanden von einigen Birken, in deren rasch erzitternden Blättern der Wind spielt, aber letztlich doch abseits der Welt, die buchstäblich an ihr vorbeirauscht. Denn Autobahn, Fernstraßen und die Eisenbahnlinie nach Italien schnüren die Kirche ein, beengen sie, erdrücken sie fast, ohne daß man auf die Idee käme, ihr einen Besuch abzustatten. Nichts deutet darauf hin, daß hier eine der Kostbarkeiten Kärntner Kunst die Jahrhunderte überdauert hat: nämlich die Fresken des Meisters Thomas von Villach, die man übrigens erst Ende des vorigen Jahrhunderts, 1886, im Altarraum entdeckte und für deren endgültige Freilegung man Jahrzehnte benötigte. Auf den Namen des Malers, des zweifellos bedeutendsten spätgotischen Meisters in Kärnten, kam man überhaupt erst in den dreißiger und vierziger Jahren unseres Jahrhunderts. Zuvor hatte man die Fresken dieser Kirche einfach dem Meister von Gerlamoos zugeschrieben, was immerhin naheliegend war, da Thomas von Villach sowohl in der entlegenen Oberkärntner Kirche als auch in Thörl unverkennbare Eigenarten seiner künstlerischen Handschrift hinterlassen hat.

Die Kirche von Thörl steht auf uraltem Kulturboden. Archäologische Zufallsfunde haben bewiesen, daß in dieser Gegend – einer Einfallspforte nach dem Süden, durch die einer der alten Wanderwege der Völker führte – ein antikes Kastell mit einem Jupiterheiligtum und später eine frühchristliche Kirche standen. „Funde oströmischer, vor allem aber langobardischer Goldmünzen aus der Zeit um 570-585 beweisen, daß das Kastell die römische Herrschaftszeit überdauerte und noch in der Völkerwanderungszeit besetzt war. Zerstört wurde es erst beim Einfall der Slawen gegen Ende des 6. Jahrhunderts. Seine Funktion übernahm im Mittelalter die 1279 erstmals erwähnte bambergische Burg Straßfried, von der aus auch die Straße in das Gailtal überwacht werden konnte. Sie ist 1795 von den in Kärnten eindringenden Franzosen zerstört worden. Eine Zeichnung des Kärntner Künstlers Markus Pernhart aus der ersten Hälfte des 19. Jahrhunderts zeigt die verbliebenen Mauerreste, welche heute durch dichten Baumwuchs der Sicht entzogen sind. Doch auch auf diesem Burghügel soll zuvor ein antikes Kastell gestanden haben. Zu seinen Füßen stieß man bei Erdarbeiten auf Mauerreste sowie zahlreiche Gräber der spätantiken Ortschaft Meclaria." (Siegfried Hartwagner)

Straßfried ist heute ein zur Bedeutungslosigkeit herabgesunkenes kleines Dorf etwas oberhalb der alten Staatsstraße nach Italien, gut abgeschirmt durch Buschwerk, versunken in eine Idylle, der etwas Zeitloses anhaftet. Ein sogenannter Römerweg erinnert noch an jene fernen Jahrhunderte, als die Handelsstraße von Venetien herauf nach Kärnten durch den Ortsbereich führte.

Ähnlich abgeschieden oder einfach übersehen ist die Pfarrkirche St. Andrä. Was die Gemeinde Thörl selbst angeht, so taucht der Name erstmals 1227 in einem Bericht über die legendäre Venusfahrt Ulrichs von Liechtenstein auf, des ebenso berühmten wie exzentrischen Minnesängers, der sich, verkleidet als „Frau Venus", als ungestümer Herausforderer bei den damals beliebten Turnieren eher einen Namen zu machen wußte denn als Poet. Hier in der Gegend von Thörl soll er in jenem Jahr 1227, gerade aus Italien nach Kärnten einreitend, mit dem Spanheimer Herzog Bernhard zusammengetroffen sein, welcher von einer erfolgreichen Belagerung und Erstürmung einer Burg im oberen Gailtal zurückkehrte. Auf einer Wiese habe man gelagert und rasch Freundschaft geschlossen, was glaubhaft anmutet, wenn man weiß, daß der Kärntner Herzog es liebte, sich mit kunstsinnigen Menschen und Poeten zu umgeben.

Die Kirche selbst ist freilich, zumindest was die urkundliche Nennung angeht, älteren Datums als Thörl. Denn schon 1169 findet sich eine dokumentarische Erwähnung, was natürlich nur beweist, daß es hier auch eine Ortschaft gegeben haben muß. Dieser erste, eher bescheidene Bau gehörte zu einer Pfarre namens St. Johann, deren Kirche unterhalb des Dobratsch gestanden hatte und beim Erdbeben von

1348 zerstört wurde. St. Andrä, dessen heutiges Langhaus einen romanischen Mauerkern besitzt, erlitt durch einen Türkeneinfall (1482) schwere Schäden. Im Jahre 1503 wurde ein Steinmetz aus Malborgeth im nahen Kanaltal mit einer Umgestaltung und Erweiterung beauftragt, die um das Jahr 1517 ihren Abschluß gefunden haben dürfte. Zu jener Zeit aber war der Bilderzyklus im Altarraum der Kirche bereits längst fertiggestellt. Denn wahrscheinlich entstanden die Fresken des Thomas von Villach um das Jahr 1475, möglicherweise auch erst um 1480, in jedem Fall aber vor dem Umbau von 1503.

Im Jahre 1485 visitierte Paolo Santonino, Kanzler des Patriarchates von Aquileja, die Kirchen Kärntens. Im Tagebuch, das Santonino über die Reise führte, heißt es über Thomas von Villach, der wahrscheinlich Artula geheißen hat, daß dieser ein Bürger der Stadt Villach sei, „hat dort seine Kunst gelernt und ist auch dort mit ihr alt geworden. Er ist klein, ist freundlichen Angesichts und rechtlichen Sinnes. Sein Vermögen ist nur gering, da er oftmals, wie es heißt, seine Arbeiten umsonst ausführt und sich scheut, diejenigen gerichtlich zu belangen, die sich schlankweg weigern, ihre Schulden zu bezahlen." Auf dem Selbstbildnis des Meisters Artula von Villach, das, entstanden um 1493, in St. Paul besichtigt werden kann, erblickt man einen freundlich lächelnden Mann mittleren Alters, der voll liebenswerter Naivität die Welt betrachtet, der er einige der ergreifendsten und schönsten Beispiele religiös motivierter Kunst des Spätmittelalters hinterlassen hat. Wissenschaftliche Forschungen haben ergeben, daß er Hubenbesitzer, also Eigentümer eines kleinen Anwesens, war und wahrscheinlich um 1530 hochbetagt verstorben ist. Was Santonino betrifft, der die Fresken von Thörl gebührend bewunderte, so schrieb er in sein Tagebuch einen Satz, der über die Jahrhunderte hinweg nichts von seiner Gültigkeit eingebüßt hat: „Bei diesen Bildern möchte man die Figuren für lebend und nicht in Farbe dargestellt halten."

Thomas Artula, Meister von Villach, beschreibt in der Kirche St. Andrä von Thörl die Passion Christi und das Weltgericht. Vor allem dieses fasziniert durch eine fast sinnliche Genauigkeit und künstlerisch gebändigte Brutalität der Darstellung. Ein Rausch aus Farben und gleichnishaften Inhalten überfällt den Betrachter. „Wie da die Lichter gesetzt und die Gestalten gruppiert und vital ausgedrückt sind: Das ist einfach bezwingend."(H. Strutz)

Einer ganz anders gearteten und dabei doch aus den gleichen Quellen stammenden Welt begegnet man in der uralten Wallfahrtskirche von Maria Gail, einer ehemaligen Wehrkirche oberhalb der Gail im Süden Villachs, die auf eine langobardische Gründung zurückgeht und die Urpfarre Aquilejas in diesem Raum war. Vor der Kirche, die vom Friedhof umschlossen wird, vermittelt der Blick auf eine fast idyllisch anmutende Landschaft, auf das mächtige Massiv des Dobratsch etwa, auf den träge dahinfließenden Gailfluß und auf das wie eine Schale sich öffnende Villacher Becken so gut wie nichts von den vielen Erschütterungen der Geschichte, die hier immer wieder stattgefunden haben. Gedämpfte Farben wirken verniedlichend. Römische Legionäre, awarische Reiter, magyarische und türkische Banden, der Durchzug französischer Truppen oder auch der gewalttätige Auftritt jugoslawischer Partisanen sind plötzlich nicht mehr vorstellbar. Unterhalb der Friedhofsmauer, sanft abfallend in die Tiefe, Holundersträuche, rote Hagebutten, Apfelbäume. Dann die schönen, sich allmählich lichtenden Quadrate der Kukuruzfelder, manche fahlfarben und verbrannt. Und mitten in dieser ländlichen Idylle Fußballplatz und Tennisplatz, irritierende Widersprüche und doch von einer Harmlosigkeit, die das Rumoren der Vergangenheit zudeckt.

Erst im Inneren der Kirche ahnt man dann etwas vom dunklen Sog der Geschichte. Es sind Freskenfragmente aus dem 13. Jahrhundert, entdeckt anläßlich einer gründlichen Restaurierung der Kirche im Jahre 1950, die diesen Blick in die Vergangenheit ermöglichen. Dabei ist es vor allem die scheinbare Primitivität der Zeichnung, die bestürzt. Zuerst sind es nur die Farben, die seltsam berühren. Ein Ocker, ein dunkles Gelb, etwas Rostbraun und ein schwaches Ziegelrot, alles wie verwischt und mit Staub überzogen. Dann große byzantinische Augen, etwas aus der fremden mediterranen und levantinischen Welt Überkommenes und hier Angesiedeltes, das verwirrt. Ein Blick, der Abgründe öffnet. Unvermutet steht man vor einer Welt, mit der man eigentlich nichts anzufangen weiß und die doch beunruhigt.

Und dazu, gleichsam als Kontrapunkt, kleine Fratzen an den Säulen, steingewordene Spuren und Signale aus dem Mittelalter, als die

Welt noch von Dämonen besetzt und die Seele der Menschen von aber-
gläubischer Furcht erfüllt war. Das ist nichts Großartiges, nichts, das
kunsthistorische Anstöße vermittelt. Aber die Selbstverständlichkeit,
mit der hier die Gedanken und Gefühle des Mittelalters ausgedrückt
werden und wie dadurch eine Brücke geschlagen wird zu einer untergegangenen Welt, die man unversehens zu begreifen lernt, macht das
Einmalige dieser Darstellung aus.

Das kunsthistorisch Bedeutsame in dieser Maria Gailer Kirche ist ein
spätgotischer Flügelaltar an der nördlichen Langhauswand. Er wird
der sogenannten Friesacher Werkstatt zugeschrieben und dürfte um
das Jahr 1520 entstanden sein. Herbert Strutz hat davon einmal eine
schöne Beschreibung geliefert und den Altar, der die bekannten Moti-
ve aus dem Leben der Heiligen Familie erzählt, ein Werk von höchster
künstlerischer Ausdruckskraft genannt. „Es ist, was man hier erblickt,
gleichsam plastisch gewordene Musik, undarstellbar trotz Farbe und
Gestalt, und so unsagbar wie der Gesang der Glocken... nur mehr
Duft, Farbe, Wärme und Licht, Licht bis in alle Tiefen des Himmels
hinein."

Das erklärt vielleicht auch ein wenig den erstaunlichen Widerspruch
zwischen dem, was die Kirche vermittelt, und dem, was aus dem Vermittelten und Überlieferten geworden ist. Denn jene zutiefst gläubige
Welt vergangener Jahrhunderte, als Skulpturen und an die Wand ge-
worfene Bilder der Menschen das Geheimnis der Religion erklärten
und sie gefügig, duldsam machten für die Wirrnisse des Lebens, ist uns
weitgehend fremd geworden. Wir betrachten das, was einst Ausdruck
tiefer religiöser Neigung war, als Kunstbeispiele. Und ahnen nichts von
der Inbrunst, die solche Werke ermöglichte; und erst recht nichts von
den metaphysischen Dingen, die dadurch begreifbar gemacht werden
sollten.

Einige Autominuten, wenn man die Autobahn in Richtung Italien
benützt, von Maria Gail entfernt und eher schon Thörl zugehörig –
Thomas von Villach arbeitete des öfteren im Auftrag des ehemaligen
Benediktinerstiftes von Arnoldstein –, kann man an der alten Einfahrt in die Marktgemeinde Arnoldstein am Beispiel einer Doppelka-
pelle, welche die Landstraße in eine Art liebevolle Umarmung zwingt,
noch einmal diesen Widerspruch erkennen, der zwischen unseren weitge-

hend agnostischen oder gleichgültig gewordenen Vorstellungen von Religion und jenen Idealen klafft, denen die Menschen des Mittelalters und der danach folgenden Jahrhunderte gehorchten. Die sogenannte Kreuzkapelle, um die Mitte des 17. Jahrhunderts erbaut und allerdings auf lokale Ereignisse zurückführend, die wahrscheinlich ein Jahrhundert zuvor stattgefunden haben, enthält auch eine aus dem Felsen gemeißelte Gestalt des Gekreuzigten. Das ist ein merkwürdig derber, etwas dicklicher, einstmals gewiß rothaariger Christus, der mit einem rätselhaften Ausdruck grimmiger Verdrossenheit auf die Welt blickt. Ein mürrischer Bauernchristus. Ein Mensch, der zuviel erfahren und erlitten hat, um sich noch irgendwelchen Illusionen hingeben zu können. Im Hintergrund das heftige, lärmende Geräusch eines rasch vorbeifließenden Baches. Unterhalb des steinernen Christus eine liegende Figur hinter einem brüchigen Gitter, staubbedeckt und fast ein wenig verwahrlost wirkend, während die steil ansteigende Felswand, an die sich diese Kapelle lehnt, einen ungemein dekorativen Kontrast zur religiösen Architektur bildet. Auf der anderen Straßenseite in der zweiten, kleineren Kapelle ein völlig eingedunkeltes Bild, die Kreuzigung vor einem mittelalterlichen Stadtpanorama darstellend. Dieser Christus, dem das Leben arg zugesetzt hat und der wie ein bitterer Schweißtropfen aus dem Gestein hervorzuquellen scheint, wirkt wie eine Metapher des Aufbegehrens. Da ist nichts Kunstvolles oder Ästhetisches ausgedrückt, sondern nur noch des Daseins mühsame Qual. Man steht nachdenklich, betroffen vor diesem Stein, über den die Schatten fallen und der plötzlich eine neue Dimension der Frömmigkeit offenbart.

Dann im Ort auf einem Hügel, der wie ein Höcker in die Höhe gewachsen ist, die Ruinen der ehemaligen Klosterburg. Hier residierten einst die Eppensteiner, die als Nachfolger der Spanheimer als Kärntner Herzöge wirkten. Seit dem Jahre 1014 war die Festung auf dem Hügel im Besitz der Bamberger Bischöfe, die 1106 die Burg den Benediktinern überließen. Ähnlich wie in St. Paul im Lavanttal entstand also auch in Arnoldstein inmitten einer mittelalterlichen Burg eine Klosteranlage, eine Klosterburg, die an der wichtigen Fernstraße von Italien herauf nach Kärnten und weiter nach Süddeutschland eine strategisch bedeutsame Position besaß. So wurden auch die Befestigungsanlagen immer wieder verstärkt, was sich vor allem in der Zeit der Türkeneinfälle als nützlich erweisen sollte. 1782 wurde das Kloster dann aufgehoben; und im August 1883 fielen die verschiedenen Gebäude einem verheerenden Brand zum Opfer. Heute ist das alles ein wüster Schutthügel, unkrautüberwachsen, zurückfallend an die Natur. Erkennbar ist nur noch die ehemalige Klosterkirche aus dem 13. Jahrhundert, deren Ruinen wie eine geöffnete Hand himmelwärts ragen. Die ehemaligen Stiftsgebäude, einst erfüllt von feierlichem Zeremoniell — die Arnoldsteiner Benediktiner waren unter anderem auch mächtige Grundbesitzer —, verschwinden heute im üppig wuchernden Gestrüpp.

Eindrücke aus Millstatt

Die Stille im sogenannten Benediktinerhof des aufgelassenen Stiftes von Millstatt oder in dem seit einer gründlichen Restaurierung unendlich anmutigen und blendend weißen Kreuzgang tropft wie das Sonnenlicht durch die herbstlich vergilbenden Blätter der Lindenbäume, fällt lautlos wie herabschwebendes Laub aufs Pflaster, über das nach der sommerlichen Invasion kunstinteressierter Gäste jetzt manchmal der Abendwind fegt oder herbstlicher Regen sich mit leisem Rascheln rührt. Der Unterschied zur Welt draußen jenseits der gelblich getönten Mauern ist groß und jederzeit spürbar. Etwas von der frommen Versunkenheit mönchischen Daseins hat sich hier im strengen Geviert des ehemaligen Klosters erhalten und beschwört eine Idylle herauf, die freilich einer genauen Überprüfung nicht standzuhalten vermag. Trotzdem braucht man in jenen Augenblicken, in denen man − vermeintlich weitab der wirbelnden, lärmenden Welt − nur dem Vergangenen sich anvertraut und an die Stille sich verliert, des Zaubers nicht zu entbehren, den diese Architektur und die ihr innewohnenden Geschichten unentwegt verströmen. Eine hellgrüne Raupe gleitet in wellenförmiger Bewegung über den altersdunklen Stamm einer uralten Linde. Vögel schweben, als befänden sie sich im Landeanflug, in den Jesuiten-, in den Benediktinerhof herein und schnellen sich dann, nur einige Spannen oberhalb des grauen, abgetretenen Pflasters, wieder pfeilschnell in die Höhe, in diesen lichterfüllten, von intensiver Bläue durchsetzten Raum oberhalb der gelblichen Mauern und schindelfarbenen Dächer, der wie eine durchsichtige Leinwand die Innenhöfe, den Kreuzgang, die Torbögen, die langen Gänge des einstigen Stiftes bedeckt. Irgendwo fällt eine Tür ins Schloß. Zögernd setzt sich der Widerhall des dumpfen Schlages fort. Dunkle, von der sanften Helligkeit des Mauerwerks sich deutlich abhebende Flecken im Gemäuer einer Einfahrt zu den Innenhöfen wecken Erinnerungen an eine Vorzeit, an eine Geschichte, deren Bedeutung man nur in Ansätzen, gleichsam nur schubweise begreift. Näherkommend erkennt man karolingisches Flechtwerkmuster, liest man eine Jahreszahl, die auf das 9. Jahrhundert verweist, beginnt man sich vorzustellen, wie das damals ausgesehen haben mag, als dieses Muster Teil einer Kirche war und sie schmückte, während ringsum das Kloster noch nicht stand und das Bild der Landschaft ein gänzlich anderes, sozusagen entblößtes oder auch keusches war, urtümlich noch und den kunstvollen Zugriff und Eingriff des Menschen erwartend.

Überhaupt werden hier im Bereich der Millstätter Klosteranlage heftige Denkanstöße vermittelt, wird die Phantasie dessen, der zu schauen und sich in Bilder zu versenken fähig ist, durch zahllose winzige Explosionen erschüttert, treten aus Wänden, Gängen, Portalen immer wieder Gesichter und Geschichten hervor, die den Beschauer nicht mehr loslassen, ihn einsaugen und zur Auseinandersetzung zwingen mit dieser mittelalterlichen Welt. Im Kreuzgang etwa, der aus dem 12. Jahrhundert stammt und gewiß zu den eindrucksvollsten Beispielen gotischer Architektur auf österreichischem Boden gehört, sind es neben den dämonisierten Fratzen einzelner Pfeilerfiguren, denen etwas so Hintergründiges und zugleich Boshaftes und dennoch Schmerzverzerrtes oder Leiderfülltes anhaftet, daß man unwillkürlich zurückzuckt vor ihnen und dabei doch von Mitleid erfüllt wird, im Kreuzgang sind es also neben diesen steingewordenen Alpträumen mittelalterlicher Phantasie auch Überreste von Fresken, deren Bildinhalte und in Spuren erhaltene Farbigkeit eigentümlich berühren. Musizierende Engel, großäugige Madonnen und beherzte Ritter, die, wie man das zu erkennen vermeint, voll kindlicher Einfalt das Böse bekämpfen, haben über die Jahrhunderte hinweg nichts von ihrer suggestiven Eindringlichkeit verloren. Daran ändert auch die Naivität der Darstellung nichts. Und wahrscheinlich ist es die Verflechtung von frommem Aberglauben, wie er in den farbigen Details spürbar wird, und der wütenden, gnadenlosen Realität der steinernen Fratzen, von deren Blicken man sich verfolgt wähnt und durch deren Grimassen man verunsichert wird, daß man alle diese Bilder nicht mehr aus dem Sinn bekommt.

Es sind große, dem Erhabenen oder den sogenannten letzten Dingen zugeordnete Bilder und Eindrücke; und es sind winzige Ausschnitte, kleine Begebenheiten, Momentaufnahmen aus einer anderen Zeit, die hier eine Bewegung des Gemüts erzeugen, der man sich kaum zu widersetzen vermag. Ein schmaler, länglicher Raum neben dem Kreuzgang beispielsweise, darin einst die Delinquenten untergebracht waren, denen eine strenge geistliche Gerichtsbarkeit für mitunter läßliche Vergehen – von denen manche aus sozialer Not geschehen sind – Unmenschliches auferlegte. Dünne Zeichen, eingeritzte Jahreszahlen und Buchstaben an den Wänden verraten etwas vom Elend jener, die hier oft jahrelang eingekerkert waren. Jetzt, da helles, warmes Sonnenlicht in die Zelle fällt und immer wieder Besucher des Stiftsmuseums, dem dieser Raum angegliedert ist, neugierig oder auch bloß gleichgültig ein und aus gehen, hat dieser Kerker alles von seiner einstmals furchteinflößenden Düsternis eingebüßt. Aber die Seufzer der Bauern, die ihren Abgaben gegenüber dem Stift nicht nachgekommen waren oder die als Wilderer eindrangen in die obrigkeitlichen Jagdreviere oder denen Ungehorsam und Aufsässigkeit gegen die frommen und strengen Herren vorgeworfen wurden, die Seufzer der Bauern hallen im Gedächtnis noch lange nach, auch wenn man längst schon wieder auf die sonnenüberfluteten Innenhöfe hinausgetreten ist. Und man ahnt, daß das Schöne und Beispielhafte, dem man hier in Millstatt begegnet, einen doppelten Boden gehabt haben muß.

Eine ähnliche Wirkung vermittelt das sogenannte Weltgerichtsfresko des Villacher Malers Urban Görtschacher, eines der großen und auch erschütternden Kärntner Kunstbeispiele, entstanden um 1520 im Auftrag eines Millstätter Advokaten namens Augustinus Reinwald, ursprünglich oberhalb des Kirchenportals angebracht und von dort in das Innere der Kirche, an die Südwand des rechten Nebenchors, transferiert. Christus als Weltenrichter thront hier zuhöchst dieses riesigen Wandgemäldes und beherrscht nicht zuletzt der ausdrucksstarken Farbigkeit wegen, von der auch nach Jahrhunderten noch mehr als nur eine Spur erhalten ist, die feierliche Szene. Den tiefen Eindruck, den dieses Fresko einst auf die Gläubigen gemacht haben muß, kann man freilich nur noch erahnen. Denn was früher einmal als eine Art kategorischer Imperativ der Religion gedacht gewesen ist, wurde inzwischen längst schon zum bloßen Kunstwerk degradiert, ist nur noch ein Anlaß für kunsthistorische Betrachtung in einer Kirche, die fast alles von ihrem ehemaligen Bilderschmuck verloren hat und heute den Millstätter Musikfestwochen als Aufführungsstätte dient. Aber die Wirkung von ehedem, als das Fresko noch an der Außenwand der Kirche prangte, ist immer noch spürbar. Oder sie ist vorstellbar als etwas, das beunruhigend in die Seele eindringt.

Warum ist eigentlich Millstatt etwas so Ungewöhnliches? Der Markt selbst, allmählich rund um die Benediktinerabtei entstanden und nie wirklich aus ihrem Schatten hervorgetreten, ist von beschaulicher Zurückhaltung. Man lebt hier gleichsam mit rückwärts gewandtem Blick, erlaubt sich den Luxus sentimentaler Gefühle, feiert, als wollte man um jeden Preis den Aufbruch in ein neues, hektischeres Zeitalter hinauszögern, mit beachtlichem Aufwand alljährlich Kaisers Geburtstag − nämlich jenen des Kaisers Franz Joseph I. − , und läßt sich auf kein wie immer geartetes Abenteuer ein. Wahrscheinlich genügen die Dämonenfratzen im Kirchenportal und im Kreuzgang als geistige Beunruhigung. Und im übrigen erzieht eine so erstaunliche und jahrhundertelang von betriebsamer Unruhe erfüllte Geschichte wie jene Millstatts die Menschen im Verlauf der Zeit zur Genügsamkeit.

Begonnen hat es wie so oft mit einer Legende, der ein Körnchen Wahrheit innewohnt. Der Name des Marktes soll nämlich von jenen tausend antiken Statuen herrühren − mille statuae im Lateinischen − , welche angeblich auf dem Grund des Sees ruhen. Schon Herbert Strutz zeigte sich von dieser sagenhaften Vorstellung angetan, als er schrieb: „Auch heute noch wird mir, wenn ich in einer goldumrauschten Abendstunde über den See hinträume, bei diesem Gedanken ganz seltsam zumute; und schließe ich die Augen, geschieht es mitunter tatsächlich, daß ich in der von spärlichen Lichtern aufgebrochenen, gläserngrün schillernden Tiefe noch immer wie einst die alten Götzenstandbilder schimmern sehe: versammelt zu steinernen Alleen und Plätzen und von Algen umrankt, als trügen sie, wie es sich für richtige heidnische Gestalten gehört, Weinlaub im Haar."

Die geschichtliche Wahrheit ist allerdings weniger romantisch. Gewiß war die Gegend oberhalb des Millstätter Sees schon in römischer Zeit besiedelt, wobei man vor allem auf das kleine Dorf Laubendorf im Norden des Marktes verweisen muß, das auf einem Hochplateau zwischen der Millstätter Alpe und dem See liegt und wo man 1957 zufällig auf die Überreste einer frühchristlichen Saalkirche aus dem 5. Jahrhundert gestoßen ist. Aber was Millstatt selbst angeht, so könnte der Name − erstmals um 1065 genannt − möglicherweise slawischen Ursprungs sein. Was auch schon eine erste Verbindung zur Benediktinerabtei herstellt. Denn „mil stat" heißt im Slawischen soviel wie „Ort der Gnaden". Und zu jener Zeit, als dieser Name zuerst in den alten Urkunden auftaucht, nämlich nach 1060, stifteten die Brüder Aribo und Poppo aus dem Geschlecht der baierischen Aribonen das Kloster, vermutlich als Nachfolge eines wesentlich älteren Kirchenbaus, an den noch die erhaltenen Überreste karolingischer Flechtwerkmuster in der Toreinfahrt zum Benediktinerhof erinnern.

Wenn von der Legende über die Entstehung Millstatts und über die Namensgebung die Rede ist, sollte man sich vielleicht auch daran erinnern, daß einer unbestätigten Überlieferung zufolge einst ein frommer karantanischer Herzog hier an den Ufern des Sees einen spätantiken Tempel – also ein heidnisches Heiligtum – zerstören und dessen Trümmer in den See werfen ließ. Das wäre eine, wenngleich historisch nicht abgesicherte, schöne Deutung des Namens, auf die eine Handschrift aus dem 15. Jahrhundert verweist. Auch die Domitiankapelle, die der Millstätter Stiftskirche angebaut ist, erinnert daran; denn der Name dieses eifrigen karantanischen Bilderstürmers, der hier einst zugunsten des christlichen Gottes gewütet hat, soll Domitian gewesen sein. Sein farbiger Grabstein steht in der gleichnamigen Kapelle; und in einem Glasschrein werden seine Gebeine aufbewahrt, die man im späten 13. Jahrhundert nach langwieriger Suche angeblich entdeckt hat.

Historisch gesichert ist, daß es in Millstatt bereits in der zweiten Hälfte des 11. Jahrhunderts zwei Kirchen gab; und daß die Klostergründung der Aribonen dem Lateran überantwortet wurde, was im Jahre 1122 geschah, so daß die Mönche sich als päpstliche Schutzbefohlene fühlen durften, was manchen politischen und ökonomischen Vorteil mit sich brachte. Die Blütezeit des Klosters fällt dann auch in die Zeit vom 12. zum 13. Jahrhundert, als die Benediktiner hier eine der berühmtesten Schreib- und Malschulen des Mittelalters nördlich der Alpen einrichteten. Prachtvolle Ergebnisse dieser mühsamen Beschäftigung mit Kunst und Kalligraphie sind die Millstätter Genesis mit der weniger bekannten, jedoch gleichfalls einzigartigen Physolushandschrift in frühmittelhochdeutscher Sprache. Beide Kostbarkeiten werden im Kärntner Landesmuseum in Klagenfurt aufbewahrt.

Weltliche Schutzherren des Klosters waren unter anderem die Grafen von Görz sowie die Grafen von Cilli. Nach der Ermordung des letzten Nachkommen der Grafen von Cilli übernimmt 1456 Kaiser Friedrich III. die weltliche Oberherrschaft über Millstatt und erwirkt 1469 vom römischen Papst die Erlaubnis zur Errichtung eines geistlichen Ritterordens zur Abwehr gegen die in jenen Jahrzehnten ständig drohende Türkengefahr. Dadurch kommt es zur Aufhebung des Benediktinerklosters und zu dessen Umwandlung in eine Heimstätte des St. Georgs-Ritterordens, der bald über große Ländereien und bemerkenswerten politischen Einfluß verfügt.

Die nächsten schwerwiegenden Ereignisse in der Biografie des Klosters deuten aber bereits den Niedergang an. Acht Türkeneinfälle im ausgehenden 15. Jahrhundert, wobei vor allem jener von 1478 vernichtende Folgen nach sich zog, machen den wehrhaften Ausbau des Stiftes und die Errichtung des sogenannten Hochmeisterschlosses notwendig – das Schloß ist heute in ein Hotel umgewandelt –, können aber ungeachtet neuer und intensiver Bautätigkeit an Kirche und Kreuzgang den allmählichen Verfall oder sogar den Abstieg zur Bedeutungslosigkeit nicht mehr verhindern. Im Jahre 1598, als die St. Georgs-Ritter längst ihre militärische Bedeutung eingebüßt haben, wird durch den österreichischen Erzherzog Ferdinand das Stift dem Grazer Jesuitenkollegium übergeben, das in Millstatt nun eine Residenz einrichtet, die bis zur Aufhebung des Ordens durch Joseph II. im Jahre 1773 besteht. Vier Jahrzehnte zuvor hatte es hier einen Aufstand der Bauern gegen die Jesuiten gegeben, der erst durch den Einsatz regulärer Truppen niedergeworfen werden konnte. Nach dem Abzug der Jesuiten wurde deren Residenz – also das ehemalige Benediktinerkloster – in eine staatliche Studienfondsherrschaft umgewandelt; die ehemalige Stiftskirche wurde zur gewöhnlichen Pfarrkirche.

Es waren auch die Jesuiten, die den Domitianskult förderten und immer wieder, allerdings vergeblich, Versuche unternommen haben, seine Seligsprechung einzuleiten. Aber das sind alte Geschichten, die heute keine Bedeutung mehr haben, obgleich man nicht verschweigen sollte, daß es im späten Mittelalter, als der Domitianskult in voller Blüte stand, hier eine Domitiansbruderschaft gab und seine Grabkapelle für viele Jahre zum Ziel großer Pilgerfahrten wurde.

Doch das Bleibende von Millstatt sind nicht diese legendären Erinnerungen, sind auch nicht die wechselhaften Geschicke von Benediktinern, St. Georgs-Rittern und Jesuiten; sondern das hat mit dem zu tun, was namenlose Mönche, Steinmetze und Künstler der Nachwelt hinterlassen haben, also mit jener „zart bebilderten mönchischen Handschrift", die in dreiteiliger Form um das Jahr 1180 entstanden sein dürfte und deren mehr als sechstausend Verse als „Millstätter Handschrift" das älteste schriftlich erhaltene Beispiel deutscher Literatur in Österreich sind; und das hat mehr und eindringlicher noch mit den gleichfalls im 12. Jahrhundert entstandenen Skulpturen am romanischen Stufenportal der ehemaligen Stiftskirche zu tun, mit diesen steinernen Allegorien und Ornamenten, die tatsächlich das Grauen eines Hieronymus Bosch oder Matthias Grünwald vorweggenommen haben.

Millstatt, Kreuzgang der ehem. Stiftskirche

Gmünd und das Liesertal

Der erste Eindruck, wenn man erst einmal die Autobahn bei Gmünd verlassen hat, ist der einer gefrorenen, hellfarbenen Schlange, die sich in der Tiefe durch die Landschaft windet und von deren schlankem Leib grüne Schuppen herabhängen. Es ist die Lieser, herabschießend von den Tauern und sich durchs enge Tal grabend, das in vielfacher Schichtung sich rasch aufbuckelt zu Höhenzügen und Gebirgen. Die Malta, der Kremsbach, Leobenbach und der Nöringbach drängen ihr hellgrünes Eiswasser über Almböden und durch Schluchten in den Leib der Lieser, bis er anschwillt zu rauschender und gurgelnder Heftigkeit, die anthrazitfarbene Felsblöcke mitreißt und entwurzelte Bäume gegen die steinigen Ufer schleudert. Immer spürt man hier etwas von dieser rohen Gewalt, die dieser Landschaft – die in viele Talböden, Hügel- und Bergkämme und insgesamt in eine großartige und allerdings auch einschüchternde Unübersichtlichkeit zerfällt – etwas Unfertiges, immer noch im Stadium einer unaufhörlichen Entwicklung Befindliches antut. Man kann sich vorstellen, daß an den steilen Hängen, von deren höchsten Rändern zerzaustes Baumgrün herabgrüßt, das wie wehendes Stirnhaar aussieht, Menschen sich in dieser spröden und mehr steinigen als fruchtbaren Erde festgekrallt haben. Manchmal hängen Bauernhöfe wie dunkle Tränen an den gelb- und braunfarbenen Abbrüchen der Gebirge. Manchmal wirbelt Rauch aus einem schiefen Schornstein, entflammt eine Sonne, die man in diesen Tälern kaum einmal wirklich sieht, ein Fenster, das dann wie ein Signal ist, das von Menschen in einer unmenschlich anmutenden Landschaft erzählt.

Aber der erste Eindruck ist trügerisch. Die Wasser schießen. Die Hänge drücken ins Tal. Die Gebirge im Hintergrund vereiteln jeden Ausbruchsversuch. Und in den Wäldern knarrt, seufzt, stöhnt es, wenn der Wind von den Tauern herabspringt. In der Tiefe rauschen die Bäche und Flüsse. Nebel quillt aus den Schluchten hervor, leckt mit nasser Zunge an den feuchtglänzenden Kirchtürmen. Und dort, wo die Autobahn sich hinaufwindet über Brücken und Tunnels in eine ferne, von hier aus noch nicht begreifbare Welt, die etwas mit Zivilisation,

Größe, Freiheit zu tun haben muß, decken Schatten alles das zu, was den ersten trügerischen Eindruck aufklären könnte.

Erinnerungen sind eine Alternative. Und Namen. In Kremsbrücke zum Beispiel, über das die Autobahn wie eine schwere Hand hinwegfährt und durch dessen ohnedies bedrängte, eingeengte Mitte eine Straße und die Lieser sich Platz geschaffen haben, wurde im Jahre 1541 der erste österreichische Hochofen errichtet. Der ergiebige Eisenerzbergbau in der sogenannten Krems, einer Tallandschaft, die sich in langen, steten Windungen hineinzieht ins Nockgebiet, machte es möglich. Und 1554 wurde hier auch eine wichtige Zollstation eingerichtet, die den damals schon stark entwickelten Verkehr über die Katschbergstraße bürokratisch und fiskalisch regulieren sollte. In jenem 16. Jahrhundert war Kremsbrücke übrigens ein Zentrum des Protestantismus, bis dann auch hier die Gegenreformation mit harter Hand eingriff und die lutherischen Bergknappen und Bauern zum Abschwören zwang oder sie in die Einschichtgräben vertrieb, wo kein bischöflicher Büttel sie mehr aufspüren konnte. Bedeutende Gewerkenfamilien wie jene der Khevenhüller und Pflügl, die ihren legendären Reichtum nicht zuletzt der hier blühenden Eisenindustrie verdankten, prägten in jener Zeit das politische und ökonomische Leben im Tal, das erfüllt war von industriellem Lärm, dem ständigen Holpern und Rattern der hochauf beladenen Fuhrwerke und häufig auch von wüstem Kriegstumult. Aber man war wohlhabend, das Geld saß locker in der Tasche, und heute noch mag man im Pfarrhof von Kremsbrücke einen gotischen Kelch und ein kostbares Antwerpener Meßbuch als Beweise für den Reichtum und die Frömmigkeit von damals nehmen, als sich niemand vorstellen mochte, daß der Eisenerzbergbau aufhören und die Hochöfen erlöschen könnten.

In den achtziger Jahren des 19. Jahrhunderts war es dann so weit. In Eisentratten, eine schwache halbe Wegstunde südlich von Kremsbrücke, kann man neben der Straße noch einen letzten, jetzt architektonisch merkwürdig verstümmelten, Hochofen sehen. Auch hier standen im 16. und 17. Jahrhundert Hochöfen, werkten an den Schmiedehämmern die Männer, aus deren Händen die Sensen sprangen und die Sicheln, Nägel und Waffen, kunstvoll gefertigter Zierat für das Haus, Schmuckstücke für die Kirchen, Brauchbares und Nutzloses, jedoch ungemein Kostspieliges, bis die Industrie auch hier, wo sich der lutheranische Glaube länger und hartnäckiger behauptet hat als in Kremsbrücke oder Gmünd, lautlos zugrunde ging. Eisentratten, das bis in die Mitte des 16. Jahrhunderts, als hier ein aus Villach stammender Gewerke namens Jakob Türgg einen Hochofen errichten ließ (1566), Hammertratte und noch früher einmal Sautratte geheißen hat, ist heute ein ganz und gar unansehnlicher Ort. Diese Unansehnlichkeit impliziert freilich nichts Negatives. Der Ort fällt einfach nicht auf. Er ist auf eine Weise unscheinbar geworden, die seltsam berührt. Vielleicht hat das damit etwas zu tun, daß man, während man durch Eisentratten fährt, sich nicht vorstellen kann, hier etwas Bemerkenswertes zu entdecken. Oder daß man die alten, zum überwiegenden Teil noch aus dem 17. Jahrhundert stammenden Häuser nicht sieht, die sich eng um die Dorfstraße scharen, klobig und wuchtig und so massiv, als wären sie einst für die Ewigkeit gebaut worden. Eines dieser Häuser, daran eine Sonnenuhr flammt – früher sollen es mehrere gewesen sein, die freilich alle längst verschwunden sind –, das sogenannte Türkenhaus, stammt aus dem auslaufenden 16. Jahrhundert. Und weil es als Türkenhaus im ganzen Tal bekannt ist, meinen viele Autoren und Touristen und auch manche Heimatforscher, daß es etwas mit den verheerenden Türkeneinfällen zu tun gehabt haben müsse, die einst ganz Kärnten heimgesucht haben. Die historische Wahrheit ist wesentlich einfacher. Dies war das Haus des erfolgreichen Gewerken Türgg, der einer der ehrgeizigsten und auch tüchtigsten Industriellen seines Zeitalters gewesen ist.

Ein anderer Name, den heute niemand mehr nennt, ist gleichfalls mit Eisentratten verbunden, nämlich jener des Bildhauers Hanns Gasser, der hier 1817 geboren wurde. Gasser, Sohn eines Tischlermeisters und Bildschnitzers, zählte in der zweiten Hälfte des vorigen Jahrhunderts zu den anerkanntesten Künstlern der alten Monarchie. Aber als er 1868 starb, war sein ebenso heftiger wie kurzlebiger Ruhm fast schon erloschen. Heute ist Gassers Name nicht einmal in Nachschlagewerken mehr vorhanden.

Vollkommen in Vergessenheit geraten ist auch die Burg Rauchenkatsch nördlich von Kremsbrücke. Das war, imponierend auf steilem Hügel oberhalb der alten Katschbergstraße gelegen, ein fast uneinnehmbares Festungswerk, das stets der Sicherung dieses wichtigen Handelsweges diente, den bereits die Römer ausgiebig benützt hatten. Urkundlich wird Rauchenkatsch erstmals 1197 erwähnt. Später war es Sitz eines Landrichters und zudem, nach dem Aussterben derer von Katsch, eine Salzburger Besitzung. Seit dem 16. Jahrhundert verfiel die Burg. Und 1964, als man die Katschbergstraße verbreiterte, wurden die noch existierenden Ruinen kurzerhand weggesprengt, so daß heute nur noch ein elfenbeinfarbener und vom Straßenstaub bedeckter Wappenstein an der Schutzmauer der Katschbergstraße an diese große Festung erinnert.

Und dann Gmünd. Eine Stadt wie aus einem Bilderbuch für Geschichte. Und fast jedes Bild erzählt eine Anekdote. In den Fassaden uralter Häuser nistet die rinnende Zeit. Etwas Anheimelndes und zugleich doch auch wieder Bedrohliches und Befremdendes ist überall spürbar.

Die Biografie dieser Stadt, die eher ein Städtchen ist, eine Ansammlung von schmalen Gassen und wehrhaft anmutenden oder auch bloß noch behäbigen Bürgerhäusern, über deren Dächern die Ruine eines ehedem großen Schlosses thront, während das sogenannte Neue Schloß unten im Ort liegt, im Zentrum, das keines ist, weil alles, was ein städtisches Zentrum sein könnte, auch schon Anfang und Ende von Gmünd ausmacht, die Biografie dieser Stadt liest sich wie ein Abenteuerroman. Römer haben hier, wo die Malta in die Lieser mündet, bereits eine Straßenstation gehabt. Und immer, zumindest in den Sommern, war Bewegung auf der Straße, die hinauf zum Katschberg führt und viele Jahrhunderte eine der wichtigsten Verbindungen zwischen Norden und Süden war. Der Ort selbst entstand im Schatten der Burg, die oben auf dem beherrschenden Hügel stets eine machtvolle Barriere gewesen sein muß. 1252 wird Gmünd urkundlich genannt, 1273 ist es ein mauerbewehrter Markt, 1292 schon eine Stadt. Die Herren von Malta und Rauchenkatsch regieren bis ins 12. Jahrhundert hinein die Hirten, Bergbauern und auch die ersten Handwerker und Kaufleute, die sich hier ansiedeln. Dann tritt schon das Erzbistum Salzburg als Besitzer von Gmünd nachhaltig in Erscheinung. 1400 erhält die Stadt die sogenannte Landgerichtsbarkeit. Und 1480 besetzen ungarische Söldner Gmünd, das sieben Jahre lang unter dieser Besatzung zu leiden hat, bis es endlich von kaiserlichen Truppen befreit wird.

Dann, 1502, verkauft Kaiser Maximilian I., der ständig in Geldnöten steckte, die Stadt an das Erzbistum Salzburg. Aber dieser immerhin recht einschneidende Wechsel in den Besitzverhältnissen, diese fast tollkühne Kurve in der Biografie Gmünds bringt der Stadt weder Glück noch wirtschaftlichen Aufschwung. Zwei Jahre nach dem Verkauf wütet ein Brand, der beinahe ganz Gmünd zerstört. In der sogenannten Krems kommt es zu einer längeren Stillegung der Eisenwerke, was für das ganze Tal eine Katastrophe bedeutet. Daraus resultieren schwere Unruhen, die zuerst von den arbeitslosen Bergknappen ausgehen und denen sich bald auch die Bauern anschließen, deren soziale Situation eine fast ausweglose ist, bis schließlich 1525 ein völlig disziplinloser und in sich selbst zerstrittener Heerhaufen dieser verzweifelten und vor allem ratlosen Rebellen nach Gmünd marschiert, wo man ein Recht fordert, das es für die Unterprivilegierten doch nicht gibt. Der Aufstand wird niedergeschlagen oder verläuft sich von selbst, ohne daß sich an den sozialen Verhältnissen etwas ändert. Dafür wird die Stadt in diesem unglücklichen 16. Jahrhundert mehrfach verpfändet. An einen Bischof, an einen tüchtigen und ehrgeizigen Gewerken und schließlich an Sigmund Khevenhüller, der zu jener Zeit (1594) der ungekrönte König unter den Gewerken und Industriellen Kärntens ist.

Ungestüm und bedrohlich geht es weiter. Im Jahre 1600 kommt es zur gewaltsamen Durchführung der Gegenreformation. Wer dem Luthertum nicht abschwört, muß Haus und Hof verlassen. Viele lutherische Bauern ziehen sich in die Einschicht zurück. Auch prinzipientreue Bürger verlassen Gmünd, emigrieren nach Deutschland oder folgen den Bauern nach Trebesing, in die Nöring, ins damals noch fast gänzlich abgeschiedene Maltatal. 1639 dann übernimmt Christoph Lodron, ein Bruder des regierenden Salzburger Erzbischofs Paris Lodron, Gmünd, läßt das sogenannte Neue Schloß errichten, das im Gegensatz zur wesentlich älteren Burg nicht mehr beherrschend und drohend über der kleinen Stadt thront, sondern deren neues Zentrum wird. 1690 erschüttert Gmünd ein schweres Erdbeben, bei welchem auch die alte Burg schwer in Mitleidenschaft gezogen wird, später (1886) wird sie durch einen Brand gänzlich zerstört. Und während der Franzosenkriege wird Gmünd schließlich sogar zum verwaltungstechnischen Mittelpunkt eines Kantons der französisch-illyrischen Provinzen.

Spürt man heute in Gmünd noch etwas vom Wellenschlag dieser Geschichten, vom ständigen Wechsel eines Schicksals, das dieser kleinen Stadt manchmal übel mitgespielt hat? Bruchstücke einer erstaunlichen, reichen Vergangenheit werden sichtbar, wenn man langsam zwischen den alten Häusern spaziert und aus Erinnerungen, Hinweisen, Notizen ein Bild sich zu formen versucht über das, was diese Vergangenheit so bedeutsam gemacht hat. Da entdeckt man, daß auf dem idyllischen Hauptplatz in einem der Häuser, die heute noch als „Millstätter Häuser" bezeichnet werden, weil sie einst ins Eigentum des reichen Klosters von Millstatt übergegangen sind, ein Millstätter Georgsritter an der Pest gestorben ist (1553). Auf der gegenüberliegenden Straßenseite erinnert eine Inschrift an eine alte, längst wieder verschwundene Brauerei. Dunkles, grauschwarzes, schieferfarbenes Mauerwerk zeugt im Bereich der neuen Stadtpfarrkirche und der Kirchgasse von der Existenz einer Stadtbefestigung, deren älteste Teile noch aus dem 13. Jahrhundert stammen, während jene größere und heute noch über weite Strecken sichtbare Mauer, welche die Stadt umfaßt und die dementsprechend auch Umfassungsmauer genannt wird, aus dem späten 15. und frühen 16. Jahrhundert stammt. Eine Gedenktafel an der Fassade der alten „Stadtschänke" informiert darüber, daß hier 1834 von einem gewissen Ignaz Hödl mit dem „Männergesangsverein Gmünd" der älteste Gesangsverein Kärntens überhaupt gegründet wurde. Und in einem der alten Gasthöfe auf dem Hauptplatz kann man ein etwas verwischtes oder auch bloß verstaubtes Ölgemälde entdecken, ein Porträt der Stadt aus alter Zeit, jedenfalls vor 1886, als das Feuer die Burg oben auf dem Hügel zerstörte. Auf diesem Bild hat Gmünd noch seine jahrhundertelang bewahrte traditionelle Ordnung, wuchten sich Burg und Schloß noch eindeutig über die behäbigen Bürgerhäuser, die sich, wie das früher einmal die langgeübte Normalität war, auch architektonisch bescheiden einfügten in ein Weltbild, das scheinbar keine bedrohlichen Sprünge und Risse hatte. Bauernrebellion, Aufstand der Bergknappen, Beharrlichkeit der Lutheraner, Hungersnot und Gewaltherrschaft hinterlassen auf solchen Bildern keine Spuren. Hier wird Idylle gezeigt, deren Naivität seltsam berührt, wenn man sich das

Schicksal der Stadt und ihrer Menschen in der Vergangenheit vergegenwärtigt.

Rundgang im
Kärntner Oberland

Die verschiedenen Bilder aus dieser gekrümmten, tiefeingeschnittenen Furche der Landschaft, die ohne erkennbaren Übergang aus der Ebene des Lurnfelds sich entwickelt und, gehorsam der Drau folgend, nach Nordwesten verläuft: Möllbrücke, Sachsenburg, Obergottesfeld, Gerlamoos. Dazu das, was die verschiedenen Jahreszeiten als vielfach gerissenen, verwischten Film ins Gedächtnis projizieren. Und die Gesichter von Menschen auf alten Fotografien und in verrauchten Wirtsstuben oder in einem herabgewirtschafteten, vorstädtisch, billig oder ordinär anmutenden Café, durch das der Geruch frisch geschlägerten Holzes zieht. Und die Geschichten, an die man sich erstaunt erinnert...

Damals im frühen Winter, als der frischgefallene Schnee zwischen den herbstlich verfärbten Bäumen des rundum ansteigenden Waldes hervorleuchtete, die schöne Rundung des Talkessels bei Sachsenburg. Aus den sorgfältig gemauerten Kaminen des Marktfleckens stieg dünner, weißer Rauch schräg in den blaufarbenen Himmel. Schneehaufen lagen gewichtig auf dem Marktplatz. Oben auf dem Festungsberg – mehr eine Ahnung als ein deutlich erkennbares Bild – die Strukturen einer ehemaligen Festung. Darunter dieses Ortsbild, das – obgleich vielfach denaturiert, verändert, umgestülpt – immer noch zu beweisen fähig ist, daß hier eine Geschichte auf martialische Weise stattgefunden hat. Die Häuser stehen in strammer, fast soldatischer Haltung. Und mit etwas Phantasie mag man sich vorstellen, wie das beispielsweise im Jahre 1809 gewesen ist, als hier Kärntner Freiwillige und Tiroler Standschützen den Landsturm unterstützten und gegen die Franzosen kämpften, als sie sich zu immer neuen Attacken formierten und draußen vor dem Ort unterm Kugelhagel der Franzosen liegenblieben, bis sie sich von neuem aufrafften und vorstürmten... diese Bauernburschen, Knechte, Bürger, der eine und andere Priester darunter, brave Patrioten allesamt, angeführt vom längst legendären Johann Baptist Türk, von dem sie später einmal sagen würden, er wäre der Andreas Hofer Kärntens gewesen, was er nicht im mindesten gewesen ist.

Die Farben der Hausfassaden jetzt oliv, olivgrün bis olivbraun, okker; gelblich verwischt, auch etwas Schönbrunnergelb. Dazu ein weinfarbenes Braun und das unvermeidliche Zuckerlrosa. Gelegentlich ein altes Zunftzeichen, ein Wirtshausschild aus einem vergangenen Jahrhundert. In solchen Dörfern und Märkten tropft die Zeit gelassen dahin. Ich erinnere mich: Die gerade noch am Himmel erblühende Wintersonne verschwand rasch aus dem Talkessel. Schatten krochen aus den Wäldern hangabwärts. Und aus dem träge fließenden Fluß, der Drau, wolkte Nebel empor.

Natürlich ein Kriegerdenkmal. Derlei ist unvermeidlich wie das modische Zuckerlrosa an frisch renovierten Hausfassaden. Dem strammstehenden Soldaten war eine graugefärbte Schneehaube auf den Stahlhelm gefallen. Schnee häufte sich auch auf seinen verschränkten Armen, die ein Gewehr hielten; das sah dann plötzlich so aus, als ob dieser Marmorsoldat ein Lämmchen in seinen Armen hielte.

Später in Obergottesfeld, nur ein paar Kilometer hinter Sachsenburg, der Blick hinüber auf die sogenannte Sonnseite des hier etwas auseinandertretenden Tals. In den Fensterscheiben der hochgelegenen Bauernhöfe flammte noch die Sonne. Große weiße Flächen zwischen dem Dunkelgrün und dem herbstlich verfärbten Ocker des Waldes. Darüber immer noch dieser blaßblaue Himmel. Im Dorf selbst das Heilbad oberhalb des Astnerhofs. Es wirkt eher ärmlich oder bedürftig, wirkt mit seinem verwitterten Fassadenanwurf und mit seinen verblaßten Farben fast wie eine Ruine, wie etwas, das zufällig übriggeblieben ist aus vergangener Zeit. Aber die Filialkirche zum heiligen Ruprecht existiert seit der Mitte des 12. Jahrhunderts; und der eindrucksvolle Flügelaltar ist eine Arbeit aus der Villacher Schule um 1520. Das Heilbad selbst, eines dieser alten Bauernbäder gegen Gicht und Rheuma, ist seit mehr als drei Jahrhunderten bekannt; und mindestens seit dem Jahre 1800 gibt es hier einen geordneten Badebetrieb.

Noch einmal die Namen, die wichtig sind; und die Fakten, aus denen eine geordnete, überraschend reichhaltige Biografie entsteht. Das Lurnfeld also, jetzt im Sommer ein dicker, grüner Strich, eine erdfarbene Wange zwischen den aufragenden Schultern der Berge. In den siebziger Jahren des 8. Jahrhunderts soll es hier zwischen vordringenden Slawen und den Baiern zu einer blutigen Schlacht gekommen sein. Manche Historiker nennen sogar das Jahr, in dem diese Auseinandersetzung stattgefunden haben soll, nämlich 772. Es haben damals die Baiern gesiegt; und die Slawen zurückgedrängt ins Unterland. Die in der Schlacht erbeuteten Waffen aber wurden auf dem Lurnfeld zusammengetragen und dann tief in der dunkelbraunen, schwarzbraunen Erde vergraben. Im Jahre 1737, als rebellische Bauern, die sich gegen Adel und Kirche erhoben hatten, im Lurnfeld verzweifelt nach diesen Waffen suchten und Gräben aushoben, Schächte anlegten, um das Arsenal der slawischen Lanzen und Schwerter zu finden, 1737 also war die Erinnerung an diese Schlacht im Volk immer noch lebendig.

Dann schon Möllbrücke, in römischer Zeit als Lurno, auch als vallis Lurna oder comitatus Lurniensis bekannt, urkundlich seit 891 als Liburnia wiederholt genannt, was die Bedeutung dieser schmalbrüstig um Drau und Möll gedrängten Siedlung unterstreicht, vor der sich die wichtigen Straßen hinauf ins Mölltal und hinüber ins obere Drautal gabeln. Später dann unter dem Namen Möllprukke Sitz eines Landgerichts der einflußreichen Grafen von Görz. 1559 Errichtung einer Messingfabrik durch einen Freiherrn von Dietrichstein, 1777 Beginn der eisenverarbeitenden Industrie, die Ansehen und Wohlstand brachte. Und 1809 auch hier Kämpfe zwischen Franzosen und Österreichern um den Übergang über die Drau und die Möll, um den Besitz dieses strategisch ungemein günstig gelegenen Schauplatzes. Im alten Gasthof zur Post, einem zweigeschossigen Bau aus dem 16. Jahrhundert, erinnern sogenannte illusionistische Fenster, also Wandmalereien, an dieses Ereignis. Auch die Einschläge von französischen Kugeln kann man noch erkennen und sich eine Vorstellung machen von der Heftigkeit und Erbitterung der Kämpfe, die freilich nichts daran änderten, daß Möllbrücke wie das ganze obere Drautal – und übrigens auch Villach oder Spittal – bis 1813 Bestandteil der sogenannten Illyrischen Provinzen blieb.

Dann Sachsenburg, „in der Talenge des Eintritts der Drau in das Spittaler Becken gelegen", wie das in den verschiedenen Reisehandbüchern nachzulesen ist. Auch hier während der Römerzeit schon – und

218

zwar wie im benachbarten Möllbrücke der strategisch günstigen Situation wegen – eine Straßenstation, vielleicht auch eine Ansiedlung, was selbstverständlich damit zu tun hatte, daß die Straße zwischen Aguntum (bei Lienz) und Teurnia (St. Peter im Holz bei Spittal) die schmale Klause passiert, zu der sich der Talkessel bei Sachsenburg verengt. Eine erste urkundliche Erwähnung erfolgte 1213, aber zweifellos gehörte dieses Gebiet bereits im 12. Jahrhundert dem Erzbistum Salzburg. 1252 belagerten die Grafen von Görz den Ort, der zu jener Zeit befestigt gewesen sein muß. Wahrscheinlich würde man auf dem sogenannten Festungsberg oberhalb des Marktes nicht nur Überreste jener Bastionen finden, die früher den Habsburgern zur Verteidigung dieser Klause dienten – denn habsburgisch war Sachsenburg seit 1803 –, sondern auch älteres Mauerwerk, da Sachsenburg in den Auseinandersetzungen zwischen dem Erzbistum Salzburg, den Grafen von Görz und später den Habsburgern immer wieder hart umkämpft war. Erhalten sind jedenfalls Mauerreste eines ehemaligen Wehrturms und der stark befestigten Stadttore, ebenso einige Ruinen einer starken Ringmauer, die den Ort ursprünglich einmal umgab. Und auf dem sogenannten Sachsenburger Riegel bewachten einst zwei wehrhafte Burganlagen die Klause, von denen allerdings nur noch einige wenige überwucherte Trümmer erhalten sind.

Übrigens wurde der Markt – eine erste Marktordnung wird bereits 1460 erwähnt – im Jahre 1481 durch einen nächtlichen Handstreich von den Habsburgern überrannt, und zwar der Ungarn des Matthias Corvinus wegen, die sich ein Jahr zuvor in den Besitz der Ortschaft und der Burgen gebracht hatten. Das alles bestätigt die Bedeutung Sachsenburgs in den vergangenen Jahrhunderten, eine Bedeutung, die in der Franzosenzeit viel von ihrem militärischen Wert eingebüßt hat. Burgen, Bastionen, Mauern wurden damals nämlich so gründlich zerstört, daß heute so gut wie nichts mehr davon vorhanden ist.

Immer sind es Ausschnitte aus einem Porträt, sind es Details eines Gesamtbildes, die Eindruck machen und im Gedächtnis haften bleiben. Ein alleinstehender Baum im Schnee, von dessen dunklem Geäst rote Beeren gebündelt herabhängen. Ein dunkelbrauner, hölzerner Balkon, der wie eine Art halbgeschnürtes Mieder um ein geducktes Bauernhaus herumläuft. Das zersplitterte, vom Schnee leicht angestaubte Holz eines Riesenbaums, der sich hell und bedrohlich vor der dunklen Schraffur des im Hintergrund ansteigenden Waldes abhebt. Im Sommer das Flirren des Lichts im engen Talkessel. Und immer, während die Sonne ihr Feuer über die Hänge und Hügel schüttet, der Geruch nach frisch geschlägertem Holz und nach Heu. Und immer auch der Eindruck, daß diese Landschaft, die sich so unansehnlich oder so beliebig gibt, in Wahrheit etwas ungemein Kunstvolles ist und durch ihre schöne Ordnung eine Sittlichkeit vermittelt, die fremd und streng anmutet im Zeitalter architektonischer Gleichgültigkeit und Zersiedelungswut selbst in bäuerlicher Landschaft.

Vielleicht sind an diesem seltsamen Eindruck, der wirkt, als ob er die Menschen mit lautloser Stimme zur Ordnung rufen wolle, jene schönen alten Bilderbücher Gottes beteiligt, jene kleinen Kapellen und feierlichen Kirchen mit ihren altersdunklen Fresken und Bilderzählungen, die ein Kärntner Dichter einmal eine Schatzkammer Gottes genannt hat. Gajach etwa mit seiner spätgotischen Filialkirche, darin drei kostbare gotische Schnitzaltäre zu sehen sind. Oder die Kirche von Gerlamoos, das seit bald tausend Jahren existiert, ein kleines, verstreut angelegtes Dorf am nordseitigen Berghang oberhalb des Drautals. Und in der Kirche zum heiligen Georg, wiederum hoch über dem Ort gelegen, einem ursprünglich romanischen Bau, der zu Beginn des 16. Jahrhunderts spätgotisch verändert wurde, dann jener Freskenzyklus des Thomas von Villach, der zwar erst 1936 freigelegt werden konnte, aber inzwischen längst zu einem berühmten Anziehungspunkt für Kunstliebhaber wurde. Diese Wandmalerei setzt sich aus drei Streifen von Bildfeldern an der gesamten Nordwand des Langhauses zusammen. Angesichts dieser Kostbarkeit und auch des Umstandes, daß Thomas von Villach zu jener Zeit, als er diese Fresken schuf, bereits ein angesehener, berühmter Maler war, von dem man sich nicht vorstellen mag, daß er aus einer Laune heraus an einem so abgelegenen Schauplatz eine Dorfkirche verschönte, drängt sich doch die Frage auf, was ihn dazu veranlaßt haben könnte, ausgerechnet hier in der gebirgigen Waldeinsamkeit des oberen Drautals eines seiner Meisterwerke zu schaffen.

Angeblich, so meinen Fachleute und stützen sich auf Urkunden aus dem 13. und 14. Jahrhundert, habe hier ein Rittergeschlecht, das sich

Gerlintenmoos nannte, seinen Stammsitz gehabt, eine Burg, die Gerlintenburg, von der sich noch vor wenigen Jahrzehnten mancher verwitterte Stein und mancher überwachsene Schutthaufen erhalten haben sollen. Die Ritter von Gerlintenmoos aber – im Volksmund redete man früher nur von den Leuten aus der Gerlaburg – sollen zuerst die Kirche gestiftet und später dafür gesorgt haben, daß ein Meister seines Fachs – also Thomas von Villach – diese Kirche mit einem Freskenzyklus ausschmückte, der das Gotteshaus tatsächlich zu einem Kleinod machte.

Diese Geschichte kann man freilich nur nacherzählen, ohne sie durch irgendwelche Fakten abzusichern. Wahrscheinlich hat Herbert Strutz recht, wenn er vor vielen Jahren schrieb: „Die Antwort auf die Frage, ob es sie (die Burg) hier voreinst tatsächlich gab, ist nicht wesentlich. Wichtig ist allein, daß Meister Thomas' Werk fortdauert, sorgfältig bewahrt unter der flachen Holzdecke des Gerlamooser Kirchleins, von dessen Turmkreuz ein goldener Wetterhahn durch die immergrünen Wipfel späht: zur Drau hinüber, die manchmal, wenn es gegen Abend geht, rotglühend zwischen den Büschen und Bäumen im dunstübersponnenen Talgrund aufblickt."

Später wieder der dunkle Riegel des Festungsberges, der sich mit den Lanzenkarrees der Fichten fast drohend oberhalb Sachsenburgs erhebt. Unten im Marktflecken eine merkwürdige Erinnerung an die Vergangenheit. In der Vorhalle eines Gasthauses am Marktplatz hängt eine Art Ahnentafel an der Wand. Es sind vergilbte Fotografien, Gesichter aus alter Zeit, in denen man, ohne daß man Näheres, Genaueres wüßte, viel vom Schicksal der Menschen nachlesen kann, die hier gelebt haben; und deren Dasein sich nicht sonderlich unterschieden haben wird von jenem, das die Menschen hier heute bewältigen müssen.

Aber was ist wirklich erkennbar und ablesbar an solchen Bildern? Die Frauen wirken verkümmert, mißtrauisch in sich selbst versunken oder zurückgezogen aus einer Welt, darin ihnen nur eine untergeordnete Bedeutung zuerkannt wurde. Oder aber sie haben, wenn sie die Ehefrau eines Majors sein konnten, diesen billigen, mürrischen Hochmut im Gesicht, der befremdet und abstößt. Die Gesichter der Männer bäuerlich derb, was freilich ein nichtssagendes Klischee ist. Arbeit,

Zähigkeit, Ausdauer, der nützliche Geiz und die unangebrachte Härte gegen sich selbst und gegen die Umwelt, eine Härte, die von Generation zu Generation überliefert wurde und als brauchbare Charaktereigenschaft galt ... und Mißtrauen, Feindseligkeit, aber auch Selbstbewußtsein und eine allzeit geübte Gottesfurcht haben diese Gesichter geformt, haben ihnen einen Ausdruck verliehen, den man heute – da zwar die Charaktereigenschaften, aber nicht mehr die Verhältnisse so sind, wie sie im 19. Jahrhundert noch selbstverständlich waren – nur schwer deuten kann. Da ist es dann eigentlich gleichgültig, ob auf diesen Bildern ein wohlangesehener Infanteriemajor mit seiner Ehefrau oder eine Bauernmagd oder eine stattliche Bäuerin oder ein biederer Handwerker mit verstummtem Mund ihre Biografien erzählen. Auch Hochwürden fehlt natürlich nicht, Dechant war er in Berg im Drautal, und auf seinem Gesicht, das ein wenig an eine verrunzelte Zitrone erinnert, liegen fromme Schläue und der Stolz eines Mannes, der seiner Familie Ehre eingelegt hat.

Im Inneren dieses Gasthofs noch schön geformte Netzgewölbe. Aber die alten Strukturen bäuerlicher Architektur verschwinden. Neumodische, glatte, gleichgültige Veränderungen, die so häufig als Verbesserungen mißverstanden werden, decken das Alte, organisch Gewachsene erbarmungslos zu.

Im ausgehenden Mittelalter existierte in Sachsenburg eine Corpus-Christi-Bruderschaft, die im Jahre 1425 offiziell bewilligt wurde. Erinnerungen daran finden sich im ehemaligen Gemeindearrest, wo es Fresken aus dem 15. Jahrhundert gibt, die Heilige in Arkadenbögen zeigen. Ein Kalvarienberg mit zehn Wegkapellen und Kreuzwegstationen gemahnt an die Frömmigkeit vergangener Zeitläufe. Und wohl auch an den Wohlstand der Bürger, als Sachsenburg durch Bergbau und Frachtschiffahrt auf der Drau ein wichtiger Umschlagplatz des ganzen Oberlandes war. Aber das liegt lange zurück, ereignete sich im 14. und 15. Jahrhundert, als im nahen Steinfeld noch ein Berggericht seinen Sitz hatte, was notwendig war angesichts des reichen Gold- und Silberbergbaus, der das ganze obere Drautal von Sachsenburg bis Oberdrauburg beherrschte. Damals, so erzählte man sich früher einmal, soll Steinfeld noch Schönfeld geheißen haben. Und der Reichtum war so groß, daß sich ihm der Übermut beigesellte. Auf den Kegelbahnen warf man mit vergoldeten Kugeln nach den Silberkegeln; protzenhaftes Auftreten war zur Selbstverständlichkeit geworden. Eines Tages zog man, weil man sich unterhalten wollte, einem noch lebenden Stier die Haut vom Leib und bestreute das brüllende Tier mit Salz. Da flog ein großer, fremdartig anzusehender Vogel über Schönfeld – das übrigens, so erzählt es die Sage, groß wie eine Stadt gewesen sein soll – und kündigte mit krächzender Stimme den Untergang an. In der darauffolgenden Nacht zogen schwere Unwetter auf. In den Bergen gingen Wolkenbrüche nieder. Und schließlich schoß eine Sturzflut auf die Ortschaft herab, riesige Steine und Geröll mitreißend, so daß Schönfeld innerhalb weniger Augenblicke gänzlich vermurt und steinbedeckt war. Selbst die Kirche soll bis zur Turmspitze von den Steinen verschüttet worden sein. Erst viele Jahre später siedelten sich hier wieder Menschen an und nannten den Ort nun Steinfeld.

Diese Sage könnte eines gewissen realistischen Kerns nicht entbehren. Unwetter, Überschwemmungen, Erdrutsche, gewaltige Vermurungen hat es hier des öfteren gegeben, zuletzt noch in der Mitte unseres Jahrhunderts, als die Drau über die Ufer trat und das ganze Tal unter Wasser setzte. Allerdings muß sich die Katastrophe, die das legendäre Schönfeld vernichtete, vor dem Jahre 1267 zugetragen haben; denn in jenem Jahr wurde Steinfeld erstmals urkundlich erwähnt. Und was den Gold- und Silberbergbau angeht, so begann man mit dem Abbau der Edelmetalle erst im späten 15. Jahrhundert.

Dabei war man in dieser in sich abgeschlossenen oder eigentlich in sich geordneten Gegend, die im Norden von den hochaufragenden Bergen der Kreuzeckgruppe und im Süden von den Gailtaler Alpen umrahmt, eingeengt und auch bedrängt wird, stets tief religiös, gläubig in diesem wahrlich kontemplativen Sinne, der nichts mit lautstark vorgetragener Frömmigkeit zu tun hat. Frömmigkeit, die sich durch eine übertriebene Äußerlichkeit manifestiert, ist der Natur dieser Menschen zuwider, die das Leben als eine Art Prüfung begreifen, auch als eine Heimsuchung, der man Gott zuliebe gewachsen sein muß. Den Dämonen, den Mächten der Finsternis, diesen unheimlichen Spukgestalten eines tief verwurzelten Aberglaubens, mit denen sie auch im 20. Jahrhundert noch vertrauten Umgang haben, kann man nur mit einer an Leidenschaft grenzenden Gläubigkeit begegnen.

Deshalb sind Kirchen mit Wandmalereien, deren Inhalte viel von der ständigen Auseinandersetzung mit dem Bösen und dessen Bewältigung verraten, gerade in diesem gewundenen, langgezogenen Tal zwischen Oberdrauburg und dem Lurnfeld etwas beinah Selbstverständliches. Inmitten einer Natur, die zu ständigem Kampf herausfordert, besinnt man sich anders, stärker, ausschließlicher auf Gott als sonstwo. Und die geschmückten Kirchen in Irschen, Zwickenberg, Berg, Gerlamoos und Gajach sind im Grunde eine ebenso kunstvolle wie naive Selbstbestätigung des Glaubens. In Zwickenberg oberhalb Oberdrauburg, einem in tausend Meter Höhe auf steil ansteigendem Gelände verstreuten Dorf, finden sich zum Beispiel eindrucksvolle Wandmalereien an und in der Pfarrkirche zum heiligen Leonhard, beeinflußt von jenem norditalienischen Stil, wie er zu Beginn des 15. Jahrhunderts auch im südlichen Alpenbereich modisch wurde. In Berg, das ein paar Kilometer hinter Greifenburg liegt, gleichfalls hoch oberhalb des Tals, ist das sogenannte Weltgericht am Karner bei der Pfarrkirche Mariä Geburt erwähnenswert; diese Kirche ist eines der ältesten Gotteshäuser Oberkärntens, urkundlich genannt seit der Mitte des 13. Jahrhunderts, während die Fresken am Karner aus dem 14. und 15. Jahrhundert stammen. Hier, wo auch noch die im freien Feld außerhalb des Dorfes stehende ehemalige Wallfahrtskirche des heiligen Athanasius bemerkenswert ist, die zwar schon seit den Anfängen des 14. Jahrhunderts bestanden haben muß, aber erst 1485 von einem Bischof aus dem italienischen Caorle geweiht wurde, wobei, um die Verwirrung zu vervollkommnen, Fragmente von Fresken unzweifelhaft aus einer früheren Zeit, nämlich aus dem 14. Jahrhundert stammen und im Kircheninneren ein sogenannter Römerstein die Vermutung erlaubt, daß die Biografie dieser weltabgeschiedenen Siedlung bis in die Spätantike zurückreicht, hier ist es vor allem auch die Landschaft, die eine suggestive Wirkung erzielt, der sich ein gläubiger Mensch nur schwer entziehen kann. Dazu kommt noch eine Legende, die dieser „durch ihre Gestalt wunderlichen Kirche" (H. Strutz) – was durch einige Umbauten im 17. Jahrhundert verständlich wird – noch eine besondere Bedeutung schenkt. Denn jener Römerstein vor dem südseitigen Wandaltar in der Kirche soll dem heiligen Athanasius als Ruheplatz gedient haben, als er unterwegs nach dem römischen Trier

Gerlamoos, in der Kirche zum heiligen Georg

Blick von Möllbrücke ins Oberdrautal

war. Immerhin war dieses einsame, seltsame Gotteshaus noch bis vor wenigen Jahrzehnten ein vielbesuchter Wallfahrtsort, wo die Bauern des Kärntner Oberlandes um Fürbitte nachkamen vor allem bei Erkrankungen des Viehs, bei Fußleiden und bei „Kindsnöten", bis eines Tages dann ein aufgeklärter Gottesmann alle Votivgaben, die dem Heiligen gespendet worden waren, kurzerhand in die Drau warf. Wahrscheinlich war dem zornigen Priester die Mischung aus heidnischem und christlichem Kultdenken ärgerlich gewesen, die hier zum Ausdruck gekommen war. Jedenfalls ist St. Athanas bei Berg, wie die Filialkirche offiziell heißt, schon seit langem keine Wallfahrtskirche mehr. Am ungemein poetischen und auch ein wenig melancholischen Eindruck, den sie vermittelt, ändert das freilich nichts.

Und dann Obervellach. Obervellach heute: Das sind drei Ärzte, ein Zahnarzt, ein Notar, ein Rechtsanwalt und ein Gendarmerieposten. Das sind zwei Seniorenvereine mit regelmäßigen Stammtischrunden, Supermärkte, die den kleinen Greißlern unbarmherzige Konkurrenz machen, zweieinhalbtausend Einwohner, denen Kirchenchor, Musikkapelle und Trachtengruppe Musikalisches und Folkloristisches beibringen. Das sind aber auch zu wenig Arbeitsplätze, so daß mancher Mölltaler auspendeln muß nach Tirol, Salzburg und nicht selten auch bis nach Bayern. Das sind durchschnittlich 110.000 Übernachtungen im Jahr, was dem organisierten Fremdenverkehr insofern ein eher fragwürdiges Zeugnis ausstellt, als man noch vor wenigen Jahren annähernd rund 150.000 Übernachtungen zählte und sich damals Hoffnungen machte auf weitere Zuwachsraten.

Obervellach ist eine jener − gar nicht so wenigen − Kärntner Gemeinden, die eine große Vergangenheit, eine nicht mehr ganz so bedeutende Gegenwart und eine reichlich ungewisse Zukunft haben. In den Jahren 1903 bis 1909, als oberhalb der Marktgemeinde die Tauernbahn gebaut wurde, waren hier bis zu 30.000 Arbeiter aus allen Kronländern der Monarchie tätig, füllten sich nach Feierabend 37 Gasthäuser (heute kann man in und um Obervellach immerhin noch 25 zählen) und konnte noch ein junger Lehrer, allerdings schon einige Jahre später, einen Nachhall jener turbulenten Zeit erleben. Sein Name war Josef Friedrich Perkonig. Er, der später einmal zum bedeutendsten

Kärntner Dichter seiner Zeit werden sollte, war in jener Pension „Siebenruh" untergebracht, die heute noch existiert.

Ein anderer Kärntner Literat, nämlich Herbert Strutz, hat die Landschaft rund um Obervellach einmal als ein „gigantisches Gehügel bizarrer Formen" charakterisiert, als ein „herrliches Hinan von hell- und dunkelgrünen Föhren- und Fichtenwalddecken, von struppigen Gras- und Kräutermatten und von Felsbastionen, die in Gestalt riesiger Steintruhen, als Köpfe und Buckel, Grate und Scharten den Himmel berühren". Und dann noch diese Erinnerung: „Zu Füßen der dem Kuchelwald und Pfaffenberg vorgelagerten Höhen aber drängt sich Obervellach zusammen, das wie ein Nest daliegt, an dessen Rand die spätgotische Martinskirche wie eine Glucke wacht. Überdies hat das Gotteshaus jedoch noch sein eigenes Nest. Denn Kirche, alter Friedhof und Pfarrhof bilden wiederum einen eigenen, in sich geschlossenen Bezirk. Eine starke Mauer umschließt das geweihte Geviert."

Die wirklich große Zeit Obervellachs, das urkundlich zwischen 957 und 993 erstmals erwähnt wurde, war aber im 16. Jahrhundert, als hier, wo der Gold- und Silberbergbau blühte, sogar der Sitz des Oberstbergmeisters für die innerösterreichischen Länder etabliert war. Goldadern gibt es übrigens heute noch in den Bergen, die das Mölltal wuchtig umrahmen und einengen. Auch einige der alten Stollen sind noch vorhanden und teilweise begehbar, in denen einst die − hauptsächlich aus Deutschland stammenden − Bergknappen nach dem kostbaren Metall schürften. Nach dem Verfall des Edelmetallbergbaus im Mölltal − um 1600 − rettete um 1690 die Entdeckung eines riesigen Kupfererzlagers die Obervellacher Wirtschaft von neuem. Immerhin wurde hier bis 1830 Kupfer abgebaut.

Heute ist Obervellach, wo um 1950 noch „Geiß und Kuh auf dem Marktplatz standen", wie das ein Einheimischer einmal formulierte, ein Magnet für jeden Kunstfreund. Oder könnte es zumindest sein, wenn das, was die Marktgemeinde tatsächlich berühmt machen könnte, der Öffentlichkeit hinlänglich bekannt wäre.

Die Ursache für solches Lob findet sich in der eindrucksvollen Pfarrkirche zum heiligen Martin, wo der sogenannte Jan-van-Scorel-Altar Kunstfreunde aus aller Herren Länder anzieht. Der niederländische Maler, ein Schüler Albrecht Dürers, soll um das Jahr 1520 über

Kärnten in Richtung Venedig und Heiliges Land gereist sein, als er von der Augsburger Patrizierstochter Apollonia, die mit einem Grafen Christoph Frangipani verehelicht war, um ein der Muttergottes gewidmetes Altarbild gebeten wurde. Dieser Auftrag an den damals 25jährigen Maler hatte mit einem Gelübde zu tun, das Apollonia zugunsten ihres im Krieg befindlichen Gatten abgelegt hatte. Diese Apollonia scheint überhaupt eine recht bemerkenswerte Frau gewesen zu sein. Denn sie, die in erster Ehe mit einem Grafen Lodron verheiratet gewesen war, begleitete ihren zweiten Mann, der nichts anderes war als ein tüchtiger Haudegen, bis ins Gefängnis der Markusrepublik, in welches Christoph Frangipani während des habsburgisch-venezianischen Krieges von 1514 geriet. Im Kerker der Lagunenstadt gelobte Apollonia dann, der Muttergottes ein Gnadenbild zu stiften für den Fall, daß ihr gemeinsam mit ihrem Mann die Flucht aus Venedig gelingen sollte. Und so war es schließlich auch. Nur starb Apollonia, bevor sich alles wieder zum Guten gewendet hatte; und es war ihr Ehemann, der dann die Geschichte mit dem niederländischen Maler Jan van Scorel zu einem Abschluß brachte. Jedenfalls malte Scorel die berühmten Altartafeln, die sich bis 1692 in der Schloßkapelle von Oberfalkenstein befanden und anschließend in die Obervellacher Pfarrkirche gebracht wurden.

Erwähnenswert ist wohl auch noch das Schloß Trabuschgen, ein dreigeschossiger Bau am Nordrand der Marktgemeinde und erstmals 1434 erwähnt, einst Sitz einer vermögenden Gewerkenfamilie, die ihren Reichtum durch den Kupferbergbau erworben hatte. Im 18. Jahrhundert versammelten sich hier kunstsinnige Adelige, die, wie damals vermutet wurde, auch der Freimaurerei huldigten. Einige schöne Fresken Fromillers stammen aus jener Periode. Heute dient das Schloß als Reiterpension.

Talabwärts, schon oberhalb des Lurnfelds, wo die Möll in die Drau einmündet und am nahen Holzer Berg die Überreste der keltoromanischen Stadt Teurnia allmählich wieder ausgegraben werden, kann man in der ursprünglich spätgotischen und später in einen Barockbau umgewandelten Michaelskirche von Pusarnitz die lebensgroße Schnitzfigur eines bärtigen Mannes entdecken, von dem es heißt, daß er der Stammvater des nahen Niklaitals gewesen sei. Dieses Tal, eher ein schmaler Graben, der sich südwestlich von Sachsenburg ins Gebirge hinein windet, muß einst dieses „heiligen Mannes" wegen – denn als solchen verehrte ihn die abergläubische Bevölkerung viele Jahrzehnte lang – eine Besonderheit gewesen sein. Er habe, so wird erzählt, die Zukunft vorausgesagt und Siebenmeilenstiefel besessen, mit denen er immer wieder einmal durch die Welt eilte; außerdem habe er aufziehende Unwetter durch Blasen eines gewaltigen Horns verscheuchen können, wobei nur er imstande gewesen sei, diesem Horn auch tatsächlich Töne zu entlocken. Nach seinem Tod legte man den Leichnam auf einen Karren, den ein Ochsenpaar zog; und justament an jener Stelle, wo die Ochsen erstmals innehielten, wurde ihm auch sein Grab bereitet. Erst später ist dann darüber die Kirche von Pusarnitz errichtet worden. Bis vor wenigen Jahren noch kam es zu regelmäßigen Wallfahrten der ländlichen Bevölkerung zum Grab des „heiligen Mannes", wobei man die hölzerne Skulptur mit Tüchern sorgfältig abtrocknete, nachdem sie zuvor eine Jungfrau – das war die Voraussetzung für das Gelingen dieses zauberischen Kultes – mit Wasser übergossen hatte. Derlei garantierte dann den Bauern schönes Wetter und Schutz vor Hagelschlag und anderen Naturkatastrophen.

Oberhalb von Pusarnitz – von der Staße aus, die in Richtung Spittal verläuft, gut erkennbar – liegt inmitten der hier steil abfallenden Berghänge und auch mitten im Bergwald die einsame Kirche Maria in Hohenburg. Sie verdankt ihre Entstehung einem Traum, den ein braver Christ aus Bayern träumte. Er solle, so wurde ihm bedeutet, eine Nachbildung des Gnadenbildes von Altötting über die Alpen tragen und es dann an jener Stelle in einer kleinen, alten Kapelle unterbringen, die ihm in diesem Traum deutlich beschrieben wurde. Das alles geschah im Jahre 1706. Und tatsächlich fand der fromme Mann aus Bayern diesen Ort, eben Maria in Hohenburg, wo zuvor schon die Grafen von Lurn – ein aus Bayern stammendes Geschlecht, das im 12. Jahrhundert ausstarb – ihre wehrhafte Burg eingerichtet hatten. Aber während diese Burg, an fast unzugänglicher Stelle erbaut, langsam verfiel, zur Ruine wurde und heute längst vom wuchernden Wald überdeckt ist, erfreute sich das importierte Gnadenbild wachsender Beliebtheit, so daß die kleine Kapelle bald zu einer stattlichen Kirche ausgebaut werden mußte. Und wenn inzwischen auch der fromme

Brauch des Wallfahrens an Popularität eingebüßt hat, so ist Maria von Hohenburg allein schon des prachtvollen Fernblickes wegen, den man von dort oben aus hat, durchaus für einen Ausflug empfehlenswert.

Um vieles älter, durchtränkt von Mythos und geschichtlichen Erfahrungen und bedeutsam auch als einer jener Schauplätze, an denen die Biografie Kärntens ihren beschreibbaren Anfang genommen hat, um vieles älter ist das kleine Dorf St. Peter im Holz, von dem ein paar Häuser an der Bundesstraße liegen, welche hier die einzige Verbindung darstellt zwischen dem Mölltal (und auch Osttirol) und dem übrigen Kärnten. Das eigentliche Dorfzentrum liegt oben auf dem Holzer Berg, wo sich die uralte Pfarrkirche befindet (ihre erste urkundliche Erwähnung datiert aus dem Jahre 1060, zu ihrer heutigen Form dürfte sie im 14. Jahrhundert gefunden haben); auf dem sie umgebenden Friedhof wurden schon in den zwanziger Jahren unseres Jahrhunderts beim Ausheben von Gräbern Überreste von Mosaiken und andere Beweise dafür gefunden, daß sich hier einst die frühchristliche Bischofskirche des antiken Teurnia befunden haben muß. Eine andere frühchristliche Kirche konnte außerhalb des Geländes entdeckt werden, auf dem sich einst Teurnia befand. Das war unterhalb des Holzer Berges. Die geborgenen Überreste — ein großer, wunderschöner Mosaikboden mit prachtvollen Rautenmustern, ein spätantiker Altar sowie eine Stifterinschrift, die von einem Statthalter Ursus und dessen Frau Ursina berichtet — sind heute das wertvolle Kapital eines kleinen Museums, darin auch andere römerzeitliche und frühchristliche Funde aus Teurnia selbst und etlichen Fundstätten aus Oberkärnten enthalten sind.

Teurnia, das gegen Ende des 6. Jahrhunderts während der Völkerwanderungszeit zerstört wurde, besaß seit dem Jahre 46 gemeinsam mit Virunum die von Kaiser Claudius verliehenen Rechte einer römischen Stadtgemeinde. Nach dem Untergang Virunums wurde es für kurze Zeit sogar zum politischen Zentrum des römischen Norikum. Um das Jahr 500 residierte hier ein Statthalter im Auftrag germanischer Stämme. Zu diesem Zeitpunkt war Teurnia bereits längst christlich geworden, war es Sitz eines frühchristlichen Bischofs und bis zu seinem Untergang zweifellos ein blühendes Gemeinwesen, von wo wichtige kulturelle Impulse in den ganzen Oberkärntner Raum ausgin-

gen. Was den Namen selbst angeht, so darf man in Teurnia einen keltischen Kern vermuten, was wiederum die Annahme erlaubt, daß es hier
bereits in vorrömischer Zeit eine Ansiedlung gegeben hat. Aus Teurnia
wurde übrigens in späterer Zeit Tiburnia und auch Liburnia, was kei-
neswegs, wie manchmal vermutet wird, eine mundartliche Abände-
rung darstellt, sondern mit dem nahen Lurnfeld zu tun hat.

Man wird, wenn man sich im kleinen Museum unten an den Abhängen des Holzer Berges mit den Zeugnissen einer größeren Vergangenheit beschäftigt, ein wenig nachdenklich und vielleicht sogar betroffen
angesichts dieser Spuren eines längst untergegangenen Zeitalters, in
welchem die Geschichte Kärntens entstanden ist. Taurisker, Illyrer,
Kelten, Römer haben hier, wo heute der stetig anschwellende Ver-
kehrsfluß auf der nahen Bundesstraße vom rastlosen Fortschritt zeugt,
einst ihre Wurzeln gehabt, haben aus der Wildnis einer schön gegliederten Landschaft das geformt, was man mit einem zeitgenössischen
Begriff als „Kulturlandschaft" bezeichnet, wobei man sich einmal vergegenwärtigen sollte, daß diese Kulturlandschaft in ihren Grundzügen
bis auf den heutigen Tag praktisch nichts von ihrer Substanz eingebüßt
hat. Es rumort sozusagen im Gemüt der Menschen immer noch das
Erbe der Antike, aber auch der Völkerwanderungszeit und des slawischen Einfalls in Kärnten. Und es wirken Erfahrungen und Gewohnheiten, gesammelt und entstanden in jener fernen Vergangenheit, nach
wie vor auf den heutigen Charakter des Kärntners ein.

Dessen sollte man sich bewußt sein, wenn man sich in Kärnten umtut. Daß nämlich die Wurzeln, an denen die Gegenwart hängt, in diesem Land viel tiefer reichen als anderswo. Und auch wesentlich ver-
ästelter und manchmal sogar verwirrender sind als in einem anderen
österreichischen Bundesland. Das macht den sinnlichen Reiz dieser
Region aus. Und erschwert zugleich das Verständnis für manches Sonderbare und Widerspruchsvolle.

Namensregister

233

Ortsregister

235

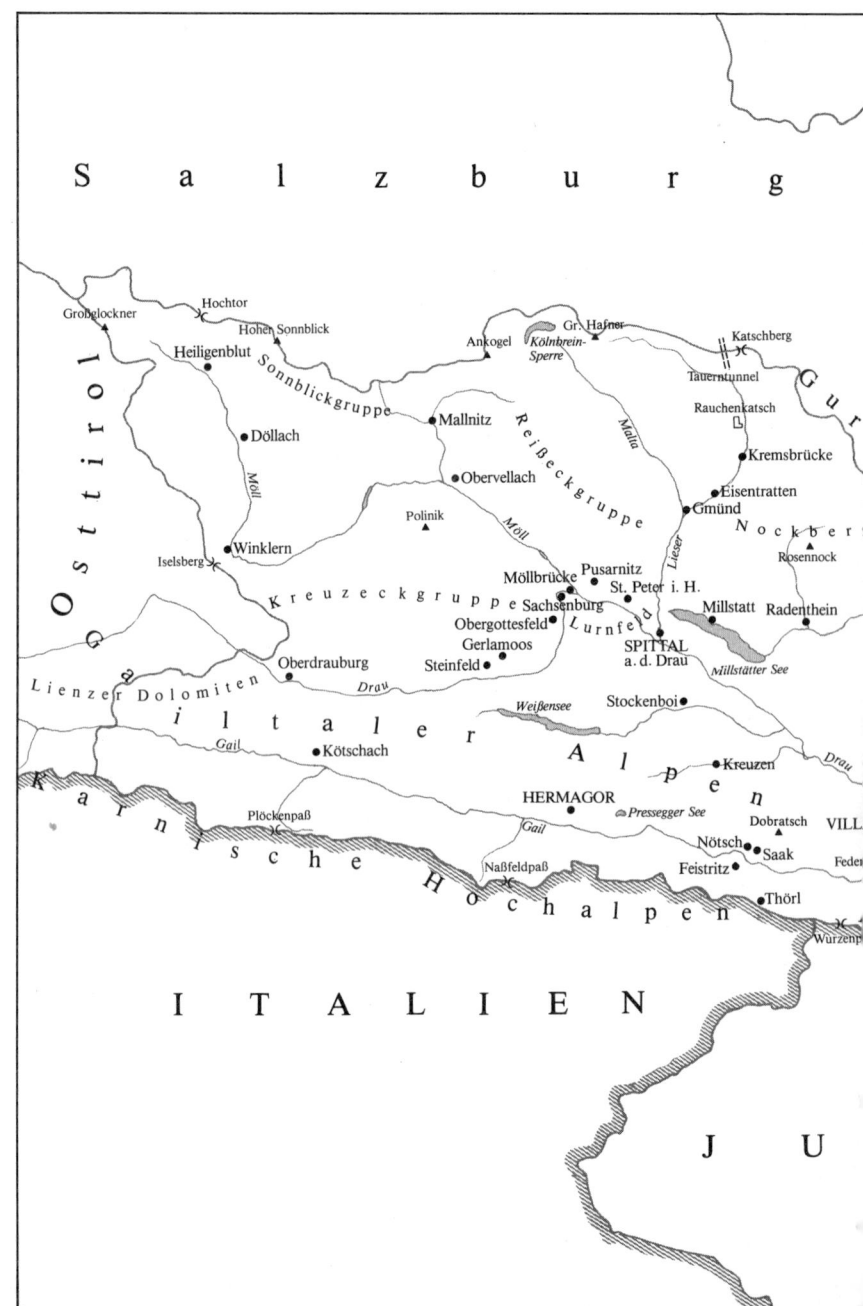